까말라실라의 수행의 단계

까말라실라의 수행의 단계[공림]

초판 1쇄 발행 2018년 6월 22일
초판 2쇄 발행 2021년 11월 15일

지은이 까말라실라
옮긴이 오기열
발행인 이연창
편 집 김명·오세연·조영옥

펴낸곳 도서출판 지영사
서울특별시 성북구 성북로 28길 40 낙원연립 라동 101호
전화 02-747-6333 팩스 02-747-6335
이메일 maitriclub@naver.com
등록 1992년 1월 28일 제1-1299호

값 18,000원
ISBN 978-89-7555-191-8 03220

까말라실라의

수행의 단계

༄༅།།བསྒོམ་རིམ།། 곰림

오기열 옮김

지영사

■머리말

1200년 전, 날란다 대승원의 인도불교는 북쪽으로 히말라야를 넘어 티벳으로 흘러 들어갔다. 그러나 같은 시기에, 500년 먼저 중국으로 전파되어 뿌리내린 인도불교가, 중국의 도가사상 등 전통사상의 영향을 받아 선불교의 모습으로 티벳으로 전파되어, 두 사상이 충돌할 수밖에 없었다. 이것이 삼얘 대논쟁이다. 어떤 방식으로 붓다의 깨달음을 성취하는가에 대한 두 견해가 충돌하여, 날란다 대승원의 법맥을 계승한 '점차적인 수행을 통한 깨달음(점수漸修)'을 주장한 까말라실라가 논쟁에서 이겼다. '홀연한 깨달음(돈오頓悟)'을 주장한 중국의 마하연 화상은 패배를 인정하고 까말라실라의 목에 화환을 걸어주고 티벳을 떠나게 되었다. 그 후 국왕의 요청에 따라 점차적인 수행방법을 책으로 저술한 것이 바로 『수행의 단계』다.

원제는 티벳어로 『곰림(བསྒོམ་རིམ།)』이며 곰빠림빠의 줄임말이다. 곰림은 '곰(བསྒོམ།)'과 '림(རིམ།)'의 합성어이며, '곰(བསྒོམ།)'은 동사로 '수행修行하다', '수습修習하다', '직접적인 경험을 통해 익숙하게 하다'라는 의미다. 따라서 어떤 것에 익숙해지기 위해서는 그 행위를 몇 번이고 반복해야 한다. '무엇 때문에', '어떤 것에' 익숙해져야 하는가? 마음의 그릇 크기에 따라, 즉 그릇이 작은 사람(하사下師)과 그릇이 중간인 사람(중사中師)과 그릇이 큰 사람(상사上師)에 따라 '무엇 때문에'는 달라질 것이다. 『까말라실라의 수행의 단계』에서는 대승의 경전체계에 들어가는 사람을 대상으로 설해진 것이므로, 그릇이 큰 사람을 위한 수행에 해당된다. 고통을 받고 있는 모든 존재들을 고통에서 구하려는 염원과 그러기 위해 자신이 일체지를 성취하여 최상의 바르고 완벽한 깨달음을 얻겠다는 간절한 염원이, '무엇 때문에', 즉 수행의 동기에 해당된다. 그러기 위해서는 '어떤 것에' 익숙해져야 하는지를 스승에게서 가르침을 듣거나 공부하여[문聞] 알아야 하고, 안 다음에 정말 그러한가 확신을 가지려면 논리적인 사유로 하나하나 분석[사思]해야 한다. 그 다음에 비로소 직접적인 체험을 통해 '어떤 것에' 익숙해지는 단계[수修]에 들어갈 수 있게 된다. 따라서 이 책을 읽으면서 생각하는 것으로 만족한다면, 문사수聞思修 중에서 문사聞思로 그치는 셈이 될 것이다. 따라서 읽고 사유한 다음 익숙해지도록 수행하는 것이 중요하다.

곰림에서 '림(རིམ།)'은 '순서', '차례', '단계', '과정'을 뜻한다. 이와 같은 '림'은 쫑카빠의 『람림(ལམ་རིམ།)』에서도 '도차제' 혹은 '길의 단계'라는 의미로 사용된다. 『람림』에서 깨달음에 이르는 길의 단계를, 보살 10지 혹은 5도처럼 체계를 확립하여 설명하지는 않고 있다. 람림에서는, ① 마음이 작은 사람과 공통된 수행도의 단계들, ② 마음이 중간인 사람과 공통된 수행도의 단계들, ③ 마음이 큰 사람의 수행도의 단계들로 확정하지만, 각 단계 안에서 세부적인 단계에 대해서 체계를 확립하여 설명하지는 않고 있다. 『곰림』에서도 수행의 단계에 대해 체계를 확립하여 설명하지는 않지만, 연민심－보리심－방편과 지혜의 3단계를 설명하고, 지혜에 대해 세분하여 사마타(지止)－위빠사나(관觀)－사마타와 위빠사나의 결합수행(지관쌍운止觀雙運)의 3단계를 제시하는 것으로 볼 수 있다. 즉 『람림』과 비교할 경우, 앞의 2단계를 건너뛰고, 곧바로 ③ 마음이 큰 사람의 수행도의 단계로 들어가, 그 단계들을 세분하여 3단계로 나눈 것으로 볼 수 있다. 왜냐하면 『곰림』은 '대승의 경전체계에 들어가는 사람', 즉 마음이 큰 사람의 수행을 위해 요약하여 설명하겠다고 서두에 밝혔기 때문이다.

티벳에 인도불교가 히말라야를 넘어가서 뿌리를 내리는 과정은 크게 전기와 후기로 나눌 수 있다. 전기는 7세기 송짼감뽀 국왕부터 티송데짼까지의 200년간이며, 이때 인도에서 초빙된 산따락시따·빠드마삼바바·까말라실라 등이 활약했다. 그 후 티랠빠짼 국왕의 불교에 대한 과도하고 편파적인 지원으로 수많은 백성들이 핍박을 받게 되었다. 이러한 폐해를 척결하기 위해 랑다르마 국왕은 불교를 배척하여 모든 사원을 폐쇄시켰다. 이 200년은 티벳불교의 암흑기에 해당한다. 이와 같은 티벳에 청정한 불법을 다시 세우기 위해 예쉐웨 국왕과 장춥웨 국왕은 인도의 위대한 성취자 아띠샤(980~1054년)를 티벳에 모셔오기 위해 온갖 고난을 감당했다. 그는 국왕 장춥웨의 여러 가지 질문과 요청에 따라, 티벳인 모두에게 도움이 될 수 있는 수행서 『보리도등론』을 저술했다. 이때를 후기라고 한다. 『보리도등론』은 하사도·중사도·상사도를 구분하여 설하고, 보리심과 사마타와 지혜바라밀을 포함하여 68개의 게송으로 요약했다. 300년이 지나 쫑카빠(1357~1419)는 『보리도등론』과 『수행의 단계』를 근간으로 『람림(보리도차제)』을 저술하게 되었다.

이처럼 까말라실라가 저술한 『수행의 단계』는, 쫑카빠 대사에게 지대한 영향을 주어 겔룩빠의 예비수행서인 『깨달음에 이르는 길(람림)』에서 수없이 인용되며, 닝마의 예비수행서인 『위대한 스승의 가르침(꾼상라매섈룽)』, 까규의 『해탈장엄론(람림타르갠)』, 사꺄의 『도과론(람대)』이 한결같이 단계적 수행체계를 제시하는 데 토대가 되었으리라는 것을 능히 짐작할 수 있다.

2017년 12월 옮긴이 씀

■차례

| 하편 |

1. 저자의 생애와 저술*

까말라실라(연화계蓮花戒: 740~795)는 『중관장엄론』을 저술한 산따락시따(적호寂護)의 제자로 알려져 있다. 티벳의 38대 법왕인 티송데짼(742~798년 재위)은 13세에 왕위에 올라 20세인 성년이 되자, 토착종교인 뵌교를 금하고 761년 불교를 국교로 선포했다. 그 후, 불법을 정착시키기 위해 770년 산따락시따를, 779년 빠드마삼바바(연화생蓮花生)를 인도에서 티벳으로 초청하여 삼애대사원을 건립하도록 했으며, 두 분은 각각 현교와 밀교의 가르침을 티벳에 전파했다.

*저자의 생애와 저술에 대한 상세한 내용은, 『수습차제 연구』 중암 역주, 223~229쪽과 『연화계의 「광석보리심론」에 대한 해제와 연구』 김치온, 불교원전 연구 vol.8, 170~175쪽을 참조 바라며, ACIP에서 검색한 까말라실라의 저술 목록을 부록 3에 별도로 첨부했다.

산따락시따의 예언에 따라 티벳에 초청된 까말라실라는 인도 날란다사원에서 수학하여 날란다 불교의 법맥을 지닌 분으로, 유가행 중관 자립논증파에 속한다.

그 후 791년 당나라 선불교의 돈오사상에 심취하여 출가한 왕비 등 일부 대신들의 세력과 그 반대 세력간에 알력이 심해지자, 국왕은 논쟁을 벌이도록 했다. 이것이 유명한 삼애논쟁이다. 돈오頓悟성불을 주장하는 당시 중국의 선종을 대표하는 마하연과 점수漸修를 주장하는 인도불교를 대표하는 까말라실라 사이에 3년(792~794년)에 걸친 치열한 논쟁의 결과, 까말라실라의 승리로 끝났다. 논쟁이 끝난 후 국왕은 까말라실라에게 깨달음에 이르는 순서에 대해 저술해 줄 것을 요청했으며 그 결과물이 이 책이다.

『수행의 단계』 3편을 포함하여 『중관광명론』과 『반야바라밀금강경광석』 등 현교와 관련된 것과 편지 등을 합해서 20종의 저술과 밀교관련 9종의 저술이 있으며, 삼애논쟁이 끝난 다음 해에 마하연의 제자 중 한 자객에게 살해 당해 일찍 생을 마감하게 되었다고 전해진다.

2. 『수행의 단계』 〈상·중·하편〉 소개

삼애논쟁이 끝난 다음 국왕 티송데짼의 요청에 따라 '제법무아諸法無我를 문사수의 과정에 따라 바르게 판별할 수 있는 가르침을 글로 적어달라'고 해서 저술한 것이 『수행의 단계 상편』이며, '그 의미를 한자리에 앉아서 수습하려면 어떻게 해야 하는가?'에 대한 답으로 『수행의 단계 중편』을 저술했고, '이렇게 수행하면 어떤 결과가 있는가?'에 대한 답으로 『수행의 단계 하편』을 저술했다고 한다.(『수습차제연구』, 중암 역주, 230쪽 발췌 요약)

초편의 서론에서 "대승경전의 수행방식에 대해 초보자에서 시작하여 수행의 순서를 요약하여 설명하겠다"라고 했다. 먼저 연민심과 대승의 토대인 보리심에 대해 상세하게 설명한 다음 보살의 실천행으로 방편과 지혜를 설명한다. 특히 문사수 중, 사유의 방법으로 경전의 말씀에 따른 사유와 논리적 분석에 따른 사유를 설명한 다음, 수습의 방법으로 사마타와 위빠사나를 통한 반복적인 수습의 방법을 설명한다. 위빠사나를 통해 모든 현상의 실상을 깨닫는 단계로 『입능가경』의 게송에 따른 4단계를 유가행 중관 자립논증파의 논리에 따라 상세히 설명하고 있다. 마지막으로 보살 10지에 따른 수행도의 순서를 설한다.

중편에서는, "대승경전의 수행방식에 들어가는 사람들이 수행하는 순서를 요약하여 설명하겠다"라고 시작한다. 우선 일체지를 얻으려면 연민심과 보리심과 방편을 모두 갖추어야 한다는 것을 설명한다. 먼저 연민심을 일으키는 순서를 설명한 다음 보리심 중 승의보리심을 일으키기 위해 사마타와 위빠사나를 성취하는 방법을 상세하게 설명한다. 그리고 일체지가 방편에 의해 완성됨을 설명한다. 마지막으로, 연민심과 보리심과 방편을 수습한 결과가 무엇인가에 대해 4가지를 설명한다.

하편에서는, "대승경전의 수행방식에 들어간 사람을 위해 수행하는 순서를 요약하여 설명하겠다"로 시작한다. 곧바로 사마타와 위빠사나를 결합하여 수행하는 지관 쌍운도를 구체적으로 해설한 다음, 몇 가지 중요한 잘못된 견해들—"아무것도 생각하지 말고 행하지 말라. 그러면 해탈하게 될 것이다!"·"업이 소진하여 해탈한다"·"예리한 근기를 가진 자는 수행이 필요 없다"·"오직 지혜바라밀만 수습하면 된다"—을 논파한다. 마지막으로 방편과 지혜를 함께 수습함으로써 무분별의 법계를 증득하고, 보살 초지에서 '사물의 궁극'이라는 인식대상을 얻으며, 붓다의 경지에서 '목적을 성취함'이라는 인식대상을 얻게 된다고 설명한다.

3. 『수행의 단계』의 구성**

『수행의 단계』 상·중·하는 각각 4부분으로 구성된다.

첫째 부분은, 논서의 명칭으로 티벳어로 '명칭의 의미(མཚན་གྱི་དོན།: the meaning of the title)'라고 하며, 티벳어로 번역한 역경사가 추가한 것이다. 먼저 산스끄리뜨어로 제목을 말한 것은, 붓다께서 산스끄리뜨어로 법을 설하셨기 때문에 우리들도 그 언어에 익숙해지게 하기 위해서이다. 티벳어 논서를 공부하는 사람들에게 이 논서가 성자의 나라,

---

**『수행의 단계』의 구성에 대한 것은, 게쉐체왕 스님의 『입중론』에 대한 서울대 법문(2015년 10월), 쫑카빠의 『공빠랍샐』 3~6쪽, 미팜린뽀체의 『The Ardornment of the Middle Way: 중관장엄론석』 147~150쪽, 중암 역저 『밀교의 성불원리』 29~30쪽, 최로댄의 『입보리행론 역주』, 21~22쪽/53-54쪽을 참고했다.

인도의 스승의 저술로부터 유래한 것이라는 법맥의 정통성을 나타내기 위해서다. 이어 티벳어로 번역한 제목을 써 놓았다. 이것은 처음에 산따락시따가 티벳에 와서 인도의 불교를 정착시킨 방식에 따른 것이다.

티송데짼왕의 초청으로 인도에서 티벳으로 들어오게 된 산따락시따는, 우선 문사수의 수행 전통을 확립하고, 그렇게 해서 믿음이 확고한 사람들을 산스끄리뜨어를 공부하도록 인도로 유학보냈다. 오랜 기간에 걸쳐 인도에서 공부를 마친 여러 학승들이 티벳에 돌아와 거의 모든 경전과 논서를 티벳어로 번역했다. 이 번역서를 바탕으로 히말라야 북쪽 설산의 땅 티벳에서 인도의 불교가 꽃을 피워 오늘에 이르게 되었다.

그렇게 한 이유는 처음에 산따락시따께서 티벳으로 와서 티벳인들에게, "모든 경전을 산스끄리뜨어에서 티벳어로 번역하고, 계속해서 티벳어로 공부해야 한다"고 말씀하셨다. 만약 티벳어로 공부하지 않고 다른 언어로 공부하면 나중에 많은 문제가 발생할 것이라는 산따락시따의 조언을 받아들였기 때문이다. 오늘날 티벳어는 다른 언어로 된 경전과 논서를 정확하게 옮길 수 있는 풍부한 어휘를 가지고 있는 언어로 알려져 있다. '한국어로'라고 제목을 쓴 것은 역자가 추가한 것이다.

둘째 부분은, 역경사의 예경문(འགྱུར་གྱི་ཕྱག: the homage of the translator)으로, "문수동자께 예경합니다"라고 한 부분이다.

여기에는 두 가지 목적이 있다. 경론을 올바르게 번역하는데 아무런 장애가 없이 원만하게 마칠 수 있기를 바라는 마음을 담아 예경을 올리는 것과, 번역하려는 논서가 경經, 율律, 논論 삼장三藏 중 어디에 속하는지를 보여주는 것이다.

논장의 경우에는 역경사의 예경문에서 문수보살께 예경을 올리고, 경장인 경우에는 모든 붓다와 보살들께, 율장인 경우에는 일체지자께 예경을 올린다. 논장의 경우에 "문수보살께 예경합니다"라고 하는 것은, 문수보살은 모든 붓다를 탄생하게 하는 지혜의 본존이고, 논장이 삼학 중에서 혜학慧學을 주요 논제로 설하는 것이기 때문이다. 문수는 범어 만주스리고샤를 번역한 것으로 티벳어로 잠뺄양(འཇམ་དཔལ་དབྱངས།) 혹은 줄여서 잠양(འཇམ་དབྱངས།)이며, 60가지 미묘한 공덕을 지닌 '부드러운 음성'이라는 뜻이다.

경장의 경우에는 "모든 붓다와 보살들께 예경합니다"라고 한다. 여기서 경장이란 정학定學이 설명된 것을 말한다. 소위 정定이라는 것은 모든 붓다와 보살들 마음 흐름 속에 있기 때문이다.

율장의 경우에는 "일체지자께 예경합니다"라고 한다. 율장은 계학戒學이 설해진 것이며, 계율은 다른 이가 아닌 오로지 붓다만이 설할 수 있기 때문에 붓다, 즉 일체지자께 예경한다.

역자의 예경문만 보아도 경율론 삼장 중 어디에 해당하는지, 계정혜 삼학 중 어느 내용을 주로 설명하는 것인지를 바로 알게 하기 위해서, 얄룽왕조의 3대 법왕 통치시기(7~9세기: 송짼감뽀·티송데짼·티랠빠

쩬)에 국왕의 율령으로 이렇게 정해져, 이후로 이러한 규칙에 따라 역자의 예경문을 올리는 전통이 이어져 오고 있다. 위의 제목과 역경사의 예경은 산스끄리뜨본에는 없으나 티벳어로 번역하면서 역경사가 추가한 것이다.

셋째 부분은, 경론의 의미(གཞུང་གི་དོན། : the meaning of the scripture)를 드러내는 부분이다.

처음은 저자의 예경문(མཆོད་བརྗོད།)이다. 저자가 경론의 저술에 들어가는 방편으로 예경의 대상을 찬탄하면서 예경을 올리는 글이다. 『수행의 단계』에는 저자의 예경문이 들어 있지 않다. 일반적으로 삼보나 불보살 혹은 법맥의 스승들을 포함하여 그분들께 손을 모아 절을 올린다. 『입중론』에서 월칭보살은, 삼보나 불보살께 직접 예경하지 않고 그 뿌리가 되는 연민심을 찬탄하고 오로지 연민심에 예경한다. 중간은 본론(དངོས་གཞི།)으로 경론의 본문에 해당한다. 본행本行·정행正行 혹은 근본위根本位라고도 한다. 마지막은 저술한 경론의 선행을 회향(དགེ་བ་བསྔོ་བ།)하는 부분이다.

넷째 부분은, 마지막의 의미(མཇུག་གི་དོན། : the meaning of the conclusion)로, 저자와 역경사에 관한 내용을 포함하는 간기刊記에 해당한다.

일러두기

1. 번역의 대본은 티벳어 데게본 곰림당뽀 『བསྒོམ་རིམ་དང་པོ།』(수행의 단계 상편), 곰림바르마 『བསྒོམ་རིམ་བར་མ།』(수행의 단계 중편), 곰림타마 『བསྒོམ་རིམ་ཐ་མ།』(수행의 단계 하편)이다.
2. 대본의 번역에서 참조한 산스끄리뜨본은 『Kamalasila: Bhavanakrama』 (Bhk) Based on the edition by Gyaltsen Namdol.이며, 상편은 원본이 소실되지 않고 고스란히 전해졌으나, 중편과 하편은 소실되어, 후대에 티벳어에서 복원한 것으로 알려지고 있다.
3. 영문번역본으로 Parmananda Sharma이 번역한 『BHAVANAKRAMA OF KAMALASILA』를 참조했고, 한글 번역본으로 『수습차제 연구』(중암 지음)를 참조했으며, 중문번역본으로, 티벳어와 한문번역을 병기한 『蓮花戒名著 修習次第論 研究』(周拉 著)를 참조했다.
4. 본문 중에 [ ] 안에 표시한 부분은 티벳어 원문에는 없으나 독자의 이해를 돕기 위해 역자가 추가한 것이다. ( ) 안에 표시한 부분은, 주로 바로 앞에 있는 번역의 한역이다. 그리고 본문 내용 중 보충설명이 필요한 곳은 각주 처리했다. 데게본과 다르게 번역한 부분은 *다음에 번호를 넣어 후주에서 그 근거를 제시했다.

까말라실라의 수행의 단계

상편

산스끄리뜨어로 바와나끄라마, 티벳어로 곰빠림빠,
한국어로 수행의 단계이다.

문수동자께 예경합니다.

대승 경전의 수행 체계에 대해 초보자에서 시작하여
수행의 순서를 요약하여 설명하겠다.

1

일체지의 원인 : 연민심, 보리심, 실천행

붓다의 모든 법의 뿌리: 연민심

왜 연민심이 모든 불법의 뿌리인가

일체지를 신속히 얻고자 하는 사람은, 요약하여 말하자면 연민심과 보리심과 실천행, 이 세 가지 토대를 확고하게 다져야 한다.

여기에서 붓다의 모든 법(속성)의 뿌리는 오로지 연민심이라는 것을 알고 제일 먼저 그것을 수습해야 한다. 이것을 『섭정법경攝正法經』에서 다음과 같이 설했다.

관자재보살이 세존께 이와 같이 말씀드렸다. "세존이여! 보살은 지극히 많은 법들을 배우려고 하지 않습니다. 세존이여! 보살이 하나의 법을 제대로 지니고 확실하게 깨닫게 되면, 붓다의 모든 법이 그의 손바닥 안에 있을 것입니다. 그 하나의 법이 무엇인가? 하면 바로 큰 연민심입니다. 세존이여! 이 연민심에 의해서 붓다의 모든 법이 보살의 손바닥 안에 있게 됩니다. 세존이여! 예를 들면, 전륜왕의 보륜이 있는 곳이라면 어디든 전륜왕의 군대가 있는 것과 같이, 세존이여! 보살의 연민심이 있는 곳에는 붓다의 모든 법이 있습니다. 세존이여! 예를 들어, 명근命根이 있으면 다른 감각기관들이 생겨나는 것과 마찬가지로, 세존이여! 연민심이 있으면 보살의 다른 모든 법들도 생겨나게 될 것입니다."

또한 『무진혜소설경無盡慧所說經』에서도 다음과 같이 자세히 설했다.

장로 사리자여! 게다가 보살들의 연민심 또한 다함이 없습니다.*1 그것은 무엇 때문인가? 선행하는 것이기 때문입니다. 장로 사리자여! 예를 들면, 숨을 들이쉬고 내쉬는 것은 사람의 명근命根[1]에 선행합니다. 그와 같이 보살의 큰 연민심은 대승을 올바르게 성취하기 위한 선행요소입니다.

1 명근의 본질은 목숨이며 체온과 의식의 토대가 되는 것으로, 유정의 생존을 유지시키고, 상속하게 하는 힘을 갖는다.(『아비달마구사론』, 132쪽, 주55와 232쪽 요약)

『가야산정경伽倻山頂經』에서도 상세하게 설했다.

"문수보살이여! 보살행의 시작은 무엇이며 의지처는 무엇입니까?" 문수보살이 대답하기를, "천신의 자손이여! 보살행의 시작은 큰 연민심이며, 의지처는 살아 있는 모든 존재(유정有情)다."

그처럼 큰 연민심을 일으킴으로써 보살들은 자신을 돌보지 않고 다른 사람을 크게 돕고자 하기 때문에, 지극히 행하기 어렵고 오랫동안 고단함을 감내해야 할 보리자량[2] 쌓기에 들어간다.

또한 『믿음의 힘을 일으키는 경(발생신력경發生信力經)』에서 다음과 같이 설했다.

큰 연민심이란, 모든 중생들을 성숙시키기 위해서 [자신에게] 생기는 고통을 받아들이지 않는 것이 조금도 없는 것이며, [자신에게] 생기는 안락을 버리지 않는 것이 조금도 없는 것이다.

그처럼 [연민심은] 아주 행하기 어려운 일을 행함으로써, 오랜 기간이 걸리지 않고도 자량을 온전히 갖추어, 의심할 바 없이 일체지의 경지를 얻게 할 것이다. 그러므로 붓다의 모든 법의 뿌리

2 보리자량: 복덕자량과 지혜자량을 의미한다.

는 오로지 큰 연민심이다.

큰 연민심을 온전히 갖추었기 때문에, 붓다 세존께서는 일체지의 본래지(일체지지一切智智)를 얻은 후에도, 모든 중생들을 위해 이타행을 하면서 머물러 계시는 것이다. 따라서 무주열반[3]도 세존의 큰 연민심을 원인으로 성문연각의 열반에 머물지 않는 것이다.

어떻게 연민심을 일으키는가

연민심은 고통을 겪는 중생들을 인식대상으로 하여, 거듭거듭 반복하여 마음을 집중함(작의作意)*2으로써 생겨난다. 그러므로 '삼계에 속하는 모든 중생은 각기 상응하는 바에 따라 세 가지 종류의 고통(삼고三苦)을 겪는다'고 마음속 깊이 생각하면서 모든 중생에 대해 [연민심을] 수습한다.

그에 대해 세존께서는 "지옥 중생들은 오랜 세월 동안 끊임없이 팔열八熱지옥의 고통 등 온갖 종류의 고통의 강물에 빠져 있다"고 말씀하셨다.

마찬가지로 "아귀들도 대부분 참을 수 없는 배고픔과 목마름

3 존재인 윤회의 극단에도 적정인 열반의 극단에도 머물지 않고, 완전한 열반(반열반)에 들어가 정등각을 이룬 것이다.(『장한불학사전』, 1243쪽)

이라는 고통의 불길에 바짝 마른 몸이 극심한 고통을 수없이 겪는데, 어떤 아귀 중생들은 백 년이 걸려도 먹을 것으로 먼지 묻은 가래침이나 오물조차 얻지 못한다"고 말씀하셨다.

축생들 또한 서로서로 잡아먹고 성내어 으르렁거리고 해치고 죽이는 등 수없이 많은 고통을 겪는 것을 볼 수 있는데, 어떤 축생들은 코가 뚫리고 두들겨 맞으며 밧줄에 묶이고 말뚝에 매이는 등 자신에게 아무런 힘이 없어 항상 쫓겨 다니고, 원하지 않아도 어쩔 수 없이 무겁고 커다란 짐을 져야 하므로 힘겹고 지치게 된다. 숲속에 사는 동물들 또한 아무런 잘못도 없이 이익 때문에*3 쫓기고 죽임을 당하게 된다. 항상 두려움으로 마음이 불안하여 무리 지어 모여 있다가도 이리저리 흩어져 도망치는 등 숱한 고통을 헤아릴 수 없이 겪는 것을 볼 수 있다.

그처럼 인간에게도 지옥 중생[과 같은] 고통 등이 있다. 예컨대 도둑과 같은 사람들은 사지가 끊기고 죽창에 몸이 찔리며, 머리가 잘려 매달리기도 하는데, 그와 같은 번뇌에 휩싸인 자들은 오직 지옥의 고통을 겪을 수밖에 없다. 또한 빈곤한 사람들은 아귀처럼 배고픔과 목마름 때문에 고통을 겪게 되고, 노예처럼 다른 사람에게 몸이 지배당하는 사람들과 힘에 눌려 해로움을 당하는 사람들은 짐승처럼 두들겨 맞고 밧줄에 묶이는 등 고통을 받는다.

그와 같이 찾아 헤매거나 서로 해를 입히며, 좋아하는 것과 헤어지고, 싫어하는 것과 만나는 등 인간에게도 고통은 헤아릴 수 없이 많다. 일부 부유하고 행복해 보이는 사람들이라도, 마침내는 재물이 기울게 되고 온갖 악한 견해의 수렁에 빠지며, 지옥 중생 등의 고통을 겪게 되는 원인을 만나게 된다. 아울러 업과 번뇌를 쌓기 때문에 일체가 모두 고통의 원인이 될 뿐이니, 마치 낭떠러지에 서 있는 것처럼 오로지 고통스러운 것뿐이다.

천신의 경우에도, 욕계에 속하는 천신들은 감각적 욕망의 불길로 마음이 활활 타오르고, 마음이 산란된 것과 같아 순수하지 못하며, 한순간도 마음이 평등하게 머물지 못한다. 그처럼 평온적정의 보물이 결여된 그들에게 무슨 안락이 있겠는가? 항상 죽음과 [악도에] 떨어지는 것에 대한 두려움 등의 고통에 짓눌려 있으니 그들이 어떻게 안락하겠는가?

색계와 무색계에 속하는 천신들도 한순간 괴로움의 고통(고고苦苦)[4]에서 벗어날지는 모르지만 그들은 욕계에 속한 잠재적 습성을 완전히 버리지 못하여 다시 지옥 등으로 떨어지게 되므로 변화하는 고통(괴고壞苦)[5]을 받는다.

---

4 괴로움의 고통(고고): 고통스러운 느낌(고수)으로, 그것을 일으키는 대상과 함께 하여 생기는 것만으로 몸과 마음을 괴롭게 하는 고통.(『장한불학사전』, 911쪽) 더위, 추위, 배고픔, 목마름, 질병 등 본성적으로 고통스러운 것.

5 변화하는 고통(괴고): 지금은 즐거운 느낌(낙수)이지만, 시간이 지나면 변화하기 때문에, 사실은 고통스러운 속성을 가지고 있는 것이다. 예컨대 계속 걸어서 피곤할 때 앉아서 쉬면 행복하다고 느끼지만, 오래 앉아 있으면 고통스러워 다시 일어나 산책하고 싶어진다. 행복한 느낌을 즐거움으로만 보게 되면

이들 천신과 인간은 모두가 업과 번뇌 등을 원인으로 하는 다른 힘의 지배를 받기 때문에 '행고行苦'[6]의 고통을 받는다.

그와 같이 모든 중생계는 고통의 불꽃이 타오르는 곳임을 통찰하여, 자신이 고통을 싫어하는 것처럼 다른 중생들 또한 그와 같다는 것을 숙고하고, 모든 중생들에 대해 오직 연민의 마음을 수습해야 한다.

어떤 순서로 연민심을 수습하는가

맨 처음에는 가족이나 친구 등 좋아하는 이들에 대해 그들이 앞에서 말한 온갖 고통을 겪고 있는 것을 사유하면서 연민심을 수습한다. 그런 뒤에는 평등한 마음으로 차별 없이 살펴보고, 이어 '시작이 없는 윤회 속에서 수백 번 나의 친구나 가

그 즐거움에 속박된다. 그러나 그것을 괴로움으로 보게 되면 해탈하게 된다. 탐욕에서 벗어날 수 있기 때문이다.

6 행고: 지금은 확실하게 드러난 고통이 없지만, 조건과 만나게 되면 곧바로 고통이 일어날 수 있는 것이며, 고통을 경험하게 하는 잠재력이 쇠퇴하지 않고 존재하는 것을 말한다. 그와 같은 잠재력은 삼계 모든 중생들의 마음 흐름 속에 편만하여 존재하기 때문에 '편재하는 행고'라고 한다.(『둥까르칙죄첸모』, 326쪽) 당장은 유루의 비고비락수이지만 대상과 함께하여 몸과 마음의 조중粗重이 뒤따르기 때문에 행고이며, 모든 고통에 편재하고 두 가지 고통의 뿌리가 되는 것이다.(『장한불학사전』, 139쪽) 행고에 대한 다양한 사례는 『위대한 스승의 가르침』, 137~140쪽 참조.

족이 아니었던 중생은 아무도 없다'고 사유함으로써 일반 중생에 대해 연민심을 수습한다.

친구나 가족과 마찬가지로 일반 중생에 대해서도 연민심이 똑같이 생기게 되면, 그때에는 적과 같이 싫어하는 사람들에 대해서도 평등한 마음을 일으킴으로써 연민심을 수습한다. 그리하여 친구나 가족과 마찬가지로 싫어하는 사람들에 대해서도 연민심이 평등하게 생기게 되면, 점차로 시방(十方)의 모든 중생들에 대해서도 연민심을 수습한다.

그렇게 해서 마침내 사랑하는 내 아이가 고통 당하는 것[을 볼 때]처럼, 모든 중생들에 대해서도 그들의 고통을 뿌리 뽑고자 하는 연민심이 저절로 생겨나 그 자체로 [내 아이에 대한 연민심과] 똑같아지게 될 때 비로소 연민심이 완성되며, '큰 연민심(大悲)'이라는 이름을 얻게 되는 것이다. 이것은 『무진혜소설경』에서 찬탄한 것과 같다.[7]

---

7 찬탄한 내용을 인용하면 다음과 같다.
"일체지의 본래지를 바르게 수행하는 보살에게는 큰 연민심이 선행한다. 그것은 다음과 같다. 예를 들면, 상인이나 재가자가 외아들을 가슴속 깊이 사랑으로 품는 것처럼, 큰 연민심에 전적으로 의지하는 보살은 모든 중생들을 가슴속 깊이 사랑으로 품는다. 장로 사리자여! '큰 연민심'이라는 것은, 이와 같이 그 스스로 생겨나는 것이므로 '큰 연민심'이라고 한다.
자신의 청정한 마음에서 생기기 때문에, 큰 연민심은 중생을 보호한다. 모든 중생들의 고통을 제거하려는 마음에서 생기기 때문에, 큰 연민심은 가난한 자와 고통받는 자와 의지할 곳 없는 자들을 보살핀다. 상대방의 공덕을 찬탄하려는 마음에서 생기기 때문에, 큰 연민심은 자신의 공덕을 드러내지 않는다.

이와 같이 연민심을 수습하는 순서는 세존께서 『아비달마경』 등에서 말씀하셨다.

무루의 안락을 바라는 마음에서 생기기 때문에, 큰 연민심은 일체의 고통에 대해 아무것도 생각하지 않는다. 행동을 올바르게 행하여 후회하지 않는 마음에서 생기기 때문에, 큰 연민심은 애지중지하고 아끼는 물건을 온전히 베푼다. 금강의 몸을 성취하려는 마음에서 생기기 때문에, 큰 연민심은 몸에 해를 당하는 것을 기꺼이 받아들인다. 자신의 선근을 바라지 않는 마음에서 생기기 때문에, 큰 연민심은 상대방의 선근이 생겨나게 한다. 욕계를 인식대상으로 하는 마음에서 생기기 때문에, 큰 연민심은 선정의 맛을 즐기지 않는다. 걸림 없는 본래지의 광명에서 생기기 때문에, 큰 연민심은 모든 방식으로 현현한다. 과거의 서원을 버리지 않음에서 생기기 때문에, 큰 연민심은 모든 중생들을 지극히 자유롭게 한다. 붓다의 계율 안에서 중생들의 악행을 완전히 제거하려는 마음에서 생기기 때문에, 큰 연민심은 계율을 위반한 중생들을 돌본다."(라싸본 티벳어 『무진혜소설경』, 204a5~206a1에서 발췌함)

대승에 들어가는 문: 보리심

어떻게 보리심을 일으키는가

그와 같이 연민심을 수습하여 익숙하게 된 힘으로, 살아 있는 모든 존재들을 남김없이 인도하리라는 서원을 세운다면, 위없는 바르고 원만한 보리(무상정등각無上正等覺)를 염원하는 마음의 본성에 의해 애써 노력할 필요 없이, 보리심이 저절로 생겨난다.

『십법경』에서 다음과 같이 설한 것과 같다.

도와주는 사람 없고 의지할 곳 없으며 머무를 곳 없는 중생들을 보면서, 위없는 바르고 원만한 보리심을 일으킨다.

또한 세존께서 "다른 사람이 올바르게 지니게 함으로써, 보살에게 보리심이 생겨날 수 있다. 그렇지만 큰 연민심에 압도되어 보살 자신이 보리심을 일으키는 것이 더욱 수승하다"라고 『여래지인삼매경如來智印三昧經』에서 말씀하셨다.

보리심이 성숙된 결과는 어떠한가

그러한 보리심은 실행을 수반하지 않더라도 윤회계 안에서 그 결과가 매우 크다고 세존께서 『미륵해탈경』에서 말씀하셨다.

고귀한 집안의 자손이여![8] 그것은 이와 같으니, 예를 들면 금강석(다이아몬드)은 비록 깨지더라도 다른 모든 아름다운 황금 장신구들을 압도하여 금강석이라는 명성을 잃지 않으며, 모든 가난에서 벗어나게 한다. 고귀한 집안의 자손이여! 그처럼 일체지에 대한 금강석과 같은 발보리심은, 실행을 수반하지 않더라도 성문과 연각의 모든 황금 장신구를 압도해서, 보살이라는 이름도 잃

8 고귀한 집안의 자손이여!: 티벳어 릭기부རིགས་ཀྱི་བུ།는 스승이 제자를 부르는 애칭으로, '좋은 가문의 아들' 혹은 '고귀한 가문의 아이'로도 번역된다.(『JH온라인 티영사전』) 한역에서는 일반적으로 '선남자'로 번역하였다. 고귀한 부처님 법을 따르는 제자를 자손에 비유하여 여기에서는 '고귀한 집안의 자손'으로 옮겼다.

지 않으며, 윤회계의 가난 또한 제거한다.

모든 바라밀을 언제 어디서나 배워 익힐 수 없는 사람도, [보리심의] 결과가 매우 크기 때문에 방편을 온전히 갖추어 보리심을 일으켜야 한다. 이에 대해서 『쁘라세나지뜨왕에 대한 가르침의 경(교수승광대왕경敎授勝光大王經)』에서 다음과 같이 자세히 설했다.

그와 같이, 대왕이여! 당신이 해야 할 일이 많고, 하고 있는 일이 많아서, 언제 어디에서나 모든 측면에서, 보시바라밀에서 지혜바라밀에 이르기까지 배워 익히는 것을 감내할 수 없다면, 대왕이여! 걷거나 서 있거나, 앉거나 누워 있거나 깨어나 있거나, 먹거나 마시거나, 완벽한 깨달음(원만보리圓滿菩提)을 염원하고 믿고 추구하고 기원하는 것을 항상 끊임 없이 기억하고, 마음에 새기고, 익히소서!

붓다와 보살과 성문과 연각과 모든 일반 사람들과 자신의, 과거와 미래와 현재의 모든 선근을 모아, 최상의 수희찬탄으로 더불어 기뻐하소서! 더불어 함께 기뻐한 다음에는 붓다와 보살과 연각과 성문들에게 공양 올리도록 하소서! 공양을 올린 후에는 모든 중생들과 공유하소서! 그 다음 모든 중생들이 일체지를 증득하도록, 그리고 붓다의 모든 법을 원만하게 성취할 수 있도록 날마다 세 번 '위없는 바르고 원만한 보리(무상정등각)'에 온전히 회향하소서! 대왕이여! 그대가 그와 같이 실천하여 나라를 다스린다면, 왕의 권위도 쇠퇴하지 않을 것이고, 보리의 자량도 원만하게 완성

될 것입니다.

또한 같은 경에서 다음과 같이 설했다.

대왕이여! 그대는 바르고 원만한 보리심의 선근이 완전히 성숙됨으로써 여러 생에 걸쳐 천신과 인간으로 태어날 것입니다. 또한 천신과 인간으로 태어나는 때마다 왕이 될 것입니다.

실행(정행正行)을 핵심으로 하는 보리심의 결과는 지극히 광대하게 이루어진다. 이에 대해 『용시청문경勇施請問經』[9]에서 다음과 같이 설했다.

보리심의 복덕은 어떠한가?
그것에 만일 형상이 있다면
허공계를 완전히 채우고도
그보다 더 넘쳐날 것이다.

갠지스 강 모래알만큼의
붓다의 정토마다

---

9 『용시청문경』: 티벳어(འཕགས་པ་ཁྱིམ་བདག་དཔལ་སྦྱིན་གྱིས་ཞུས་པ་ཞེས་བྱ་བ་ཐེག་པ་ཆེན་པོའི་མདོ།)를 직역하면, '용시勇施라는 재가자가 청한 대승경전'이다. 티벳어본에는 첫 게송만 있으나, 범어본에 세 게송이 있어 라싸본 『용시청문경』을 번역하여 본문에 모두 옮겼다.

어떤 사람이 보석으로 가득 채워서
세간의 보호주께 공양 올리는 것보다도,

누구든 두 손 모아 합장하고
보리심에 예경 올린다면,
이 공양은 훨씬 더 뛰어난 것이니,
그 복덕에는 끝이 없기 때문이다.*4

『화엄경』에서도 다음과 같이 상세하게 설했다.

고귀한 집안의 자손이여! 보리심은 붓다의 모든 법의 씨앗과 같은 것이다.

원보리심과 행보리심

그러한 보리심에는 두 가지가 있는데, 염원하는 보리심(원보리심願菩提心)과 실행하는 보리심(행보리심行菩提心)이다.

이에 대해 『화엄경』에서 다음과 같이 설했다.

고귀한 집안의 자손이여! 중생들의 세상에서 위없는 바르고 원만한 보리를 마음으로 염원하는 중생들은 찾기 어렵다. 위없는 바르고 원만한 보리행을 청정하게 실천하는 중생들은 그보다 도 더욱 찾기 어렵다.

여기서 먼저 '모든 중생들을 이롭게 하기 위해서 붓다가 되게 하소서!'라고 간절히 추구하는 것이 염원하는 보리심이다. 이후로 율의를 받아 지니고 보리자량 쌓기에 들어가는 것이 실행하는 보리심이다.

보리심의 율의(보살계菩薩戒)는 학식과 위신력을 갖추고 율의에 의지하는 스승[10]에게 받아야 한다. 적절한 분이 없다면, 붓다와 보살들을 관상하고*5 문수보살이 과거생에 '허공왕'이 되었을 때 보리심을 일으켰던 것처럼,[11] 보리심을 일으켜야 한다.

---

10 스승: 티벳어 파뢸뽀ཕ་རོལ་པོ།(외부자, 다른 사람)를 옮긴 것으로, 다른 사람에게서 받는 방법과 스스로 계를 받는 방법 두 가지 중, 전자를 먼저 설명하면서 '다른 사람'이라고 하였지만, 보리심 계를 주는 분을 뜻하므로 '스승'으로 번역했다. 아띠샤 존자는 『보리도등론』 게송 22, 23에서 " 『보살지』 계품에서 설한 의식에 따라, 청정한 성품을 갖춘 훌륭한 스승(བླ་མ་བཟང་པོ།)에게서 율의를 받아야 한다"고 설했으며, 훌륭한 스승에 대해, "율의의 의궤에 능통하고 스스로 율의에 머물며 율의를 줄 수 있는 관용과 연민심을 가진 분이 훌륭한 스승임을 알아야 한다"고 설했다.

11 과거생에 문수보살이 허공왕 이었을 때, 어떻게 보리심을 일으켰는가? 『보리도등론』 게송 26~31에서 『문수보살국토장엄경』을 인용하여, 다음과 같이 설했다. "보호주들의 면전에서 온전한 보리심을 일으키고, 모든 중생들을 손님으로 초대하여 그들을 윤회로부터 벗어나게 하겠습니다. 남을 해롭게 하는 마음과 화내는 마음과 인색한 마음과 시기하는 마음을, 지금부터 시작해서 최상의 보리를 성취할 때까지 일으키지 않겠습니다. 청정한 행을 실천하며 악행과 욕망의 대상을 멀리하겠습니다. 즐거운 마음으로 계율을 지키면서 붓다를 따라 배워 익히겠습니다. 저는 신속한 방법으로 깨달음을 성취

그와 같이 보리심을 일으킨 보살은, [먼저] 자신을 다스리지 못하면 다른 사람을 다스리지 못한다는 것을 알고, 스스로 보시 등을 실천하는 데 힘써 노력해야 한다. 실행이 없이는 보리(깨달음)를 얻지 못한다.

그것은 이와 같다.

『가야산정경』에서 다음과 같이 설했다.

보리는 실행(정행正行)*6을 핵심으로 삼는 보살마하살의 것이지, 전도된 행(사행邪行)을 핵심으로 삼는 자들의 것이 아니다.

『삼매왕경』에서도 설했다.

그렇기 때문에 '실행을 핵심으로 삼아야 한다'고 하는 것을, 젊은이여! 그대는 배워야 한다. 그것은 무엇 때문인가? 젊은이여! 실행을 핵심으로 삼는 사람에게는 '위없는 바르고 원만한 보리'를 얻기가 어렵지 않기 때문이다.

하길 바라지 않으며, 오직 한 중생을 위해서라도 마지막 끝까지 머물러 있겠습니다. 무량하고 불가사의한 국토들을 청정하게 하겠습니다. 저의 이름을 부르거나 저를 보거나 저를 만나거나 저를 기억하는 모든 사람들을 위해 시방에 항상 머물러 있겠습니다. 저의 모든 몸과 말의 행위를 청정하게 하겠습니다. 마음의 행위도 청정하게 하여 선하지 않은 행위는 하지 않겠습니다."(『Atisha's Lamp for the Path to Enlightenment』 게송 26~31, 영문 79~82쪽, 티벳어 170~171쪽)

또한 보살의 실천행(정행正行)에는 바라밀과 사무량심과 사섭법 등의 차별이 있다고 『무진혜소설경』과 『보운경』 등 경전에서 자세히 설했다.

이와 같이 보살이 공예 등 세간의 학문까지도 배워야 하는 것이라면, 출세간의 선정 등은 말해 무엇하겠는가? 그렇지 않다면, 중생들을 위한 모든 종류의 이타행을 어떻게 행할 수 있겠는가?

보살의 실천행: 방편과 지혜

보살의 실천행이란 무엇인가

이러한 보살의 실천행이란 요약하면 방편과 지혜를 본질로 하는 것이며, 오로지 지혜만도 아니고 오로지 방편만도 아니다.

이에 대해 『유마힐소설경』에서도 다음과 같이 찬탄했다.

지혜가 없는 방편과 방편이 없는 지혜는 보살의 속박이다. 방편을 갖춘 지혜와 지혜를 갖춘 방편은 보살의 해탈이다.

『가야산정경』에서도 다음과 같이 설했다.

보살의 길은 요약하면 이 두 가지이니, 보살이 이 두 가지 길을 지닌다면 신속하게 '위없는 바르고 원만한 보리'를 확실하고 완벽하게 깨닫게 될 것이다. 두 가지는 무엇인가? 그것은 방편과 지혜다.

여기에서 방편이란, 지혜바라밀을 제외한 보시 등의 다섯 바라밀과 사섭법 등과, 청정한 국토와 많은 재물과 수승한 많은 제자 등과,*7 중생들을 성숙시키는 것과, 신통으로 변화된 모습을 보여주는 것 등 선도善道[12]의 안락을 가져오는 법(증상선법增上善法)을 모으는 모든 선행을 말한다.

여기서 지혜란, 방편의 본성을 전도되지 않게 깨닫게 하는 원인이다. 지혜로써 올바르게 방편의 차별을 분석하여 전도됨이 없기 때문에, '자신을 진정으로 이롭게 하는 것(자리自利)'과 '타인을 진정으로 이롭게 하는 것(이타利他)'을 여실히 성취함으로써, 만뜨라의 가피로 정화된 독초를 먹는 것과 같이 온갖 번뇌에 오염되지 않게 된다.

그 말에 대해 『가야산정경』에서 다음과 같이 설했다.

방편은 모으는 것임을 알아야 한다. 지혜는 철저히 분석하는

---

12 선도: 티벳어 왼빠르토와མངོན་པར་མཐོ་བ།를 옮긴 것으로 '확실하게 높은 곳'을 의미하며, 현고現高 혹은 증상생增上生으로 한역된다. 인간과 천신의 세계를 의미하며 선취善趣라고도 한다.

것*8임을 알아야 한다.

『믿음의 힘을 일으키는 경(발생신력경)』에서도 이와 같이 설했다.

방편에 능숙함이란 무엇인가? 모든 법을 바르게 모으는 것이다. 지혜란 무엇인가? 모든 법을 섞이지 않게(분석) 하는 데 능숙한 것이다.

보살의 경지에 이미 들어간 성자들도 방편과 지혜 이 두 가지를 언제나 수습해야 하며, 지혜만 수습해서는 안 된다.

이와 같이 보살의 열 가지 경지 모두에서 모든 바라밀을 항상 행해야 한다. 『십지경』 등에서도, "나머지 바라밀들도 행하지 않는 것이 아니다"라고 설했다. [오직 지혜만 수습해야 하는 것이라면, 이것은] 8지八地에서 적정寂靜에 머물러 있는 보살을 붓다 세존들께서 [선정에서] 일어나게 하신 것과도 상반된다.

다음과 같이 『십지경十地經』에서 상세히 설했다.[13]

---

13 붓다께서 바른 깨달음을 얻은 후, 2번째 7일에 타화자재천에 올라가, 수많은 대보살과 함께 계셨다. 그 때 금강장(바즈라가르바) 보살이 붓다의 위신력으로 '대승광명'이라는 삼매에 들어가, 모든 붓다 세존들의 가피를 받고 삼매에서 일어나, 단지 보살 10지의 명칭만 설하고 아무 말도 하지 않았다. 이때 청중을 대표해서 해탈월(비묵띠짠드라) 보살이 십지의 상세한 내용을 설해달라고 간청한다. 이에 금

오! 승리자의 자손들이여! 그와 같이 부동지不動地(8지)에 머물러 있는 보살로서 과거의 서원의 힘을 일으켰으며 법문의 흐름에 머무는 자에게, 붓다 세존들께서 여래의 본래지本來智[14]를 성취하게 하셨으며,[15] 또한 다음과 같이 말씀하셨습니다.

"고귀한 집안의 자손이여! 훌륭하고 훌륭하다! 붓다의 모든 법을 증득하는 데 있어서, '이것'은 또한 승의의 인욕이

강장 보살이 "10지는 내용이 아주 심오하여 설한다고 해도 믿을 사람이 없으며, 듣고 의심하게 되면 고통스럽기만 하므로 설하지 않는다"고 대답한다. 그때 붓다께서 광명을 발산하여 모든 것을 빛으로 감싸게 되자, 청중들은 보살10지의 법문을 듣고 싶은 간절한 염원을 일으킨다. 이제 때가 되었음을 알고 금강장 보살이 초지부터 설하기 시작한다. 이 인용문은 8지를 설하는 부분이다. "오! 승리자의 자손들이여!"에서, '승리자의 자손'은 '불자佛子'로 한역되며 '보살'을 의미한다.

14 본래지: 티벳어 ཡེ་ཤེས།(산/jnana)를 옮긴 것으로, '원초적 지혜', '근원적 지혜', '근본지'로도 번역되며, '지智' 혹은 '원시지原始智'로 한역된다. 십바라밀 중 마지막 지智바라밀이 이에 해당한다. 본문의『십지경』인용문에서 본래지는 "진소유지와 여소유지로 사물의 모든 측면을 통찰하는 본래지" 즉 '일체지의 본래지(一切智智)'를 의미한다. 반면에 '지혜'로 옮긴 것은, 티벳어 ཤེས་རབ།(산/prajna)을 옮긴 것으로 '반야般若'로 한역된다. 본문에서 '본래지'와 대비되어 사용될 때는 지혜 대신에 '반야지'로 옮겼다. 따라서 '복덕자량과 지혜자량' 그리고 '지혜법신'의 경우에도 지혜를 본래지로 수정해야 하겠지만 워낙 익숙하게 사용되는 용어이므로 이 경우에는 예외적으로 '지혜자량' 그리고 '지혜법신'으로 표기했다.

15 월칭의『입중론자주』에서도 보살 8지의 게송 2의 마지막 행인 "붓다들께서 멸진정에서 일어나게 하셨다.(རྒྱལ་བ་རྣམས་ཀྱིས་འགོག་ལས་སློང་བར་མཛད།།)"를 설명하면서, 위의『십지경』을 인용했다.

이에 대한 자야난다의 해설은 다음과 같다. "'과거의 서원의 힘(본원력本願力)을 일으켰으며'라고 하는 말은 '중생을 이롭게 하기 위해서 깨달음(붓다)을 성취하게 하소서!'라고 하는 서원의 힘을 일으킨 상태에 머무는 것이다. '법문의 흐름에 머문다'는 말은, 삼매에서 붓다들의 일대일 구전 가르침을 듣는 것을 '법문의 삼매'라고 하며, 거기에 머무는 것이다. '여래의 본래지를 성취하게 하셨으며'라고 하는 말은, '여래들께서 가피를 주신 것이다'라는 말이다."(자야난다의『입중론자주석』, 314a2)

다.[16] 그렇지만 나의 10력十力[17]과 4무외四無畏[18] 등 붓다의

16 자야난다의 『입중론자주석』에서 위 문장에 대한 해설을 인용하면, "'붓다의 법을 증득하는 데 있어서'라고 하는 말은, '10력과 4무외 등을 성취하는데 있어서'라는 의미다. '이것은 또한 승의의 인욕이다'라고 하는 말은, 공성의 삼매 바로 그것은 또한 승의적으로 받아들여야 하는 것이라는 의미다"라고 했다. 위 본문의 『십지경』 인용문에 나오는 '이것'은 모두 '일체법의 공성과 불가득성'을 가리킨다.

17 여래 10력: ①의지처와 의지처가 아닌 것을 아는 힘–처비처지력, ②업의 이숙(행위가 온전히 무르익은 결과)을 아는 힘–업이숙지력, ③다른 중생의 온갖 다양한 관심이나 흥미(승해)를 아는 힘–종종승해지력, ④온갖 다양한 계界(온갖 법성의 차별)를 아는 힘– 종종계지력, ⑤다른 중생의 근(즉 信·勤·念·定·慧根)이 수승한지 수승하지 않은지 아는 힘–근상하지력, ⑥모든 곳으로 가는 길(깨달음에 이르는 다양한 길, 선도로 가는 길, 악도로 가는 길 등)을 아는 힘– 변행도지력, ⑦선정과 해탈과 삼매와 등지에 들어가는 잡염과 청정을 지닌 모든 것을 아는 힘–정려해탈삼매등지지력, ⑧이전의 의지처(즉 자신과 타인이 과거에 머문 곳)에 대한 기억을 아는 힘–숙주수념지력, ⑨죽어 의식이 옮겨가는 것과 환생을 아는 힘–사생지력, ⑩유루가 소멸했음을 아는 힘–누진지력.(『장한대조불학분류사전』, 5쪽과 『아비달마구사론』「분별지품」, 1225쪽을 참조). 이러한 10가지의 아시는 것(མཁྱེན་པ་: 지知)를 무엇 때문에 '힘'이라고 하는가? 여래의 십력은 지극히 확정된 것을 특징으로 한다는 것을 알아야 한다. 지극히 확정된 속성에 의해, 일체의 앎의 대상에 대해 어떠한 장애도 없는 특성을 갖기 때문에 '힘'이라고 말한다.(뿌생 교정본 『입중론자주』 게송 6-210, 320쪽). 붓다께서 아시는 위 10가지는 지극히 확고한 결론에 도달한 것이므로 나중에 수천년이 지나도 변할 수 없기 때문이다. 논사들의 논서나 철학자나 과학자의 이론은 나중에 다른 것으로 변할 수 있지만, 붓다께서 설한 것이나 아시는 것은 지극히 확정된 것이므로 '힘(위력)'을 지닌다. (종사르켄쩨 린뽀체의 『입중론자주석』 311쪽 요약) 보다 상세한 설명은 월칭의 『입중론자주』(티벳어 뿌생교정본) 369~395쪽(불지佛地 게송 22~게송 31)과 『보살지』(안성두 역주) 409~424쪽을 참조.

18 여래 4무외: 인도 마우리아 왕조의 아쇼카 왕은 4무외를 붓다의 가장 특별한 속성이라고 생각해서 아쇼카 석주에 4마리의 사자를 조각하도록 했을 것이다. 지금도 4마리 사자상은 인도의 국장國章으로 사용되고 있다. 자신의 이로움을 위해 제거와 증득에 대한 2가지 두려움 없음을 선언했다. 즉 ①'나는 제거해야 할 모든 오염을 이미 제거했으므로 더 이상 제거할 것이 남아 있지 않음을 알고 있다. 따라서 이에 대해 사문이나, 바라문이나, 천신이나, 마라나, 범천이나 누가 의문을 제기하거나 논박을 제기해도 나는 두려움이 없다'(일체누진지무외). ②'나는 알아야 할 모든 법을 이미 증득했으므로 더 이상 알아야 할 것이 없음을 알고 있다. 따라서 누가 이에 대해 논박을 해도 나는 두려움이 없다'(제법현등각무외). 또한 타인의 이로움을 위해 2가지 두려움 없음을 선언했다. 즉 ③'고통의 바다인 윤회에서 확정적으로

수승한 법(속성)*9이 그대에게는 없으니, 붓다의 수승한 법을 추구하기 위해 정진하라. 그러나 이 인욕(법인法忍)의 문 또한 버리지 않도록 하라.[19]

고귀한 집안의 자손이여! 그대는 이와 같이 평온적정의 해탈을 얻었을지라도, 마음이 적정하지 못하고 지극히 적정하지 못하여 갖가지 번뇌가 항상 일어나고, 온갖 종류의 분별 때문에 괴로움을 당하는, 이 어리석은 범부 중생들을 생

벗어나게 하기 위해서 어떤 종류의 사람에게 어떤 종류의 수행도를 설해야 하는지 알고 있다. 따라서 누가 이에 대해 논박을 해도 나는 두려움이 없다'(說出道무외). ④'어떤 사람이 수행도를 따라 가면서 장애물을 만나게 될 경우. 나는 어떤 대치법을 적용해야 하는지 알고 있다. 따라서 누가 이에 대해 논박을 해도 나는 두려움이 없다.'(說障法무외) (종사르켄쩨 린뽀체의 『입중론자주석』, 311쪽 요약) 이러한 4무외는 지극히 확고함을 특성으로 한다. 누구도 다른 것으로 변하게 할 수 없기 때문이다.(뿌생교정본 『입중론자주』, 게송 6-210, 321쪽)

19 자야난다의 『입중론자주석』에서 위 문장에 대한 해설을 인용하면, "'인욕의 문'이라는 말은, 무생법인無生法忍(མ་སྐྱེ་བའི་ཆོས་ལ་བཟོད་པ།)이 확실하고 완벽하게 깨닫는 것의 방편이므로 '문'이라고 했다."(자야난다의 『입중론자주석』, 314a4~a5) 인욕의 분류는 3가지로, "다른 사람이 해를 입힌 것에 대해 어떤 것도 생각하지 않는 것, 자신의 마음의 흐름에 고통이 생긴 것을 기꺼이 받아들이는 것, 법에 대해 확신하는 인욕이다."(티벳어 『람림중본』, vol.2, 246쪽) 여기서는 '법에 대해 확신하는 인욕'을 의미하며, '심오한 의미에 대해 두려움을 갖지 않는 인욕'(『위대한 스승의 가르침』, 399쪽)이라고도 한다. "일반적으로 법에 대한 '인욕(བཟོད་པ: 수용, 인가)이란 '승의제를 볼 수 있는 마음의 상태' 즉 '심오한 법에 대한 두려움을 극복하는 것'을 가리키는 데 사용된다. 가행도의 인忍(인욕: 인가)은 이러한 깨달음을 초래하는 데 도움이 되는 마음의 상태이다. 보다 큰 인욕은 심오한 궁극의 진리(승의제)를 현량으로 보게 되는 견도에서 얻게 된다. 가장 큰 인욕은 보살 8지에서 얻게 된다. 왜냐하면 둘로 현현하는 것과 관련된 거친 마음의 활동이 여기서 적정해지기 때문이다."(월칭의 『입중론자주』에 대한 미팜린뽀체의 주석서, 326쪽) 따라서 무생법인이란 '생겨남이 없는 모든 법을 마음으로 받아들임' 혹은 '생겨나지 않은 제법에 대한 인지적 수용'(『보살지』, 안성두 역, 372쪽)으로 풀어 옮길 수 있다.

각하라.[20]

또한 고귀한 집안의 자손이여! 과거의 서원과 성취해야 할 중생의 이로움과 불가사의한 본래지本來智의 문을 기억하라!

고귀한 집안의 자손이여! 또한 '이것'은 모든 현상(제법諸法)들의 법성이며, 여래들께서 출현하든 출현하지 않든 이 법계는 항상 머무는 것이다. '이것'은 다음과 같다. 즉*10 모든 법의 공한 속성(일체법의 공성空性)과, 모든 법의 인식할 수 없는 속성(일체법의 불가득성不可得性)이다. [그러나] '이것'으로는 여래들을 구분할 수 없으며, 모든 성문과 연각들도 이 무분별의 법성을 성취한다.

또한 고귀한 집안의 자손이여! 나의 무량한 몸과, 무량한 본래지와, 무량한 붓다의 국토와, 무량한 본래지의 성취와, 무량한 후광과, 무량하고 청정한 음성을 보고, 그대 또한 그와 같이 확실한 성취를 일으켜라.

고귀한 집안의 자손이여! 그대의 모든 법에서 오직 이 무분별의 광명만이 유일한 광명이다.

고귀한 집안의 자손이여! 여래들에게는 이와 같은 법의 광명이 끝이 없고, 붓다행이 끝이 없고 붓다행의 상호 관련성이 끝이 없으니, 가히 셀 수 없고 헤아릴 수 없고 한량없으며 비교할 수 없고 견줄 수 없는 그러한 것들을 얻기 위

---

20 '적정하지 못한 것'은 번뇌에 사로잡힌 것이고, '지극히 적정하지 못한 것'은 번뇌의 습기習氣를 제거하지 못한 것이며, '갖가지 번뇌가 항상 일어나는 것'은 재가자의 측면이고, '온갖 종류의 분별 때문에 괴로움을 당하는 것'은 출가자의 측면이다.(데게본 『십지경론』, 세친 저, 221b1)

해서, 확실한 성취를 일으켜라.

고귀한 집안의 자손들이여! 먼저 시방의 무량한 국토와 무량한 중생과 무량한 법의 차별을 보고, [그것을] 있는 그대로 헤아려서 확실한 성취를 일으켜라."*11

오! 승리자의 자손들이여! 그처럼 그와 같은 경지에 있는 보살들에게, 붓다 세존들께서는 무량한 본래지의 성취 등에 의해서, 무량한 본래지의 차별[21]을 확실하게 성취하는 보살의 행*12을 성취하게 하셨습니다.

오! 승리자의 자손들이여! 그대는 확고하게 믿어야 합니다. 그대는 확실하게 알아야 합니다. 만일 붓다 세존들께서 그 보살들을 일체지지一切智智를 확실하게 성취하는 문에 들어가도록 하지 않으셨다면, 그들은 그 상태에서 완전히 열반에 들게 될 것이고, 모든 중생들을 이롭게 하는 행위도 거기서 중단될 것입니다.

21 본래지의 차별: 일반적으로 5가지 본래지를 말한다. 안혜의 『대승장엄경론석소』에서 의지처의 완전한 변화(전의)를 통한 5가지 본래지의 성취를 설했다. 즉, 8식 중에서 알라야식(제8식)이 청정해지면 "거울과 같은 본래지(대원경지)"로 변화된다. 마나스식(제7식: 염오의)이 청정해지면 "평등성의 본래지(평등성지)"로 변화된다. 의식(제6식)이 청정해지면 "모든 것을 개별적으로 통찰하는 본래지(묘관찰지)"로 변화된다. 안식(제1식)부터 신식(제5식)까지의 전5식이 청정해지면, "할 일을 성취하는 본래지(성소작지)"로 변화된다. 색과 수와 상과 행과, 8식에 존재하는 공성이 청정해지면, 청정한 법계(법계체성지)로 변화된다.(데게본 티벳어 『대승장엄경론석소』, D4034.113b3~b5) 혹은 본래지의 차별은 지혜법신의 토대인 21가지 무루의 본래지를 의미한다고 볼 수 있다.(21가지 무루의 본래지에 대해서는 부록의 삼신에 대한 해설 참조)

왜 방편과 지혜를 수습해야 하는가

앞에서 『유마힐소설경』과 『가야산정경』에서 말한 것은 공통적으로 설한 것이므로, 이것과 모순된다. 또한 이것은 『섭연경攝硏經』*13에서 다음과 같이 설한 것과도 모순된다.

문수보살이여! 수승한 법을 버리는 업의 장애는 [뿌리가 깊고] 미세하다. 문수보살이여! 어떤 사람들이 여래께서 설하신 가르침 중 일부는 훌륭하다고 생각하고, 일부는 나쁘다고 생각하는 것은 수승한 법을 버리는 것이다. 법을 버리는 자는 법을 버림으로써 여래를 비방하는 것이다.

『섭연경』에서 또한 이와 같이 자세히 설했다.

"미륵이여! 보살들이 육바라밀을 바르게 수행하는 것은 원만한 보리를 위한 것이다. 그렇지만 그것에 대해서도 어리석은 자들은, '보살은 오직 지혜바라밀만 배워야 한다'라고 말하면서, 나머지 바라밀들을 탐탁치 않게 생각한다. 미륵이여! 이것을 어떻게 생각하는가? 내가 과거 까시 왕국의 국왕이었을 때 비둘기를 구하기 위해서 내 몸의 살을 매에게 보시한 것은 지혜가 부족한 것인가?" 미륵보살이 대답하기를, "세존이여! 그것은 그렇지 않습니다." 세존께서 말씀하시기를, "미륵이여! 내가 보살행을 행할 때 육바라밀을 갖춘 선근을 쌓았는데, 그 선근들이 나에게 해가 되었는가?" 미륵보살이 답하기를, "그것은 그렇지 않습니다." 세존께서 말씀하시기를, "미륵이여! 그대 역시 60겁 동안 보시바라밀을 바르게 수행하였으며, 60겁 동안 지계바라밀을 그리고 60겁 동안 지혜바라밀까지 모든 바라밀을 바르게 수행했다. 그렇지만 그것에 대해 어리석은 자들은 '오직 한 가지 이치로 깨닫는다. 즉, 공성의 이치로 깨닫는다'고 말한다."

그렇기 때문에 보살은 방편과 지혜 두 가지를 어느 때든지 반드시 수습해야 한다. 그렇게 한다면 여래의 머물지 않는 열반(무주열반)도 성취할 것이다.

이와 같이 세존께서는 보시 등의 방편으로 색신과 정토와 권속 등 광대한 재물의 수승한 결과를 얻어 완전한 열반에도 머물지 않고, 지혜로 전도된 견해를 바르게 제거하여 윤회에도 머물지 않는다. 왜냐하면 윤회의 뿌리는 전도된 견해이기 때문이다.

지혜와 방편을 본성으로 하는 이 길에 의해서 증익增益[22]과 감손減損[23]의 양 극단(邊)을 버리고 중도의 길을 보여준다. 왜냐

22 증익: 티벳어를 직역하면 '깃털을 붙이다'라는 의미로 '본래 없는 것을 덧붙이다'라는 뜻이다. '없는 것을 있는 것으로 파악하는 허망분별'이다.(『장한불학사전』, 338쪽) 증익의 정의는 '인식대상의 의미를 실상 이상으로 보는 마음'이다.(『JH온라인 티영사전』)

23 감손: 다른 사람에게 공덕이 있는 것을 없다고 하거나 훌륭한 것을 나쁜 것으로 비방하는 말이다.(『장한불학사전』, 33쪽) 감손의 정의는 '인식대상의 의미를 실상 이하로 보는 마음'이다.(『JH온라인 티영사전』)

하면 지혜로 증익의 극단을 제거하고 방편으로 감손의 극단을 제거하기 때문이다.

그러므로 『섭정법경』에서도 이렇게 설했다.

> 훌륭한 상호를 지닌 색신을 온전히 성취하는 것을 진실로 좋아하지, 오로지 법신을 분명히 깨닫는 것(법신의 현관現觀)만을 좋아하지 않는다.[24]

또한 설하기를, "여래는 지혜와 방편으로 탄생하게 되는 것이니, 다른 것에 의존하여 존재하는 것임을 알아야 한다"고 했다.

『비로자나현증보리경』에서도 다음과 같이 설했다.

---

24 『섭정법경』에서 해당 부분을 인용하면 다음과 같다. "또한 보살은 법의 이치에 들어가는 열 가지에 의해 설법자를 확실히 파악해야 한다. 열 가지가 무엇인가? ① 범행청정행자의 필수품을 좋아하지 세간의 필수품을 좋아하지 않는다. ②성스러운 분의 행동방식을 확실하게 좋아하지, 성스럽지 않은 자의 행동방식을 좋아하지 않는다. ③성스럽지 않은 자를 성숙시키기를 좋아하지, 행할 일이 아닌 것과 하찮은 일을 좋아하지 않는다. ④법의 음식을 진실로 좋아하지, 물질적인 음식을 좋아하지 않는다. ⑤숲과 적정처를 진정으로 좋아하지, 마을과 도회지와 시장의 향유 대상을 좋아하지 않는다. ⑥붓다의 깨달음을 진정으로 좋아하지, 성문이나 연각의 깨달음을 좋아하지 않는다. ⑦소지장을 제거하는 것을 진실로 좋아하지, 번뇌장만 제거하는 것을 좋아하지 않는다. ⑧훌륭한 상호와 색신을 온전히 성취하는 것을 진실로 좋아하지, 오로지 법신을 '분명히 깨닫는 것'만을 좋아하지 않는다. ⑨10력과 4무외와 붓다의 불공불법不共佛法을 바르게 성취하는 것을 진실로 좋아하지, 오로지 성자의 진리(4성제)를 현관하는 것만을 진실로 좋아하지 않는다. ⑩다른 중생이 선근을 바르게 성취하는 것을 진실로 좋아하지, 자신이 선근을 바르게 성취하는 것만을 진실로 좋아하지 않는다. 고귀한 집안의 자손이여! 보살은 법의 이치에 들어가는 이 열 가지에 의해 설법자를 확실하게 파악해야 한다."(라싸본 티벳어 『섭정법경』, 28a5~29a2)

일체지지는 연민심이라는 뿌리에서 생겨나고, 보리심이라는 원인에서 생겨나며, 방편에 의해서 궁극에 도달한다.

"모든 법이 나룻배와 같다고 아는 사람들은 법 자체도 버려야 하는데, 법이 아닌 것은 말해 무엇하겠는가?"라고 말씀하신 것도 [법에 대한] 전도된 집착을 없애기 위해 그것을 의도해서 버려야 한다고 설한 것이지, 필요한 것을 성취하기 위해 의지하는 것*14조차 하지 말라는 것이 아니다.

또한 "법을 취하더라도 전도되게 취하지 말라"고 설하는 것은 수행방법을 전도되게 취하지 말라는 의미이다. 어떤 자가 보시 등의 선행이 윤회의 과보를 낳는다고 말한다면,[25] 그것은 이전에 설명한 지혜를 여읜 보시 등과 그 정도의 선근만으로 충분하다고 생각하는 사람들이 더욱더 많은 선근을 즐겁게 쌓도록 하기 위해서이다. 그렇지 않다면 『유마힐소설경』 등 이전에 설명한 모든 것과도 전적으로 어긋날 것이다.

그러므로 지혜와 방편 둘을 반드시 수습해야 한다. 지혜에 의해 온전히 감싸인 자의 보시 등이 바라밀다(도피안到彼岸)라는 이름을 얻으며, 다른 것으로는 얻지 못한다. 따라서 보시 등을 완

25 지혜에 의해 베푸는 자, 받는 자, 베푸는 물건이 실체로 존재하지 않음을 증득한 사람의 보시(삼륜청정보시)는 어떠한 상에도 걸림이 없으므로 윤회에서 벗어나는 원인이 되지만, 그렇지 못한 보시, 즉 지혜를 여읜 보시는 윤회에 다시 태어나는 원인이 된다. 이것은 보시라는 법을 전도되게 취할 경우, 윤회의 과보를 낳는다는 의미이다.

전히 청정하게 하기 위해서는 평등주平等住에 머물러 지혜를 일으키기 위해 더욱 노력해야 한다.

어떻게 지혜를 수습하는가

여기서 먼저 들음에서 생긴 지혜(문소성혜聞所成慧)를 일으켜야 한다. 그것으로 경전의 가르침의 의미를 완전히 파악하고, 그 다음 사유함에서 생긴 지혜(사소성혜思所成慧)로 요의了義[26]와 불요의[27]를 분명하게 구별한다. 그 다음, 그것에 의해 상세하게 구별된 의미에 의지하여, 오로지 진실한 의미[*15]를 수습해야 한다. 진실하지 않은 것을 수습하면 안 된다.

진실하지 않은 것을 수습하게 되면, 전도되게 수습하고 의심도 제거하지 못하기 때문에,[*16] 청정한 지혜[*17]도 생겨나지 못한

26 요의(ངེས་པའི་དོན།): 확정적인 의미. 특별한 중생들을 위해서, 모든 법의 법성은 생겨남과 멸함 등 희론을 벗어난 심오한 의미인 공성이며, 사물의 본성은 본래 광명이고 말과 생각으로 나타낸 모든 것을 벗어난 의미임을 보여주는 것들과 그것을 보여주는 경전과 주석 등이다.(『장한불학사전』, 361쪽) 이러한 관점은 『무진혜경』에 근거한 중관학파의 해석이며, 유식학파는 『해심밀경』에 근거하여 이와 다르게 불요의경과 요의경을 해석한다.

27 불요의(དྲང་བའི་དོན།): 해석을 필요로 하는 의미. 일반 중생들을 인도하기 위해서, 세상의 현상으로 알려진 것을 위주로 하여 개아와 유정과 온·계·처 등과 그것들의 생겨남과 소멸함, 가는 것과 오는 것 등을 말과 생각으로 나타내서 보여주는 것과 그것을 설한 경전과 주석 등이다.(『장한불학사전』, 801쪽)

다. 그러므로 수습하는 것이 의미가 없게 되어, 마치 외도들이 수습하는 것과 마찬가지가 된다. 세존께서 『삼매왕경』에서 다음과 같이 말씀하셨다.

> 만일 모든 현상에 아我가 없음(법무아)을 각각 관찰하고, 각각 관찰한 대로 그것을 수습한다면, 바로 그것이 열반의 성취라는 결과를 낳는 원인이며, 다른 원인으로는 어떤 것도 적정을 이루지 못한다.

그렇기 때문에 사유함의 지혜로, 그리고 논리와 경전의 말씀을 근거로 관찰한 다음, 오직 사물의 진실한 본성을 수습해야 한다. 사물의 진실한 본성이란, 승의로 오로지 생겨남이 없는 것(무생無生)이며, 논리와 경전의 말씀에 의해 확립된다.

①경전의 말씀으로 사유하기

경전의 말씀이란 『섭정법경攝正法經』에서 다음과 같이 설한 것과 같다.

> 생겨남이 없는 것이 진실이다. 생겨남 등의 다른 법은 진실이 아니다.

그것은 승의에 수순隨順하기 때문에[28] 생겨남이 없는 것이 진실이라고 설한 것이지, 승의로는 생겨나는 것도 아니고 생겨나지 않는 것도 아니다. 왜냐하면 그것은(승의는) 모든 언설을 벗어난 것이기 때문이다.

또한 『섭정법경』에서 설했다.

고귀한 집안의 자손이여! 세간에 머무는 자는 소멸과 생겨남에 집착하기 때문에, 대자비를 지닌 여래께서 세간의 두려움의 원천을 제거하기 위해, 언설로 "생겨난다" 혹은 "소멸한다"고 설한 것이지, 여기에는 어떠한 법도 생겨남이 없다.

『제불요집경諸佛要集經』*18에서도 아래와 같이 설했다.

"이치에 맞게(여리如理) 묻는 것은 무엇인지요? 이치에 맞는 것은 무엇인가요?" 붓다께서 대답하시기를, "생겨남이 없는 것이 이치에 맞는 것이며, 그것을 묻는 것이 이치에 맞게 묻는 것이다"라고 하셨다.

28 승의에 수순하는 것: "승의란 존재와 비존재, 생겨남과 생겨나지 않음, 공한 것과 공하지 않은 것 등 모든 희론의 그물이 제거된 것이다. '생겨남이 없는 것' 등은 승의에 들어가는 것이며 승의에 부합하는 것이기 때문에, 승의라는 명칭을 붙인 것이다. 즉, 수순하는 승의는 진정한 승의를 이해하는 방편 혹은 원인이기 때문에 승의라는 이름이 주어진 것이다.(『중관장엄론자주』, 산따락시따, 73a4 / 『중관장엄론석: SPEECH OF DELIGHT』, 미팜린뽀체, 490쪽)

또한 그 경에서 다음과 같이 설했다.

> 모든 법은 짜(ཙ་)의 문이니,
> 죽음과 태어남을 여읜 것이기 때문이다.[29]
> 모든 법은 자성의 문이니,
> 자성이 공한 것이기 때문이다.

『이제분별경二諦分別經』에서도 설했다.

---

29 '짜ཙ་'는 문수보살 5글자 다라니(진언眞言: 옴! 아라빠짜나, 디디디---) 중 4번째 글자다. 산스끄리뜨 43개 기본 글자 각각에다 모든 법의 궁극적 실상에 대한 다양한 특성을 부여하여, 글자의 다라니를 수습할 경우, 모든 법의 진실한 의미를 알게 된다고 경론에서 설한다. 『이만오천송반야바라밀경: D0010』에서 43개 중 첫 5글자에 대해 설한 것과 이에 대한 『윰숨뇌좀: D3808』의 해설을 인용하면, 다음과 같다. "글자의 이치의 평등성은, '아ཨ་'라는 글자 등 모든 종자 글자는, 생겨남이 없는 것[무생無生] 등 진여의 본질을 잘 이해하게 하기 때문에, '글자의 이치의 평등성'이라고 한다.(D3808, 147a1) '아ཨ་'는, 본래부터 생겨나지 않았기(anutpatti) 때문에, 모든 법의 문이다. '라ར་'는, 티끌(rajas)이 없기 때문에, 모든 법의 문이다. '빠པ་'는, 승의(paramArtha)를 보여주기 때문에, 모든 법의 문이다. '짜ཙ་'는, 죽음과 태어남(cyutopapatti)을 인식하지 않기 때문에, 모든 법의 문이다. '나ན་'는, 명칭(nAma)을 여읜 것이기 때문에, 모든 법의 문이다.(H0010, 344b4) —(중략)—'아ཨ་'라는 말에 대해 '생겨나지 않은 것'의 의미를 중익하여 올바르게 수습할 경우, 익숙해진 힘으로 오직 '아ཨ་'라는 말을 지극히 수습함으로써, '모든 법이 생겨남이 없다는 것에 대한 인지적 수용[무생법인]'을 얻게 된다. 마찬가지로, '라ར་'에 대해 '티끌이 없는 것'의 의미를 중익하여 지극히 수습함으로써, '모든 법이 티끌이 없다는 것에 대한 인지적 수용[무구법인]'을 얻게 된다.(D3808, 147a4-a5) —(중략)—그처럼 이러한 43개 글자들에 의지하여 모든 법을 이해할 경우, 억념(주의집중)과 지혜가 생긴다. 그것들의 의미를 파악하기 때문에 '다라니'라고 한다. 그 다라니를 원인으로 생겨난 것은 일체법의 승의를 인식대상으로 하여 인욕하는 것이다. 억념과 지혜 그 둘에 대해 '인忍 다라니'라고 한다.(D3808, 010b7)

무생의 평등성에 의해 모든 법은 평등한 것이다.

'반야바라밀다경'에서도 설했다.

수보리여! 색色은 색의 자성이 공하다. 나아가 식은 식의 자성이 공하다. 왜냐하면 자체의 특성(자상自相)이 공하기 때문이다.

『상력경象力經』에서도 설했다.

생겨남이 있는 사물을 어떤 것도 인식할 수 없는데, 생겨남이 없는 사물들에 대해 범부들은 생겨난다고 생각한다.

『부자만남경(父子合集經)』에서도 설했다.

이 모든 법들은 삼세에 걸친 평등성에 의해 평등한 것들이니, 과거에도 모든 법은 자성이 없으며, 미래와 현재에도 자성이 없다.

그와 같이 우선 경전의 말씀으로 살펴야 한다.

②논리로 분석하여 사유하기 ㉠ 4가지 생겨남의 부정

[경전의 말씀을] 논리로 분석하면, 경전의 의미가 한쪽으로

치우치지 않게 된다. 따라서 논리로 하나하나 상세히 분석해야 한다.

여기서 논리를 요약하여 설명하겠다.

'사물은 원인이 없는 것에서 생겨나는 것(무인생無因生)인가? 원인이 있는 것에서 생겨나는 것(유인생有因生)인가?'라고 헤아려 보자.

[먼저, 사물은] 어쩌다가 가끔 나타나는 것이기 때문에 원인이 없는 것에서 생겨나지 않는다.

원인에 의존함이 없다면 [사물의 생겨남에 있어서] 차별이 없기 때문에, [사물이] 생겨날 때처럼, 왜 항상 모든 사물들이 생겨나지 않을 것인가?[30] [또한] 사물이 존재하지 않을 때와도 차별이 없으므로 생겨날 때조차도 생겨나는 것은 타당하지 않다.[31] 그와 같이 [사물은] 원인이 없는 것에서 생겨날 수 없다.

원인이 존재하는 것에서 생겨나는 것도 아니다.

외도들이 항상恒常한 것의 원인으로 가설한 자재천(이슈와라)

---

30 만일 원인이 없는 것에서 사물이 생긴다면, 다음 두 가지 모순이 생길 것이다. 첫째로 사물이 생기는 때와 사물이 생기지 않는 때에 차별이 없기 때문에, 사물이 생기는 때와 마찬가지로 사물이 생기지 않는 때에도 사물이 생겨야 할 것이다.(게쉐 땐진남카 스님)

31 둘째로 사물이 존재하는 때와 사물이 존재하지 않는 때에 차별이 없기 때문에, 사물이 생기는 때에도 사물이 생기지 않아야 할 것이다. 즉 사물이 생기지 않는 시간에 생기지 않는 것과 같이 사물이 생기는 시간에도 생기지 않아야 할 것이다. 그러므로 여러 원인과 조건들이 모여서 사물이 생기는 때조차도, 만일 사물이 원인 없이 생긴다면 사물이 생기지 않아야 할 것이다.(게쉐 땐진남카 스님)

등으로부터도 사물들은 생기지 않는다. 왜냐하면, [모든 사물들은] 점차적으로 생기는 것으로 인식되기 때문이다. [자재천 등처럼] 원인이 부족함 없이 모든 것을 갖추었을 경우, 결과가 점차적으로 생기는 것은 타당하지 않다. 의존하는 것이 없기 때문이다. 자재천 등 스스로 힘이 있는 존재는 다른 것에 의존하지 않는다. 그는 항상하므로(영원하므로) 그에게는 다른 존재들이 도움을 줄 필요가 없기 때문이다. 도움이 되지 않는 것에 의지하는 것은 타당하지 않다.[32] 따라서 자재천 등은 [결과를 발생시킬 수 있는] 어떤 힘도 없기 때문에, 불임녀의 아들처럼 전혀 실체가 없는 것이다. 사물은 작용할 수 있음을 특성으로 하는데, 그것들(자재천 등)은 어디에서든 [작용하여] 결과를 점차적으로 생기게 할 수 없으니, 이는 앞에서 이미 살펴보았다.

[사물은] 동시에도 생기지 않으니, 동시적으로 모든 결과들을 발생시킨 후에 나중에도 만일 그와 똑같이 그것을 발생시킬 수 있다면, 그때는 전능의 자성이 뒤따르기 때문에 이전과 같은 결과가 생길 것이다. [만일 전능의 자성이] 뒤따르지 않는다면, 이전의 자성을 버리는 것이기 때문에 무상한 것으로 될 것이다. 그러므로 '영원한 것'이라고 할 만한 존재(자재천 등)는 어떤 것도

32 씨앗은 싹이라는 결과가 생겨나는 데 도움이 되는 것이다. 즉 [싹이라는 결과를 발생시키는 데] 도움이 되는 씨앗에 의지하는 것은 타당하다. 그러나 자재천은 결과를 발생시킬 수 있는 힘이 없으므로 결과를 발생시키는 데 도움이 되지 않는다. 도움이 되지 않는 것에 의지하는 것은 타당하지 않다.(게쉐 땐진남카 스님)

없다.[33]

바로 그 때문에 세존께서 [『입능가경』에서] 설하셨다.

대혜보살이여! 이와 같으니, 허공과 멸제滅諦[34]와 열반 등 무위의 사물(무위법)[35]에 집착하고 증익하는 것은 존재하지 않는 것에 대해 [존재한다고] 증익하는 것이다.

그와 같이 그것들이 영원한 것에서 생겨난다는 것은 타당하지 않다.

무상한 것에서 생겨난다는 것도 타당하지 않다. 그 중에서 과거와 미래에는 사물, 즉 작용할 수 있는 것이 없기 때문에, 그

33 어떤 사람들은 사물이 원인에 의존해서 생겨난다고 생각한다. 예컨대 비불교도 중 일부는 비슈누신과 같은 영원한 원인이 사물을 창조한다고 말한다. 그들은 그런 신이 맨 처음부터 지금까지 존재해 왔고 이 영원한 신이 온 세상을 만든다고 말한다. 만일 신이 항상하다면 그 신의 본질에 변화가 없을 것이다. 그 신의 본질에 변화가 없다면 그 신은 항상 완벽할 것이다. 그 신이 완전하다면 여름에만 피는 꽃이 여름에도 피고 겨울에도 피어야 할 것이다. 화분 안에서도 자랄 뿐만 아니라 책상 위에서도 자라나야 할 것이다. 그런데 우리가 '왜 이 꽃은 겨울철에 혹은 책상 위에서는 자라지 않느냐?'고 물으면, 그들은 '적절한 조건이 갖추어져 있지 않기 때문이다'라고 말한다. 그러한 대답은 그 신이 무상하다는 것을 의미하게 된다. 왜냐하면 어떤 조건에서는 신이 꽃을 만들고, 어떤 조건에서는 신이 꽃을 만들지 않기 때문이다.(탕구린뽀체의 영문본 주석 25쪽)

34 멸제: 티벳어 곡빠འགོག་པ།[산/nirodha]를 옮긴 것으로 직역하면 '적멸'이다. 적멸은 오온이 소멸된 상태 혹은 수受와 상想이 소멸된 상태인 '멸진정' 혹은 번뇌를 개별적으로 관찰하여 소멸된 상태인 '택멸'을 의미하기도 한다. 여기서는 4성제 중 세 번째인 '멸제'로 옮겼다.(PS영문본, 107쪽, 주157 참조)

35 무위법: 원인과 조건이 모여서 생긴 것인 아닌 것, 즉 생주멸이 없는 법 혹은 사물이 아닌 것.(『장한불학사전』, 876쪽)

것에서 생긴다는 것은 타당하지 않다. 왜냐하면 원인이 없는 것에서 생기게 되기 때문이다.[36]

동시에 혹은 다른 시간에 생겨나지 않기 때문에, 현재의 것에서도 생기지 않는다. 먼저, 동시에 생기지 않는다는 것은, [만약 동시에 생긴다면] 원인의 본성과 똑같이 결과 또한 동시에 생겨나서 이미 존재하기 때문이다. 다른 시간으로부터도 생기지 못한다. 왜냐하면 다른 시간에 의해 단절되어 생겨난다면, 과거 등으로부터도 생겨나게 되기 때문이다. 중간에 단절되지 않고 생겨난다면, 한 찰나에 모든 찰나가 들어가기 때문에 겁劫도 단지 한 찰나가 될 것이다. 예를 들면, 극미들이 모든 측면에서 자체적으로 결합되어 덩어리가 된 것이 또한 단지 극미로 되는 것과 같다. 만일 [전후 찰나가] 하나의 방향으로 만나게 된다면 그때,

---

36 어떤 사람들은 사물은 무상한 원인에 의존하여 생긴다고 말한다. 그렇지만 사물은 무상한 원인에서 생겨나지 못한다. 무상한 것은 과거·현재·미래의 순차적인 변화를 포함하고 있다. 이미 지나간 것은 결과를 생기게 하지 못한다. 왜냐하면 그것은 존재하지 않기 때문이다. 마찬가지로 미래는 결과를 생기게 하지 못한다. 왜냐하면 미래는 아직 일어나지 않았기 때문이다. 그것은 지금 존재하지 않는다. 그것은 사물이 아니며 원인이 될 수 없다. 미래는 원인이 될 수 없기 때문에 그것에서 결과가 생길 수 없는 것이다. 이처럼 과거나 미래는 결과를 산출하지 못한다. 어떤 것이 지금 생겨난다면 현재가 그것을 생기게 해야 한다. 현재는 사물(작용할 수 있는 것)이기 때문에 결과를 산출할 수 있어야 한다. 그러나 만일 '현재가 지금 결과를 산출한다'고 우리가 말한다면, 원인과 그것의 결과가 둘 다 지금 존재해야 한다. 그렇지만 만일 결과가 지금 존재한다면 그것은 원인에서 생겨날 필요가 없다. 만일 '원인은 지금 존재하지만 그 결과는 지금 존재하지 않는다'고 말한다면, 그 결과가 존재하는 순간에는 원인은 더 이상 존재하지 않게 된다. 원인이 더 이상 존재하지 않을 때 그것은 어떤 것도 산출할 수 없다. 따라서 무상한 것은 결과를 산출하지 못한다.(탕구린뽀체의 영문본 주석 26쪽)

찰나에 부분이 존재하게 될 것이다.[37]

자체로부터도 생겨나지 못한다. 왜냐하면, 단지 원인이 없는 것에서 생긴다는 주장 속에 이러한 주장이 포함되기 때문이며, 자체 안에서 [결과가] 만들어지는 것은 모순되기 때문이다.*19 [38]

---

37 "만약 극미가 결합한다고 할 때, 그것은 부분적인 결합 아니면 전체적인 결합이다. 하나의 극미는 통상 사방상하 6개의 극미에 둘러싸여 최초의 결합을 시작하는데, 그럴 경우 극미는 6부분을 갖게 된다. 그러나 '극미'라고 하는 것은 더 이상 부분을 갖지 않는 것(無方分)이기 때문에, 그와 같은 부분적 결합은 불가능하다. 반대로 극미는 너무나 미세하여 공간을 점유하지 않는다고 하여 7개의 극미가 동일 공간에서 전체적으로 접촉한다면 결국 구체적인 물질도 하나의 극미 크기밖에 되지 않을 것이다."(『아비달마구사론』, 95쪽 주103) 이러한 극미의 결합 방식을 찰나에 적용하여, 공간적 극미를 찰나라는 시간 개념에 적용할 경우, 두 개의 찰나가 전체적으로 만난다면 즉, 전 찰나와 후 찰나가 중간에 단절 없이 전체적으로 만날 경우, 두 찰나가 만나면 한 찰나가 되어 버릴 것이다. 결국 수많은 찰나가 만나도 한 찰나가 되고, 나아가 한 겁도 한 찰나가 되어 버릴 것이다. 한편 '찰나'는 더 이상 분할할 수 없는 최소의 시간 단위인데, 만일 '찰나'라는 시간단위가 길이를 가지고 있어 부분적으로 (한 방향으로) 만난다면, 앞 찰나와 뒷 찰나가 이어지는 중간지점이 존재하게 되고, 따라서 앞 찰나와 뒷 찰나의 일부가 만나게 될 것이다. 다시 말해 찰나에 부분이 존재하게 될 것이다. 찰나에 부분이 존재하게 되면, 더 이상 분할할 수 없는 시간단위인 찰나의 개념을 부정하는 결과가 된다.(이규완 님)
산따락시따의『중관장엄론』에 대한 미팜린뽀체의 주석에서, "만일 원인과 결과 사이에 다른 시간에 의해 단절되지 않고 결과가 생겨난다면, 그것들은 동시가 될 것이다. 부분이 없는 두 찰나가 중간에 단절되지 않을 경우 동시 외에 다른 것이 있을 수 없으며, 그처럼 간격이 조금도 없다면 그것들은 하나가 될 것이다. 그렇다면 스스로 생겨나는 것도 타당하지 않으며, 시간 또한 한 겁도 단지 한 찰나가 될 것이다"라고 하였다.(『SPEECH of DELIGHT』, vol.1, 404쪽)

38 스스로 생겨난다는 주장은 2가지로 분류할 수 있으며, 첫째는 원인 없이 생겨난다는 주장과 둘째로 원인 안에 이미 결과가 감추어져 있다가 조건을 만나면 결과가 나타난다는 주장이다. 이 중 첫째의 주장은 이미 앞에서 논파되었으며, 두 번째의 주장, 즉 "자체 안에서 [결과가] 만들어진다"는 주장은, 여기서는 자재천 등의 창조자의 개념에 해당하는 것으로 보고 앞에서 이미 스스로 모순된다고 논파했기 때문에 까말라실라 논사는 더 이상 설명하지 않고 있다. 그렇지만 '스스로 생겨난다'는 주장에 대해『입중론』에서는 다음과 같이 논파한다.

둘 모두로부터도 생겨나지 않는다. 양쪽 모두의 결함이 모이게 되기 때문이다.

그렇기 때문에 승의적으로 이들 모든 사물은 오직 생겨나지 않는 것(무생無生)이며, 세속적으로는 생겨남이 있으므로, 경의 말씀 등과 모순되지 않는다.

그 말에 대해 세존께서도 다음과 같이 말씀하셨다.

> 세속적으로는 사물이 생겨나지만
> 승의적으로는 무자성이다.
> 무자성에 대한 착란을
> 바른 세속(정세속正世俗)이라고 말한다.[39]

"그것이 그것에서 생긴다면 공덕(이로움)이 조금도 없다. 생겨난 것이 다시 생기는 것은 타당한 것도 아니다.(현전지: 게송 8cd)
만일 이미 생긴 것이 또 다시 생긴다고 분별하게 되면, 싹 등이 생기는 것을 이 세상에서 발견하지 못할 것이다. 씨앗이 윤회의 끝에 이르기까지 전적으로 생겨날 것이다.(현전지: 게송 9abc) 원인과 결과가 본성이 하나라면, 씨앗과 싹의 형상, 색깔, 맛 등의 차별이 없어야 할 것이며,(게송 10ab) 만일 그대가 말하는 씨앗과 싹의 본성이 이 세간에서 다르지 않다면, 싹 시점에 씨앗을 파악할 수 없는 것처럼 싹도 파악할 수 없어야 할 것이다."(게송 11ab) (뿌생교정본 티벳어『입중론자주』, 82~85쪽)

39 라싸본『능가경』H0110, 280a4에서 위 인용문을 찾을 수 있다. 만일 상세히 살펴본다면, "1) 결과는 원인이 없는 것에서 생기지 않는다. 2) 항상하는 원인은 결과를 산출하지 못한다. 3) 무상한 원인은 결과를 산출하지 못한다. 3)-1 과거는 결과를 산출하지 못한다. 3)-2 미래는 결과를 산출하지 못한다. 3)-3 현재는 결과를 산출하지 못한다"는 것을 알게 된다. 따라서 원인은 결과를 생기게 하지 못하므로 우리는 그것들이 공성임을 알 수 있다. 그와 같이 원인은 결과를 산출하지 못한다. 그것들은 성품이 공하다. 그러나 세속으로는 원인에 의존하여 결과가 단지 생겨난다. 연기의 관계로서 그것들은 그저 생기고 그저 사라진다. 따라서 그것들은 '세속'이라고 한다. 논리로 분석해서 확립되지 못하는 그것들의 본래 성

이러한 이치를 세존께서도 의도하시고, 『벼새싹경(도간경稻芉經)』 등에서, "자신에게서 생겨남, 다른 것에서 생겨남, 자타 둘 모두에서 생겨남, 원인이 없는 것에서 생겨남을 부정"했기 때문이다.

③논리로 분석하여 사유하기 ㉡ 단일성과 다수성의 부정

한편 다른 측면에서, 다음과 같이 논리로 철저히 살펴야 한다.

사물에는 두 종류가 있는데, 물질적인 것(유색有色)과 비물질적인 것(무색無色)이다. 여기서 우선 항아리 등의 물질적인 사물은 서로 다른 미세한 입자를 본질로 하므로, 하나를 자성으로 하는 것이 아니다.

동쪽 혹은 서쪽에 있는 미세한 입자들 또한 동쪽 등의 방향을 가진 것이기 때문에, 서로 다른 입자들을 다시 쪼갠다면 [극미들의 존재가] 성립되지 않는다. 따라서 [항아리 등 물질적인 사물은]*20 극미들이 집적된 것을 본질로 하기 때문에, 다수를 자성으로 하는 것도 아니다.[40]

품이 '승의'이다.(탕구린뽀체의 영문 주석, 26쪽)

40 만일 동쪽에 있는 미세한 입자를 다시 쪼갠다면 그 쪼개진 입자는 단면(방향 혹은 부분)을 갖게 되고, 다시 쪼개도 역시 단면을 갖게 될 것이다. 그렇게 되면, '부분을 가지지 않는 가장 미세한 입자'가 '극미'라는 개념에 위배되기 때문에 극미의 존재가 성립하지 않게 된다. '집적된 것(བསགས་པ།)'이라고 하는 것은, 특수한 형태의 결합을 의미하는 것으로, 많은 극미들이 결합하여 어떤 특수한 인식작용을 일으키는 능력을 나타내게 되는 형태의 결합을 의미한다. 극미는 "사유에 의하여 무한히 쪼개어 도달하는 가장 미세한 물질의 기본단위"를 의미하는 것으

하나 혹은 다수를 본질로 하는 것을 제외하고 사물의 다른 본질은 존재하지 않기 때문에, 물질적인 이러한 사물들은 마치 꿈속에 보는 형상처럼, 승의적으로 무자성일 뿐이다.

또한 『입능가경』에서 세존께서 설하였다.

대혜보살이여! 황소의 뿔도 미세한 입자로 분쇄하면 [결국에는] 존재하지 않는다. 미세한 입자들 또한 각각을 분쇄하면, 미세한 입자의 특성으로 존재하지 못한다.

비물질적인 것들 또한 그와 같이 자세히 살펴본다면, 전혀 자성이 없다. 이와 같이 청색 등 외부의 대상은 존재하지 않으므로 식識을 비롯한 비물질적인 온蘊들이 청색 등의 모습으로 현현한 것임을 인정해야 한다.*21 [41]

로 눈으로 볼 수 없으며, 극미들이 집적된 항아리의 이미지만을 보는 것이기 때문에, 항아리 등 물질적인 사물은 다수를 본질로 하는 것이 아니다.(이규완 님)

41 이에 대한 탕구린뽀체의 주석은 다음과 같다. "우리는 외적인 형상은 공성일지라도, 색을 갖지 않는 내적인 마음은 진실로 하나라고 생각할 수도 있다. 그러나 관찰해 보면 마음도 아무런 실체를 가지고 있지 않음을 알게 된다. 예컨대 외적인 형상은 청색·황색·적색·백색 등 수많은 색채를 가지고 있다. 이와 같이 그것은 단일한 것으로 진실로 성립되지 않는다. 왜냐하면 그것은 하나가 아니라 다수이기 때문이다. 그것이 다수이면 그것을 인식하는 식 또한 다수이다. 예컨대 나의 손은 하나로서 진실로 성립되지 않는다. 왜냐하면 그것은 엄지·검지·중지·약지 등 다수의 결합체이기 때문이다. 손을 인식하는 마음도 하나의 확고한 덩어리가 아니다. 엄지에 대한 인식, 검지에 대한 인식, 중지에 대한 인식, 약지에 대한 인식 등이 존재한다. 그처럼 마음 또한 본래 복수적이다. 즉 하나로 진실로 성립되는 마음은 없다. 따라서 붓다께서는 "외적인 형상은 존재하지 않는다. 우리 자신의 마음이 외적인 것으로 나타난 것이다"라고 설하셨다.(탕구린뽀

세존께서도 설하셨다.

> 외부의 색은 존재하지 않는다. 자신의 마음이 외부 대상으로 현현한 것이다.

따라서 [비물질적인 식온識蘊 등이] 청색 등 여러 가지 모습(행상行相)으로 현현한 것이기 때문에, 그리고 인식되는 대상(소취所取)과 인식하는 주체(능취能取)의 모습으로 현현한 것이기 때문에, 자성이 하나가 될 수 없다.

하나와 다수는 상반되므로 하나는 다수를 본성으로 할 수 없다. 하나의 자성으로 성립하지 않으므로 다수의 자성으로 성립하는 것 또한 옳지 않다. 왜냐하면 다수성은 하나가 모인 것을 본질로 하기 때문이다.

만일 이러한 색色 등의 모습이 거짓된 속성으로 현현한 것임을 인정한다면, 식識 또한 진실하지 않을 것이다. 왜냐하면 [색 등을 인식하는] 식은 색 등의 본질과 다르지 않기 때문이다. 자체를 알아차리는 본질 외에 별도로 식의 본질은 없으며, 색 등 또한 자체적으로 현현하지 못한다. 그렇다면*22 식을 자신의 본질로 하는 것들(즉, 색 등)이 거짓이기 때문에, 모든 식 또한 허망한 것이라고 인정하게 된다.

체의 영문주석, 33쪽, 역자 옮김)

"식은 환영과 같다"라고 세존께서도 설하셨다. 따라서 하나와 다수를 본질로 하는 것은 공하므로, "이 모든 사물은 승의적으로 진실한 것이 아니다"라고 말하는 것은 확실하다. 그 의미를 세존께서도 『능가경』에서 다음과 같이 설하셨다.

그와 같이 형상들은 거울 속에서,
하나와 다른 것들을 벗어나서,
현현하지만, 그것은 존재하지 않는다.
사물들의 자성 또한 그와 같다.[42]

이것은 '단일한 성품과 다수인 성품을 벗어났다'고 하는 의미다. 또한 설하였다.

지혜로 철저히 분석하면, 이해하리라.
자성을 파악할 수 없음을.
그러므로 그것들은 말할 수 없으며,

42 『능가경』에서는 색을 거울에 나타난 형상과 비교한다. 거울에 나타난 형상은 거울과 하나도 아니고 거울과 분리된 것도 아니다. 이와 같이 그것들은 거울과 같은 것도 아니고 다른 것도 아니다. 하나도 아니고 다수도 아니지만 그럼에도 불구하고 형상이 거울에 나타난다. 이와 같이 모든 사물이 보통 사람의 마음속에 보여진다. 우리는 그것들을 본다. 그것들은 진실한 것인가? 아니다. 무엇이 진실한 것인가? 붓다는 궁극적인 것—모든 현상은 그것들의 자성으로 확립되지 않는다는 것, 즉 공성—이 진실이라고 설했다.(탕구린뽀체의 영문 주석, 34쪽)

자성도 또한 없다고 설명한다.[43]

또한 『보운경』 등에서 설했다.

그와 같이 사유의 지혜(사혜思慧)로 진실한 의미를 상세하게 구별하고, 그것을 증득하기 위해서 수습의 지혜(수혜修慧)를 일으키는 것이다. 단지 들음(청문聽聞) 등 만으로는 의미가 분명하게 되지 못한다.

반복하여 수습하기: 사마타와 위빠사나

수행자들에게 또한 [수행의 진전에 대한] 경험이 있어도, 지혜의 광명이 지극히 밝게 생겨남이 없는 것은, 진실한 것[44]을

43 어떤 이는 '현상은 공하기 때문에 선행도 악행도 없으며 원인과 결과도 없다'고 생각할지도 모른다. 공성의 의미가 이러한 것인가? 아니다. 변화가 생긴다는 것은 사물들이 공하기 때문이며, 결과가 원인에서 생기는 것이 타당한 것은 공한 성품 때문이다. 선업을 쌓는 것이 이롭고 악업을 쌓는 것이 이롭지 않은 것은 일체 법이 공하기 때문이다. 만일 일체 법이 공하지 않다면, 사물들은 견고하며 실체로서 확립될 것이다. 따라서 결과가 원인에서 생겨나지 않을 것이다. 앞에서, 사물은 자체적인 원인에서 생길 수 없고, 원인 없이 생길 수 없고, 항상하는 원인에서도 생길 수 없으며, 무상한 원인에서도 생길 수 없음을 설명했다. 그것을 보는 어떤 관점에서도, 만일 원인이 진실로 확립되어 있다면, 결과를 가질 수 없을 것이다. 공하기 때문에 그 모든 것이 발생될 수 있다.(탕구린뽀체의 영문 주석, 34쪽)

44 진실한 것(ཡང་དག་པ།; 산/bhUta; 영/reality): 진여, 궁극적 실상, 진실, 진실성과 동의어로, 인무아와 법무아를 의미한다.

장애하는 어둠을 제거하지 못했기 때문이다. 거듭거듭 수습한다면 진실하지 않은 의미에 대해서도 지극히 밝은 지혜가 생겨날 것이다. 예컨대 부정상不淨相과 지변처地遍處[45] 등에 대해서 집중상태에 들어간 사람에게 지혜가 생겨나는 것과 같다. 그렇다면 진실한 의미에 대해서는 말할 필요가 있겠는가?

그와 같이 수습의 결과로 아주 밝은 지혜를 성취할 수 있기 때문에, [수습이란] 결과가 함께하는 실질적인 것이라고, 세존께서 『삼매왕경』에서 다음과 같이 설하셨다.

> 그대는 확실하게 이해해야 한다. 확고하게 믿어야 한다.
> 사람이 많이 살펴보면 살펴본 그만큼
> 거기에 머무르는 분별에 의해서,
> 그만큼 그것에 마음이 향할 것이다.

그러므로 진여(궁극의 실상)를 증득하기 위해서는 수습에 확실하게 들어가야 한다. 수행자가 그것에 마음을 머물게 하기 위해

45 지변처: 삼매의 힘으로 지대地大를 소연하면, 모든 방향을 지온(땅의 쌓임)으로 변화시킬 수 있는 것이다. 10변처 중 하나로, 변처란, 선정에 자유자재함을 얻은 요가행자가 삼매의 힘으로 사대 등을 반연하여 그것을 원하는 대로 변화시키는 것으로, 변遍이란 크기가 무량하다는 의미이다. 예컨대 청변처는 청색을 소연해서 선정에 들게 되면 일체가 청색으로 변화되는 것을 말한다. 10변처는 지수화풍의 4대와 청황백적의 4색과 허공무변과 식무변의 열 가지다.(『장한불학사전』, 1405쪽)

서는 먼저 사마타를 성취해야 한다.

①사마타를 수습하는 순서

마음은 물결처럼 흔들리기 때문에 사마타의 토대 없이는 머물 수 없다. 평등하게 머물지 못하는 마음으로는 진실을 있는 그대로 알 수 없다. 세존께서도 "평등주平等住에 의해 진실을 있는 그대로 알게 된다"고 설하셨다.

그러한 사마타는 재물 등에 대한 욕망에 눈길을 주지 않고, 계율에 바르게 머물러, 고통 등을 기꺼이 받아들이는 모습을 지니고[46] 즐거운 노력(정진)을[47] 기울인다면, 아주 신속하게 이루어진다. 그러므로 『해심밀경』 등에서도 보시 등이 [사마타를 성취하는] 최상의 원인이라고 설했다.

그처럼 계율 등 사마타의 자량에 의지하여, 마음에 드는 장소에서 모든 붓다와 보살들에게 예경을 올리고, 잘못을 참회하고, 복덕을 함께 기뻐한 다음, 오로지 대연민심을 확실하게 일으

---

46 '고통을 기꺼이 받아들이는 모습을 지니고'라는 것은, 수습의 어려움을 참을 수 있고 거기에 소요되는 시간도 견딜 수 있어야 한다는 것을 뜻한다.(탕구린뽀체의 영문 주석, 37쪽)

47 즐거운 노력: 티벳어 བརྩོན་འགྲུས།(정진)을 옮긴 것으로, 『입보리행론』 「정진품」에서 "정진이란, 선행에 대한 즐거운 노력이다"라고 했다. 『아비달마집론』에서, "정진이란 무엇인가? 두려워하지 않고 되돌아서지 않으며 만족하지 않는 마음으로 즐겁게 노력하는 것이다. 선한 측면을 완성하여 완전히 성취하게 하는 작용을 갖는다"라고 했다.(데게본 티벳어 『아비달마집론』, 49a1)

켜서, 모든 중생들을 고통에서 이끌어 내겠다는 마음을 가지고, 몸을 똑바로 펴고 편안한 자리에 앉아 가부좌를 하고 삼매를 수습한다.

이것(삼매를 수습함)에 대해 우선 요약하면, 모든 측면으로 관찰해야 할 대상인 일체의 사물을 포섭하는 바로 그 사물에 마음을 안주시켜야 한다. 포섭된 사물은 물질적인 것(유색)과 비물질적인 것(무색)의 두 종류로 구별된다. 초행자는 마음이 산란해지는 결함을 없애기 위해서, 우선 포섭된 사물을 인식대상으로 하는 것이 합리적이다. 어느 때든 [그 인식대상에 대해] 작의作意를 얻게 되면 그때는 온과 계 등으로 확대해서 소연하도록 한다. 이 말에 대해 『해심밀경』 등에서도 요가행자[48]의 18가지 공성空性[49]을 인식대상으로 하는 것 등으로 구별하여 모든 종류의 소연을 설했다.

[따라서] 세존께서도 모든 중생들을 이롭게 하기 위해서, 물

---

48 요가행자: 티벳어 낼졸빠རྣལ་འབྱོར་པ།를 옮긴 것으로, 범어는 '요기(yogi)'이며, '유가사瑜伽師' 혹은 '관행자觀行者'로 한역된다. 티벳어 낼졸རྣལ་འབྱོར་은 낼마라졸와རྣལ་མ་ལ་འབྱོར་པ་의 줄임말로, 이 단어에 대해 롱첸빠는 '진실한 것과 결합하는 것 혹은 바른 수행도에 자유자재한 것'이라고 풀이했다. '마음을 진실한 것과 다시 결합시키는 것'이라는 의미다. 때로는 '수행자(곰빠སྒོམ་པ་)'로 번역되기도 한다. 그러나 '요가행자'는 '수행자'라는 폭넓고 일반적인 용어보다 좀더 깊은 의미를 가지기 때문에, '유가행瑜伽行을 하는 사람'이라는 의미로 '유가사'라고 한역하기도 한다. 이 책에서 '수행자'로 번역된 부분은 모두 '요가행자, 유가사'를 뜻한다.

49 18가지 공성: 내공, 외공, 내외공, 공공, 대공, 승의공, 유위공, 무위공, 필경공, 무시무종공, 무실공, 자성공, 자상공, 일체법공, 무소득공, 무법공, 유법공, 무법유법공을 18공이라 한다. 각각에 대한 설명은『원측소에 따른 해심밀경』, 400~411쪽을 참조.

질적인 것과 비물질적인 것의 차별에 의해 요약된 것과 중간의 것과 상세한 것으로 사물을 상세히 구분하여[50] 아비달마 등에서 설하셨다. 또한 사물에 대한 증익과 감손을 제거하기 위해서 온·계 등으로 포섭하여 수를 확정하고, 그 다음 모든 사물들이 포섭된 것의 차이를 구분하고, 바로 그것에 마음을 거듭 반복하여 지속적으로 머물게 한다.

중간중간에 탐착 등으로 마음이 산란해지면 그때는 산란해진 것을 알아차리고 부정상不淨相 등을 수습함[51]으로써*[23] 산란

---

50 『구사론』「분별계품」 게송 20에 대한 해설에서 위 문장의 의미를 쉽게 알 수 있다.(게쉐 땐진남카 스님) "세간의 중생들은 3가지 유형이 있기 때문에 그들 모두를 이롭게 하기 위해, 세존께서 3가지 차별, 즉 5온, 12처, 18계를 설했다. ①중생들의 우매함에는 3가지가 있으니, 모든 심소들을 단일한 것이라고 파악하는 중생들의 우매함을 제거하게 위해 붓다께서 5온을 설하셨다. 즉 심소들은 수온과 상온과 행온으로 구분되기 때문에, 그것들은 단일하지 않은 것임을 이해할 수 있다. 모든 색을 단일한 것이라고 파악하는 중생들의 우매함을 제거하기 위해 붓다께서 12처를 설하셨다. 색을 10처(안 등 5근과 색 등 5경)로 나누어 설했기 때문이다. 모든 색과 모든 마음이 단일한 것이라고 파악하는 중생들의 우매함을 제거하게 위해 붓다께서 18계를 설하셨다. 18계 중에 색을 10계(안 등 5계와 색 등 5계)로, 마음을 7계(안 등 6식계와 의계)로 나누어 설했기 때문이다. ②중생들의 근기에 3가지가 있으니, 붓다께서는 예리한 근기를 가진 중생들은 처음만 말해주어도 12처와 18계는 저절로 이해하기 때문에 그들을 위해서 5온을, 중간의 근기를 가진 중생들을 위해서 12처를, 둔한 근기를 가진 중생들은 상세하게 설명하지 않으면 이해하지 못하므로 그들을 위해서 18계를 설하셨다. ③중생들이 즐기는 것에는 3가지가 있으니, 붓다께서는 또한 요약된 글을 좋아하는 사마타 수행자들에게는 5온을, 중간의 글을 좋아하는 사마타와 위빠사나 두 가지 모두 수행자들에게는 12처를, 상세한 글을 좋아하는 위빠사나 수행자들에게는 18계를 설하셨다."(침잠빼양의 티벳어본 『구사론석장엄』, 59쪽)

51 탐착으로 마음이 산란할 경우 부정관을, 분노로 마음이 산란할 경우 자애관을, 무지로 마음이 산란할 경우 12연기관을, '나'와 '내것'에 대한 집착인 아만으로 마음이 산란한 경우 62계, 18계 등의 계차별관을, 망상분별로 마음이 산란한 경우에는 수식관을 수습한다.

을 제거하고 신속히 바로 그 대상에 마음이 다시 머물게 해야 한다. 부정상 등을 수습하는 순서[52]는 여기서는 글이 많아질 것을 우려하여 적지 않았다.

[삼매를 수행하는] 것에 대해 싫어하는 마음을 보게 되는 때는, 삼매의 훌륭한 특성(공덕)을 살펴봄으로써 그에 대한 환희심을 수습하고, 마음의 산란을 결함으로 봄으로써 싫어하는 마음을 완전히 제거한다.

만일 혼미와 졸음에 눌려 인식대상을 붙잡는 힘이 불분명해지고 마음이 가라앉게 되면, 그때는 광명의 상想을 관상하거나 최고로 환희로운 대상인 붓다 등의 훌륭한 특성에 마음을 집중함으로써 가라앉음(혼침昏沈)을 제거하고 바로 그 인식대상을 확

52 부정관을 닦는 것은 탐심을 대치하기 위해서이다. 만약 백골이 서로 엉켜 있는 모양을 인식대상으로 하여 부정관을 닦을 때, 세 단계가 있다. '처음으로 업을 익히는 단계'에서는 먼저 마음을 자신의 몸의 일부분에, 예컨대 발가락, 미간 혹은 콧등 등 좋아하는 곳에 머물게 한다. 그 다음 승해의 힘으로 그 부분의 피부와 살이 물러지고 떨어져 나가 점차 뼈만 앙상하게 되는 것을 사유하고, 나아가 자신의 온몸을 그렇게 관찰한다. 그 다음 다른 사람의 온몸을 같은 방식으로 관찰한다. 이처럼 점차 확대해 나가 대지에서 바다에 이르기까지 두루 관찰하여 백골로 가득차 있다고 사유한다. 그리고 다시 승해를 증대시키기 위해 이번에는 점차로 줄여 가면서 관찰하여 오로지 한 몸의 백골만 관찰한다. 두 번째 단계는 줄여 관찰하는 승해의 힘을 더욱 증대시키기 위해 한 몸 중에서 먼저 발의 뼈를 제외한 나머지 뼈를 사유하여 마음을 집중하고 나아가 머리의 반쪽 뼈를 제거한 나머지 반쪽의 뼈를 사유하여 거기에 마음을 묶어 둔다. 이와 같이 점차로 줄여 나가는 부정관을 성취하게 될 때를 '이미 익숙하게 닦는 단계'라고 한다. 세 번째는 줄여 관찰하는 승해를 자유자재하도록 하기 위해 반쪽의 머리뼈마저 제외하고, 마음을 미간에 두고 오로지 하나의 소연에 집중하여 고요히 머문다. 이처럼 지극히 줄여진 부정관을 성취하게 될 때를 '작의를 초월하는 단계'라고 한다.(『아비달마구사론』, 분별현성품, 1023쪽 참조)

고하게 붙잡는다.

만일 전에 웃고 떠들며 놀던 일 등이 기억나거나 때때로 마음이 들뜨는 것(도거掉擧)을 보게 되면, 그때는 무상한 것 등 염리심을 일으키는 사물을 작의함으로써 들뜨는 마음을 제거하고, 다시 바로 그 인식대상에 마음이 애써 행함(노력) 없이 들어가도록 힘쓴다.

가라앉음과 들뜸에서 벗어나 마음이 평등하게 머물고 저절로 작용하는 것을 보게 되면, 그때는 노력을 완화하여 평등사平等捨[53]를 행한다. 평등하게 머무는 상태에서도 노력을 행하면 마음이 산란하게 된다.

이와 같이 하여 인식대상에 노력 없이 원하는 만큼 오랫동안 마음이 머물게 되면, 그때 사마타가 성취된 것으로 알아야 한다. 왜냐하면 사마타의 본질은 '마음이 오직 한 초점에 집중된 것(심일경성心一境性)'이기 때문이며, 이것은 모든 사마타의 공통된 특성이다. 사마타의 인식대상으로는 확정된 것이 없다.

이러한 사마타의 길은 '반야바라밀' 등에서도 설명했다.

세존께서 "이러한 [사마타의] 단계에는 ① 마음을 고정시킴

---

53 평등사: '평사平捨' 혹은 '사捨'로 한역된다. 『성문지』에서 "그러한 평등사란 무엇인가? 일반적으로 평등사는 수사受捨, 무량사無量捨, 행사行捨 3가지를 말하는데, 여기서는 행사이다. 행사의 본질은 사마타와 위빠사나 측면의 인식대상에 대해, 전혀 번뇌가 없는 마음의 평등성과 고요함에 도달하는 것과 저절로 작용하는 것과 마음의 안락한 경험과 마음의 감능성에 따라 노력 없이 행하여 마음을 집중하는 것이다"라고 했다.(무착논사의 데게본 『성문지』, 144b1)

② 지속적으로 고정시킴 ③ 때워서 고정시킴 ④ 밀접하게 고정시킴 ⑤ 길들임 ⑥ 적정하게 함 ⑦ 완전히 적정하게 함 ⑧ 한 초점에 집중함 ⑨ 평등하게 고정시킴이 있다"라고 아홉 가지 용어를 말씀하셨다.

여기서 ① '고정시킴(내주內住)'이라고 하는 것은, 인식대상에 마음을 붙잡아 매는 것이다. ② '지속적으로 고정시킴(속주續住)'[54]이란, 그 인식대상에 지속적으로 고정시키는 것이다. ③ '때워서 고정시킴(안주安住)'[55]이란, 산란함을 알아차리고 그것을 제거하는 것이다. ④ '가까이 고정시킴(근주近住)'[56]이란, 산란을 제거한 후 더욱더 노력하여 그 인식대상에 머물게 하는 것이다.

⑤ 길들임(조복주調伏住)[57]이란, [삼매의 공덕을 관조하여] 환희심이 생기게 하는 것이다. ⑥ 적정하게 함(적정寂靜)[58]이란, 산란함의 결함을 보고 [삼매에 대해] 싫어하는 마음을 완전히 제거하

54 속주: 첫 단계에서는 마음은 대상에 잠깐씩밖에는 머무르지 못했는데 그보다 조금 향상되어, 대상에 놓여졌다고 할 정도로 약간 유지될 수 있는 상태이다.(『티베트 불교문화』, 룬둡소빠 지음, 지산 스님 옮김, 81쪽)

55 안주: 마음이 대상에 머물렀다가 떠나면, 다시 마음을 안으로 돌려 대상에 머물게 하는 시간을 늘려 고정시키는 것으로, 이 단계부터는 흩어짐보다 머무름의 시간이 길어진다.(지산 스님 옮김, 82쪽)

56 근주: 마음이 자연적으로 거친 것에서 거듭 거듭 모아져 미세하게 되어 대상에 가까이 머무는 것이다.(『장한불학사전』, 566쪽) 억념의 힘이 커져서 대상에 지속적으로 고정된다.(지산 스님 옮김, 82쪽)

57 조복주: '근주'에서는 억념의 힘이 커서 마음이 안으로 너무 집중되어 미세한 혼침으로 갈 위험이 있으므로, 정지로 마음을 살펴서 혼침이 생길 위험을 알아차리고 삼매의 공덕을 생각함으로써 마음을 부양시킨다.(지산 스님 옮김, 82쪽)

58 적정: '길들임'의 단계에서 마음을 너무 부양시킨 허물로 미세한 들뜸이 올 위험이 큰데, 정지로 그것을 알아 바로 멈추게 한다(지산 스님 옮김, 83쪽)

는 것이다. ⑦ 완전히 적정하게 함(최극적정最極寂靜)[59]이란, 혼미와 졸음 등이 일어나는 것을 제거하는 것이다. ⑧ 한 초점에 집중함(전주일경專注一境)[60]이란, 노력 없이 [인식대상에 저절로 마음이] 들어가도록 힘쓰는 것이다. ⑨ 평등하게 고정시킴(등지等持)[61]이란, 마음이 [가라앉음과 들뜸을 벗어나] 평등하게 되었을 때 평등사를 행하는 것으로, 이것이 '[대상을] 평등하게 붙잡는 것'이라는 의미이다. 이들 용어의 의미는 미륵 보살과 이전의 현자들께서 설하셨다.[62]

요약하면, 모든 삼매[를 이루는 데 장애가 되는] 결함은 여섯 가지가 있는데, 게으름과 인식대상을 잊어버리는 것과 가라앉음과 들뜸과 노력하지 않음(부작행不作行)과 노력함(작행作行)이다.

그의 대치법으로는 '여덟 가지 끊는 행(팔단행八斷行)'을 수습해야 한다. 이것은 곧 믿음과 열망과 노력과 경안輕安[63]과 항상 기

59 최극적정: 억념과 정지의 힘이 완벽해지고, 이때부터 '즐거운 노력'의 힘이 생겨서 미세한 혼침과 들뜸도 허물로 찾아내 무엇이든 제거하면서 수행하게 된다.(지산 스님 옮김, 83쪽)

60 전주일경: 처음에 대상에 한 점으로 일정하게 고정될 때 약간 노력하면, 마음의 평형상태를 유지하는 동안 미세한 혼침이나 들뜸의 허물도 없이 마음의 평형상태의 기간을 자신이 원하는 만큼 늘릴 수 있다.(지산 스님 옮김, 83쪽)

61 등지: 전주일경 단계에서는 미세한 노력에 의지해야 했지만, 등지의 단계에서는 노력에 의지하지 않고, 대상에 머무르는 기간을 원하는 만큼 유지할 수 있다.(지산 스님 옮김, 84쪽)

62 9주심의 용어에 대한 설명은 미륵 보살(마이뜨레야 존자)의 『대승장엄경론』, 무착논사의 『성문지』, 쫑로루이걜챈의 『해심밀경석』 등에도 나온다. 한글번역은 『깨달음에 이르는길』, 677~679쪽을 참고할 것.

63 경안이란, 『아비달마집론』에서 "경안이란 무엇인가? 몸과 마음의 조중粗重의 흐름을 끊기 위해서 몸과 마음이 선한 일을 감당할 수 있는 성품(감능성)이다. 모

억함(억념憶念)과 항상 알아차림(정지正知)과 의도함(작사作思)과 평등한 버림(평등사平等捨)이다.

여기서 앞의 네 가지는 게으름의 대치법이다. 왜냐하면 삼매의 훌륭한 특성들에 대한 강력한 확신이라는 특성을 가진 '믿음'에 의해, 요가행자들은 삼매에 대한 '열망'을 일으키며, 그 다음 '열망'에 의해 '즐거운 노력'을 행하고, 그러한 즐거운 노력의 힘으로 몸과 마음의 감능성堪能性을 얻게 되며, 그 다음 몸과 마음의 '경안'을 이루게 되어 게으름이 제거되기 때문이다. 따라서 믿음 등(4가지 대치법)을 게으름을 제거하기 위해 수습해야 한다.

항상 기억함은 인식대상을 잊어버리는 것의 대치법이다.

항상 알아차림은 가라앉음과 들뜸의 대치법이다. 그것으로 가라앉음과 들뜸을 제대로 알아차리기 때문이다.

가라앉음과 들뜸이 완전히 제거되지 못한 경우에는 노력하지 않는 것이 결함이다. 그 대치법으로는 의도함 등을 수습한다.

가라앉음과 들뜸이 완전히 제거되어 마음이 고요함에 들어갔을 때는 노력하는 것이 결함이 된다. 그 대치법으로 평등사를 수습한다.

든 장애를 제거하는 작용을 갖는다"라고 설했다.(데게본 『아비달마집론』, 49a2) 몸과 마음의 조중이란, 몸과 마음이 선한 행을 실천하는 데 있어서 원하는 대로 일하게 할 수 없는 것으로, 그 대치법인 몸과 마음의 경안이란, 몸의 조중과 마음의 조중 2가지를 여윔으로써 몸과 마음이 선한 행을 하기에 일을 잘 감당할 수 있는 것(감능성)이다.(티벳어 『람림광본』, vol.1, 533쪽)

이러한 팔단행을 모두 갖추면 삼매를 신속히 얻으며, 이것으로 신통 등의 공덕을 성취하게 된다. 그러므로 경에서 "팔단행을 갖춘 신통의 토대(신족神足)[64]를 수습해야 한다"고 설했다.

그 심일경성이 더욱더 감능성을 갖추고, 인식대상 등의 특별한 공덕을 얻음으로써, 선정(색계 4선)과 무색정(무색계 4선)과 해탈(8해탈) 등의 이름을 얻는다. 이와 같이 평등사의 느낌을 지니며 분별(심구尋求)을 가지며 분석(사찰伺察)[65]을 가지게 되는 때를, '해내지 못할 것이 없음(무소불능無所不能)'[66]이라고 하며, '초선정의 가행심'이라 한다. 여기서 욕망의 대상에 대한 간절한 애착과 악법들을 여의고, 분별과 분석과 희열과 안락을 지니게 되는 때를, '초선정'이라고 한다.

---

64 신족: 여의족如意足. 여기서는 4신족 혹은 4여의족을 의미하며, 37보리분법 중에서 자량도 상품에서 얻는 4가지 공덕이다. 단행을 갖춘 염원의 삼매라는 신통의 토대(욕정단행구신족欲定斷行具神足), 단행을 갖춘 마음의 삼매라는 신통의 토대(심心정단행구신족), 단행을 갖춘 정진의 삼매라는 신통의 토대(근勤정단행구신족), 단행을 갖춘 사찰의 삼매라는 신통의 토대(관觀정단행구신족)이다.(『장한불학사전』, 1356쪽)

65 심구와 사찰: 일반적으로 마음(전5식)으로 하여금 감각적 대상(5경)을 추구하게 하는 보다 거친 성질의 의식작용을 심尋이라 정의하고, 제6의식으로 하여금 비감각적 대상(법경)을 파악하게 하는 보다 세밀한 성질의 의식작용을 사伺라고 정의한다.[『아비달마구사론』, 185쪽, 주81에 근거한 역자주]

66 해내지 못할 것이 없음: 티벳어 미쪽빠메빠མི་ལྕོགས་པ་མེད་པ་를 옮긴 것으로, 무소불능無所不能으로 한역된다. 그러나 '근본정에 도달하지 못했다'는 뜻으로 의역하여, 미도정未到定 혹은 미지정未至定으로 한역되며, 초선 근분정初禪近分定의 특별한 명칭이다. 초선 근본정의 삼매를 얻지는 못했지만, 초선 근분정에 의지하여, 욕계의 번뇌를 능히 제거할 수 있기 때문에 "불가능한 것이 없는 것"이라고 한다.(『장한불학사전』, 568쪽)

초선정에서 단지 분별만 없는 것을, '특별한 선정'[67]이라고 한다. 분별과 분석에서 벗어나 초선정의 경지에 대한 갈망을 여의고, 희열과 안락과 내적으로 지극히 청명함(내등정內等淨)[68]을 지니게 되는 때를, '제2선정'이라고 한다.

제2선정의 경지에 대한 갈망에서 벗어나 안락과 평등사와 억념과 정지를 지니게 되는 때를, '제3선정'이라고 한다. 제3선정의 경지에 대한 갈망에서 벗어나 고통도 아니고 안락도 아닌 것(비고비락수非苦非樂受)과 평등사와 억념을 지니게 되는 때를, '제4선정'이라고 한다.[69]

67 특별한 선정: 중간정, 초선 수승선初禪殊勝禪이라고도 한다.

68 내등정: "제2정려의 실제적 특징(지支)의 하나로서, 초정려의 동요(심구와 사찰)를 떠나 깊은 믿음의 심소가 생겨나는데, 이를 내적인 등정이라고 한다. 믿음은 청정한 것이기 때문에 '정淨(청명清明)'이라고 하며, 외적인 동요를 떠나 내적으로 균등하게 작용하기 때문에 '내등'이라고 한다.(『아비달마구사론』, 1289쪽)

69 색계 4선 각각의 지분을 정리하면 다음과 같다.

	초선	2선	3선	4선
분별(심구)	○			
분석(사찰)	○			
희열(희)	○	○		
안락(락)	○	○	○	
내등정		○		
평등사			○	○
억념			○	○
정지			○	
비고비락수				○
삼매	○	○	○	○

*구사론에서 설일체유부는 각각에 삼매를 포함한다. 이를 '등지' 혹은 '정定', '심일경성'이라고도 한다. '심일경성'이란 '한 가지 소연에 전념하는 것'이다.(『아비달마구사론』, 1267쪽, 1281쪽)

그와 같이 [4]무색정無色定[70]과 [8]해탈[71]과 [8]승처[72] 등도 소연과 행상 등의 차별을 통해서 가행해야 한다.

②지혜를 수습하는 순서

그처럼 인식대상에 마음을 확고하게 둔 다음에는 지혜로 철저히 분석한다. 왜냐하면 지혜의 광명이 생겨남으로써 모든 미혹(어리석음)의 씨앗이 완전히 제거되기 때문이다. 그렇지 않고 외도들의 경우와 같이 단지 삼매만으로는 번뇌를 제거하지 못한다.

경에서 다음과 같이 설한 것과 같다.

---

70 4무색정: 무색계 선정을 의미하며 공무변처정·식무변처정·무소유처정·비상비비상처정이다.

71 8해탈: 번뇌의 속박에서 벗어나는 모습을, 욕계로부터 마지막에 멸진정에 도달하는 단계로 순서대로 보여준다. ①색탐을 가진 자가 색을 통찰하는 해탈: 자신의 몸에 대한 탐심이 있어 그에 대한 상을 버리지 못하므로, 외적인 형상의 자성이 공하며 무상한 것에 집중함으로써 탐심에서 벗어나는 삼매. ②색탐이 없는 자가 색을 통찰하는 해탈: 내적으로 몸에 대한 탐심은 없지만 이를 확고하게 하기 위해서 외부의 색을 통찰하여 자성이 공하다는 것에 집중하는 삼매. ③청정한 것을 현전시켜 머무름: 아름다운 것의 실제 모습을 관찰하여 탐심이 일어나지 않는 상태에 머무는 삼매 ④공무변처해탈: 4선의 탐에서 벗어난 것. ⑤식무변처해탈: 공무변처의 탐에서 벗어난 것. ⑥무소유처해탈: 식무변처의 탐에서 벗어난 것. ⑦비상비비상처해탈: 무소유처의 탐에서 벗어난 것. ⑧ 멸진해탈: 거친 수와 상이 소멸한 무심의 상태에 머무름.

72 8승처: 티벳어 ཟིལ་གྱིས་གནོན་པའི་སྐྱེ་མཆེད་བརྒྱད།는 '8가지 압도적인 영역'을 의미하며, 한역으로 '8승처'라고 한다. 형상의 4승처와 색깔의 4승처가 있다. 삼매의 힘에 의지하여, 형상과 색깔을 관상한 그대로 변화시키는 데 자유자재하므로 다른 것을 압도하여 마음이 산란하게 되지 않는 것이다.

그대가 삼매를 수습할지라도
그것은 아상我想을 무너뜨리지 못하니
번뇌가 더욱더 번성할 것이다.
마치 우드라까[73]가 삼매를 수습하는 것처럼.

『입능가경』에서, 지혜를 수습하는 순서를 요약해서 다음과 같이 설했다.[74]

오직 마음에 의지해야지
외부 대상을 분별해서는 안 된다.
진여의 소연경에 머물러서
유심에서도 벗어나야 한다.

유심에서 벗어난 후에는
무현無現*[24]에서 벗어나야 한다.
무현에 머무는 요가행자,

73 우드라까: 붓다가 깨달음을 얻기 전에 법을 구한 외도의 스승 여섯 사람 중 한 사람으로, 상캬학파(수론파)의 성취자이다. "우드라까는 외도의 스승이었습니다. 그는 오랫동안 사마타를 수행했는데, 그러는 동안 그의 머리가 매우 길게 자랐습니다. 어느 날 그가 삼매에 몰입해 있을 때, 몇 가닥의 머리카락을 쥐가 갉아 먹었습니다. 그가 명상에서 깨어났을 때, 쥐가 머리카락을 갉아 먹은 것을 알게 되자 우드라까는 버럭 화를 냈고, 다시 번뇌가 일어났습니다. 비록 삼매에 들어 있는 동안에는 일어나지 않았지만, 깨어났을 때 번뇌가 다시 돌아온 것입니다."(『달라이라마의 수행의 단계』, 103쪽)
74 궁극의 실상을 수습하는 순서에 대해 『능가경』에서 인용한 3개의 게송을 설한 다음, 게송의 의미를 81쪽부터 94쪽까지 설명한다.

그는 대승을 보게 될 것이다.

적정을 저절로 성취하는 토대를
서원에 의해 청정하게 하였으니,
무아의 수승한 본래지를
무현으로[75] 보게 될 것이다.[*25]

여기에서 의미하는 것은 이것이다.

먼저 요가행자는 물질적인 현상(유색법)은 어떤 것이든, 색 등 외적인 대상(외경)으로 다른 사람들이 분별한 것들에 대해, "이것들은 식과 다른 것인가? 혹은 그렇지 않고 식 자체가 그와 같이 현현한 것인가? 마치 꿈속의 경우처럼"이라고 분석해야 한다.

여기서 식에 의해 외부 대상을 미세한 입자로 분쇄하고 미세한 입자들 또한 부분으로 나누어 하나하나 살펴보면, [결국에는] 요가행자는 그 대상을 보지 못한다. 그는 그것들을 보지 못하기 때문에 다음과 같이 생각한다. '이 모든 것들은 오로지 마음이며, 외부의 대상은 없다.'

75 무현: 『입능가경』에서 인용한 위 게송에서, 첫 번째 '무현'은 '능취와 소취의 둘로 현현함이 없는 무이지'를 의미하며, 두 번째와 세 번째의 '무현'은, '무이지조차도 현현함이 없는 지혜'를 의미하는 것으로 해석된다. 같은 단어를 이처럼 다른 의미로 해석할 수밖에 없는 것은 게송 2와 게송 3의 마지막이 '보게 될 것이다'로 표현되었기 때문이다. 다른 판본(실차난타實叉難陀의 한역과 티벳어본 입능가경)에는 '보지 못할 것이다'로 되어 있으므로 이 경우에는 굳이 세 곳의 '무현'을 달리 해석할 필요가 없을 것이다. 자세한 내용은 후주 *25 참조.

이와 같이, "오직 마음에 의지해야지 외부 대상을 분별해서는 안 된다"는 말은 '물질적인 현상(유색법)에 대한 분별을 끊으라'고 하는 의미이다. 왜냐하면 인식할 수 있는 특성을 가진 것들을 철저히 분석하면, [진실로 존재한다고] 인식하지 못하기 때문이다.

그와 같이 물질적인 법들을 철저히 분석한 다음에는 비물질적인 법을 철저히 분석해야 한다. 어떤 마음도 파악되는 대상(소취所取)이 없다면, 파악이 불가능하다. 왜냐하면 파악하는 자(능취能取)는 파악되는 대상에 의지하기 때문이다. 그렇기 때문에 마음은 소취와 능취에서 벗어나 전적으로 둘로 존재하지 않는 것임을 철저히 관찰한 다음, 둘로 존재하지 않는 특성(무이상無二相)인[76] 진여의 소연경에 머물러서 유심唯心에서도 벗어나야 한다. 즉, 능취의 상(행상行相)에서도 완전히 벗어나야 한다. 이것이 '둘로 현현함이 없는 무이의 지혜(무현무이지無現無二智)에 의지해야 한다'는 의미다.

76 『중변분별론』의 게송 1에 대한 설명에서도, '상식의 세계에서는 주관과 객관이 실재하는 것이라고 생각한다. 분별이란 주관과 객관으로 나누어 판단한다는 뜻이다. 그러나 유식에서는 이러한 '분별'이 사실은 오류라고 생각한다. 주관과 객관, 즉 능취와 소취가 실제로 존재하지 않는다는 것이 공성의 의미이다'라고 파악한다.(『유식입문』, 48쪽) 『중변분별론』의 게송1을 인용하면 다음과 같다.
진실하지 않은 분별은 존재한다. / 거기에 둘 모두는 존재하지 않는다.
공성이 여기에 존재한다. / 거기에 또한 그것은 존재한다.
이 게송에 대해 세친의 『중변분별론소』에서는 다음과 같이 설명한다. "여기에서 '진실하지 않은 분별'이란 소취와 능취로 분별하는 것이다. 둘 모두, 즉 소취와 능취의 실체는 없다. '공성'이란 진실하지 않은 분별, 즉 소취와 능취의 실체가 존재한다는 분별을 여읜 성품이다."(세친의 데게본 『중변분별론소』, 1b5~2a1)

그와 같이, 유심에서 벗어난 후에는 [능취와 소취] 둘로 현현함이 없는 지혜(무현)에서도 벗어나야 한다. 자신으로부터 그리고 다른 것으로부터 사물들이 생겨나는 것은 타당하지 않기 때문에, 소취와 능취는 전적으로 거짓된 것이다. 게다가 '그것들'을 벗어나서 '그것' 또한 별도로 없기 때문에, '그것' 또한 진실한 것이 아님을 관찰하고,[77] 둘로 존재하지 않는 지혜에 대해서도 실체實體라는 집착을 버려야 한다. 이것이 '무이지조차도 현현함이 없는 지혜(무이지무현지)에 전적으로 머물러야 한다'는 의미다.

이와 같이 일체법에 자성이 없음을 알아차린 상태에 머무는 것이다. 그 상태에 머무는 사람은, '최상의 진실성'[78]에 들어가기 때문에, 무분별 삼매에 들어간 것이다.

그와 같이, 요가행자가 무이지조차도 현현함이 없는 지혜에

---

77 '그것들'은 '능취와 소취'를 가리키고, '그것'은 '둘로 현현함이 없는 지혜'를 가리키는 것으로 볼 수 있다. 이 경우를 다시 풀이한다면, "능취와 소취를 떠나서 둘로 현현함이 없는 지혜는 별도로 존재할 수 없기 때문에, 둘로 현현함이 없는 지혜 또한 진실한 것이 아님을 관찰하고"라는 의미로 해석할 수 있다.(게쉐 땐진남카 스님)

78 '최상의 진실성(산/paramatattva)은 '궁극적 실상'을 의미하며 여기서는 '공성'을 뜻한다. 티벳어 ཡང་དག་པ་ཉིད་ཀྱི་མཆོག་를 옮긴 것으로, 범어본(Bhk186)에는 paramatattva로 되어 있으며 parama는 '최상의'라는 의미다. tattva는 티벳어로 དེ་ཁོ་ན་ཉིད།이지만, ཡང་དག་པ་ཉིད།(진실성: 正性), དེ་བཞིན་ཉིད།(진여), གནས་ལུགས།(존재방식: 실상), སྟོང་པ་ཉིད།(공성)과 동의어로 사용된다. ཡང་དག་པ་ཉིད་སྐྱོན་མེད་པ།(정성이생正性離生: 결함 없는 진실성), ཡང་དག་པ་ཉིད་དུ་ངེས་པ།(정성결정正性決定: 진실한 것으로 확정된 것), ཡང་དག་པ་ཉིད་ཀྱི་མཐའ།(진실의 극단)도 같은 의미로 사용되는 것으로 생각된다.

머물게 되는 그때, 견도見道[79]에 안주安住하기 때문에 대승을 보게 된다. 수승한 궁극의 실상(묘진실의妙眞實義)을 보는 그것을 대승이라고 한다. 수승한 궁극의 실상을 보는 것이란, 모든 법을 반야지의 눈(혜안慧眼)으로 살펴서 청정한 본래지의 광명이 생겨나면, 어떤 것도 보는 것이 없는 것이다. 이 말을 경에서도 "승의를 보는 것은 무엇인가? '모든 법을 보지 못하는 것' 바로 그것이다"라고 설했다.

여기에서 그와 같은 '보는 것이 없음'을 의도하여 "보지 못한다"라고 말씀하신 것이지, 눈을 감거나 선천성 장님 등처럼 조건이 갖추어지지 않았거나 작의(마음집중)하지 않아서 보지 못하는 것이 아니다.

따라서 사물에 대해 [진실로 존재한다고] 집착하는 등 전도된 습기를 제거하지 못한 요가행자는, 무상정無想定[80] 등에서 일어날 때와 마찬가지로, 사물에 대해 [진실로 존재한다고] 집착

---

79 견도: 예전에 보지 못한 진실성(དེ་ཁོ་ན་ཉིད།산/tattva)을 새롭게 통찰하여, 성자의 길에 들어가는 것으로, 제법무아諸法無我의 여소유성을 현량으로 증득하고 일체유법一切有法의 진소유성을 증득한다. 7각지를 수습함으로써 모든 견소단의 번뇌를 뿌리째 제거하고, 5가지 두려움—자량도와 가행도에 머무는 보살에게 있는 5가지 두려움, 즉 ①가진 것을 모두 베풀면 가난해 질 것이라는 두려움 ②칭찬받지 못하게 될 것이라는 두려움 ③청중에 대한 두려움 ④죽음에 대한 두려움, ⑤악도에 대한 두려움—을 여의어, 112가지 공덕을 성취하는 수행도.(『장한불학사전』, 737쪽)

80 무상정: 제4선에 속하는 것으로, 변정천遍淨天의 탐착에서 벗어났지만 상계의 탐착에서 벗어나지 못한 사람이, 작의를 통해 마음과 마음작용(심과 심소)의 불안정한 흐름인 6전식轉識을 잠시 식멸하는 선정이다.(『장한불학사전』, 863쪽)

하는 뿌리를 가진 탐착 등 번뇌의 쌓임이 다시 생기기 때문에, 해탈하지 못하게 된다.

"탐착 등의 뿌리는 사물에 대해 [진실로 존재한다고] 강하게 집착하는 것이다"라고 『이제경二諦經』에서도 설했다.

『입무분별다라니경』에서, "작의하지 않음으로써 색 등의 상相을 제거한다"라고 말씀하신 것 또한 지혜로 관찰할 경우 인식하지 못하는 것에 대해*26 작의하지 않는다고 말한 것이지, 단지 작의가 없는 것이 아니다. 무상정 등과 같이 시작이 없는 때로부터 색 등에 대해 강하게 집착하는 작의를 단지 제거하는 것만으로 [색 등의 상을] 제거하는 것이 아니다.

[법에 대한] 의심을 제거하지 않고는 이전에 인식한 색 등에 강하게 집착하는 작의를 완전히 제거할 수 없으니, 마치 불을 없애지 않고는 뜨거움을 없앨 수 없는 것과 같다. 이와 같이 색 등을 분별하는 것은, 손으로 가시를 뽑는 것처럼 마음에서 제거할 수 없다. 왜냐하면 의심의 종자를 제거해야 하기 때문이다.

의심의 종자 또한 삼매의 광명이 생겨서 요가행자가 지혜의 눈으로 살펴본다면, 색 등 지각할 수 있는 특성을 가진, 이전에 지각대상이었던 것들을 [진실로 존재한다고] 지각하지 않게 되기 때문에, 마치 새끼줄을 뱀으로 [잘못] 알았던 것을 깨닫는 것과 같이 제거하는 것이지, 달리 제거하는 것이 아니다. 이렇게 의심의 종자를 제거함으로써 색 등의 상相에 대한 작의를 없앨 수 있게 되는 것이지, 달리 가능하지 않다.

그렇지 않고 삼매의 광명이 발생하지 않아 지혜의 눈으로 보지 않는다면, 어둠 속에 있는 사람이 집안에 있는 항아리 등을 [있는지 없는지] 의심하게 되는 것과 마찬가지로, 수행자도 색 등이 존재한다는 의심을 떨치지 못하는 것이다. 그 의심을 떨치지 못하면, 눈병의 결함을 없애지 못한 것처럼 색 등 실재하지 않는 것에 대해*27 [진실로 존재한다는] 강한 집착이 일어나 아무리 해도 제거하지 못한다.

따라서 삼매의 두 팔로 마음을 붙잡고 날카로운 지혜의 검으로 색 등을 전도되게 분별하는 종자인 마음속 독가시를 뽑아야 한다. 그와 같이 한다면, 뿌리째 뽑힌 나무가 땅에서 다시 자라나지 못하는 것처럼, 뿌리가 없기 때문에 전도되게 분별하는 마음 또한 생겨나지 않을 것이다.

그러므로 장애를 제거하기 위해, 세존께서는 사마타와 위빠사나를 결합하여 행하는 수행도(지관쌍운도止觀雙運道)를 설하셨다. 그 두 가지가 청정한 무분별지의 원인이기 때문이다. 『보적경』에서 다음과 같이 설했다.

> 계율에 의지하여 삼매를 얻고
> 삼매를 얻은 후에도 반야지를 수습한다.
> 반야지로 청정한 본래지를 얻으며

청정한 본래지로 계율을 완성한다.

이처럼 사마타에 의해 마음이 인식대상에 확고하게 집중되었을 때, 반야지로 철저히 관찰한다면 청정한 본래지의 빛이 발생하며, 그때 마치 빛이 생겨남으로써 어둠이 사라지는 것처럼 장애가 제거될 것이다.*28 그 둘은 눈과 빛처럼 청정한 지혜의 발생을 위해 서로 도우며 머무는 것이지, 빛과 어둠처럼 상반되는 것이 아니다.

삼매는 어둠을 본질로 하는 것이 아니다. 왜냐하면 심일경성이기 때문이다. "평등하게 머물게 되면, 진실을 있는 그대로 알게 된다"고 붓다께서 설하셨기 때문에 그것은 반야지에 전적으로 도움이 되는 것이지, 상반되는 것이 아니다.

그렇기 때문에 등인지等引智[81]로 관찰했을 때, 모든 법들을 인식하지 못하는 바로 그것이 무소연[82]의 수승함이다. [삼매에 평등하게 머무는] 요가행자들의 단계에 대한 그와 같은 특성은*29 저절로 성취된다.[83] 왜냐하면 그밖에 보아야 할 대상이 별도로

81 등인지: 정혜定慧. 근본지根本智로도 한역된다. 삼매에 들어가서 궁극적 실상, 즉 진실에 대해 일심으로 평등하게 머무는 무분별의 본래지를 의미한다.(『장한불학사전』, 592쪽)

82 무소연: 불가득不可得 혹은 불가견不可見으로도 번역되며, 인식하지 못함 혹은 지각하지 못함을 의미한다.

83 "그와 같은 특성"은 '적정'을 의미하는 것으로 생각된다. 앞의 『입능가경』에서 인용한 게송에서 "적정을 저절로 성취하는"이라고 설했기 때문이다.

없기 때문이다. 적정이란, 있고 없음 등 분별을 특성으로 하는 일체의 희론을 가라앉힌 것이기 때문이다.[84]

이와 같이 요가행자가 지혜로 관찰하여 어떠한 사물의 본질도 인식하지 않게 되는 그때, 그에게는 '사물의 존재'에 대한 분별이 생기지 않고, '사물의 비존재'에 대한 분별도 그에게는 없는 것이다. 만일 사물을 조금이라도 보게 되는 경우에는, [그것을] 부정함으로써 사물이 존재하지 않는다는 분별이 생겨나게 된다. 요가행자가 지혜의 눈으로 관찰하여 삼세에도 사물을 인식하지 않게 되는 때, 무엇을 부정하여 사물이 없다고 분별하겠는가?

그와 마찬가지로, 다른 분별들 또한 그에게는 생겨나지 않을 것이다. 왜냐하면 있음과 없음의 두 가지 분별이 모든 분별에 편

84 "있고 없음 등 분별을 특성으로 하는 일체의 희론을 가라앉힌 것": 『입중론』 6지 게송117에서, "보통 사람들은 분별에 속박된다. 무분별의 요가행자는 해탈하게 된다. 따라서 분별에서 벗어나는 것이, 분석의 결과라고 현자들은 설하셨다"고 했으며(월칭의 『입중론자주』, 뿌생본, 230쪽), 이 게송에 대해 미팜린뽀체는 다음과 같이 주석했다. "사물들의 실상을 알지 못하기 때문에, 보통 사람들은, 사물들이 존재하거나 존재하지 않는다고 파악하면서, 자신의 생각(분별)에 사로잡혀 있다. 반면에 깨달음의 경지에 머무는 성자나 요기들은 궁극적 실상에 대한 지혜를 완전히 체득한 자로, 그러한 '거짓된 사고방식(허망분별)'에서 벗어나 있다. 이렇게 해서 그들은 해탈을 얻는다. 존재하거나 존재하지 않는다고 분별하여 집착하는 모든 대상들이 부정되었을 때, 두서 없는 생각(망상분별)은 멈춘다. 수승한 학자들이 중론에 대한 그들의 논서에서 그렇게 주장했듯이, 그러한 것이 분석의 결과다. 그것은 약을 눈에 발랐을 때 왜곡된 시력이 교정되는 것과 같다."(『Introduction to the Middle Way』 with commentary by Jamgön Mipham, 280쪽)

재하기 때문이며,[85] 포섭하는 것(능섭能攝)이 없으므로 포섭되는 대상(소섭所攝)도 없기 때문이다. 그것이 무분별의 수승한 요가다.

그곳에 머무는 요가행자는 모든 분별이 사라졌기 때문에 번뇌장[86]과 소지장[87]을 완전히 제거하게 된다.

"이와 같이 번뇌장은, 생겨남이 없고 소멸함이 없는 사물들에 대해 '존재함(실재하는 것)' 등으로 전도시키는 뿌리이자 원인"이라고 세존께서 『이제경二諦經』 등에서 설하셨다.

이러한 수행으로 '존재' 등의 모든 분별을 제거했기 때문에, 무명을 본질로 하며 번뇌장의 뿌리인, '존재' 등에 대한 전도를 제거하게 된다. 따라서 뿌리를 잘랐기 때문에 번뇌장을 뿌리째 완전히 제거하게 된다.

또한 다음과 같이 『이제경』에서 상세하게 설했다.

> "문수사리여! 어떻게 번뇌들을 다스립니까? 어떻게 번뇌들을 철저히 압니까?"라고 천신의 아들이 여쭈니, 문수사리께서 다음

85 있음과 없음의 두 가지 분별이 모든 분별에 편재한다. 충족관계를 논리적 표현에 따라 옮긴다면, '모든 분별은 있음과 없음의 2가지 분별에 의해 충족된다.' 즉 '그것이 분별이라면 있음과 없음의 2가지 분별임을 충족한다'로 표현할 수 있으며, 이것을 풀어서 옮기면, '분별인 것은 반드시 있음과 없음의 2가지 분별에 속한다'로 옮길 수 있다. 즉 '있음과 없음의 두 가지 분별이 모든 분별을 포섭한다'는 의미로, 포섭하는 주체는 '있음과 없음의 두 가지 분별'이며, 포섭되는 대상은 '모든 분별'이 될 것이다.

86 번뇌장: 해탈을 얻는 데 장애가 되는 인색 등의 분별.(『장한불학사전』, 573쪽)

87 소지장: 일체지를 얻는 데 장애가 되는 삼륜분별.(『장한불학사전』, 1603쪽)

과 같이 대답했다.

"승의적으로 생겨나지 않았고 발생하지 않았고 실체가 없는(무자성인) 모든 법에 대해, 세속적으로 옳지 못한 전도된 생각이 일어나고, 그러한 옳지 못한 전도된 생각에서 허망분별과 분별이 생기며, 그러한 허망분별[88]과 분별에서 여실하지 못한 작의(비리작의非理作意)가 일어나고, 그러한 여실하지 못한 작의에서 아我에 대한 증익이 생겨나며, 그러한 아我에 대한 증익에서 [잘못된] 견해가 발생한다. 그러한 [잘못된] 견해의 발생에서 번뇌들이 생겨난다.

천신의 아들이여! 승의적으로 모든 법은 지극히 생겨남이 없고 발생함이 없고 실체가 없음을 온전히 아는 바로 그것이, 승의적으로 전도되지 않은 것이다. 승의적으로 전도되지 않은 것은 허망분별하지 않는 것이며[*30] 분별하지 않는 것이다. 허망분별하지 않으며 분별하지 않는 것은 바른 이치에 들어가는 것이다. 바른 이치에 들어가는 것은 아我에 대해 증익하지 않는 것이다. 아我에 대해 증익하지 않는 것은 [잘못된] 견해가 전적으로 일어나지 않는 것이다. 나아가 승의적으로 열반을 보기까지의 [잘못된] 견해의 일어남 또한 생기지 않을 것이다. 그와 같이 생겨남이 없는 것(무생無生)에 머무르는 자는, 그의 모든 번뇌들이 완전히 다스려진 것으로 보아야 하며, 그를 '번뇌를 다스린 사람'이라

88 허망분별: 마음의 사유분별이다. 마음에 전도된 다양한 분별이 떠오르고 마음이 적정하지 못하게 머무르며 대상을 직접 보는 것이 아니라 분별함으로써 다양하게 증익하는 것이다.

고 말한다.

천신의 아들이여! 어느 때든, [무이지조차도] 현현함이 없는 지혜[*31]에 의해 번뇌들이 승의적으로 지극히 공한 것이고, 지극히 상相이 없는 것이며, 정말로 실체가 없는 것임을 온전히 알게 되는 때, 천신의 아들이여! 번뇌들을 철저히 아는 것이다. 천신의 아들이여! 그것은 예를 들면 독뱀의 종류를 잘 아는 사람이 독뱀의 독을 제거할 수 있는 것과 같다. 천신의 아들이여! 그와 같이 번뇌의 종류를 온전히 아는 자는 번뇌들을 철저히 제거하게 된다."

그러자 천신의 아들이 "문수사리여! 번뇌가 되는 것들의 종류는 무엇입니까?"라고 다시 여쭈니, 문수사리께서 상세하게 말씀하셨다.

"천신의 아들이여! 승의적으로 지극히 생겨남이 없고 발생함이 없고 실체가 없는 모든 법에 대해 허망분별하는 것은 어떤 것이든 번뇌의 종류이다."

사물의 존재 등에 대한 전도顚倒가 모든 전도에 편재하기 때문에, 그것을 제거한다면 모든 전도가 소멸되므로, 소지장도 이것으로 완전히 제거될 것이다. 왜냐하면 장애는 전도를 특성으로 하기 때문이다.

소지장을 제거한다면 장애가 없기 때문에, 마치 태양의 빛이 구름 걷힌 하늘을 어느 곳이든 방해받지 않고 비추는 것처럼, 본래지의 광명이 발생하게 된다.

이와 같이 의식이란 사물의 본질을 알아차리는 것이지만, 그것이 사물 가까이 머물러도 장애가 있기 때문에 분명하게 인식하지 못한다. 장애가 없어진다면 상상할 수 없는 특별한 힘을 얻는 것이니, 무엇 때문에 모든 사물이 있는 그대로 드러나지 않겠는가? 따라서 세속의 방식과 승의의 방식으로 모든 사물을 있는 그대로 알아차림으로써 일체지를 얻는 것이다. 바로 이것이 장애를 제거하고 일체지를 얻게 되는 최상의 길이다.

성문승 등의 길은 어떤 것이든 전도된 견해를 모두 없애지 못하기 때문에, 두 가지 장애를 제대로 제거하지 못한다.

이것을 『입능가경』에서 다음과 같이 설했다.

> 다른 사람들은 모든 법이 조건(연緣)에 의지한다는 것을 보고, 열반에 대한 생각을 일으킨다. 그렇지만 법무아를 보지 못하기 때문에, 대혜보살이여! 그들에게는 해탈이 없다. 대혜보살이여! 성문승을 증득한 종성의 사람은 출리가 아닌 것에 대해 출리의 마음을 일으킨다. 대혜보살이여! 여기서 잘못된 견해에서 벗어나기 위해 정진해야 한다.

바로 그 때문에 다른 길에 의해서는 해탈하지 못하므로, "오직 일승一乘이다"라고 세존께서 설하셨다.

[이것은] 성문승 등의 길을 보여주기보다 [대승의 길에] 유연하게 들어가는 것을 의도하여, [중생의 그릇에 맞추어] 어린애가

어린애를 이끄는 것처럼 보여준 것뿐이다. 즉 이것들(성문 등의 길)은 오온 등의 법만 존재할 뿐이고, 아我가 없다는 것을 수습하여 성문의 인무아에 들어간다.

반면에 삼계는 단지 식識뿐이라고 수습함으로써 유식 논사의 외경무아에 들어간다. 이러한 방식으로 그러한 둘이 없는 지혜(무이지無二智)조차도 '아我가 없음'에 들어감으로써 '최상의 무아'에 들어가는 것이다. 단지 유식에 들어가는 것은 궁극의 실상에 들어가는 것이 아니니, 이전에 설명한 것과 같다.

『출세간품』에서도 설했다.

> 오! 보살이여! 또한 삼계는 단지 마음뿐임을 깨닫고, 그 마음 또한 가장자리도 가운데도 없음을 알아차리는 것이다.

생겨나고 소멸하는 특성의 두 가장자리(생멸의 두 변邊)와 머무는 특성의 가운데(중中)가 없기 때문에, 마음은 가장자리와 가운데가 없다. 그렇기 때문에 둘이 없는 지혜에 들어가는 것은 궁극의 실상(진실)에 들어가는 것이다.[89]

---

89 "둘이 없는 지혜(무이지)"가 "능취와 소취가 둘로 현현하지 않는 지혜"를 뜻하는 것으로 볼 때, 83쪽에서 무이지조차도 현현함이 없는 지혜에 머물게 될 때 수승한 궁극의 실상을 보는 것이라고 설했으므로, "둘이 없는 지혜(무이지)"는 유식학파의 입장에서는 궁극의 실상(དེ་ཁོ་ན། 산/tattva)이겠지만, 중관학파의 경우에는 "무이지는 궁극의 실상이 아니라, 궁극의 실상에 들어가게 하는 것"이 될 것이다. 따라서 "[궁극의 실상에 도달하는 과정으로서] 무이지에 들어가는 것은, 궁극의 실상에 들어가는 것이다"라고 할 수 있을 것이다.

[이러한] 요가행자들의 단계를 무엇에 의해 청정하게 하는가? 묻는다면, "서원에 의해 청정하게 한다"라고 설했다. 보살이 대연민심으로 살아 있는 모든 존재들의 이익을 돌보고, 서원을 세운 것은 어떤 것이든 바로 그 서원의 힘으로 보시 등의 선행에 더욱더 익숙해짐으로써, 그 상태가 완전히 청정해진다. 그는 모든 법에 자성이 없음을 알면서도, 일체의 유정들을 돌보기 위해 생각을 되돌려 윤회의 결함으로 오염되지 않도록 윤회계가 존재할 때까지 머무는 것이다.

어떻게 저절로 성취하며 적정하게 되는가*32 묻는다면, "무아의 수승한 본래지를 무현으로 보게 될 것이다"*33라고 여기서 그 원인을 설했다.

이와 같이 내부의 알아야 할 대상을 주장하는 사람(유식 논사)들이 '둘이 없는 것으로 특징지어진 지혜(무이상無二相의 지혜)'*34를 가장 수승한 것이라고 주장한 바로 그것도 무아이다. 자성이 없는 것에 대해 요가행자는 '둘이 없는 것으로도 현현함이 없는 지혜'*35로 본다. 그 이상은 보아야 할 것이 없기 때문에 '저절로 성취하는 것'이며, 모든 분별에서 벗어나므로 '적정한 것'이다.

만일 그때 "그와 같이 보는 요가행자가 [도대체] 누가 있는가?" 묻는다면, [그대의 말이] 사실이다. 승의로 아我 등 독립적 실체가 있다고 하는 요가행자는 아무도 없다. [요가행자가] 보는 것은 아무것도 없다. 그럼에도 불구하고 세속으로 그와 같이 색 등 대상에 대한 식識이 단지 생기는 것만으로, 식에 대해 그처럼 세간에서 '데와닷따 혹은 야나닷따의 식으로 본다'라고 명칭을 붙인 것이지, 아我 등은 전혀 존재하지 않는다.

마찬가지로 여기에서도 단지 '둘이 없는 지혜조차도 현현함이 없는 지혜(무이지무현지)'가 생겨나서, '무현지로 본다'고 그와 같이 이름을 붙인 것이다. 모든 법은 승의로는 자성이 없지만 세속으로는 요가행자의 식이든 혹은 다른 범부의 식이든 인정 안 하는 것이 아니다.

이 뜻을 『이제경』에서 "그것은 승의로는 전혀 실체가 없지만, 세속으로는 수행도를 수습해야 한다"고 설했다.

만일 그와 같지 않다면 성문과 연각과 보살과 붓다와 일반 범부 등의 차별 또한 무엇으로 구분하겠는가? 이처럼 세속으로도 원인이 없는 것은 세속으로도 생겨나지 않는다. 예컨대 토끼의 뿔 등과 마찬가지다. [그러나] 원인이 있는 것은 승의로는 거짓일지라도 [그 결과가] 반드시 생겨난다. 마치 환영幻影과 영상과 메아리와 같다. 환영 등이 세속으로는 의존하고 관련되어 생겨나는 것(연기하는 것)이지만, 그것들은 관찰을 견뎌내지 못하기 때문에,[90] 승의로는 '사물이 존재하는 것(실유實有)'으로 되지 못한다.

---

90 관찰을 견뎌내지 못하기 때문에: 티벳어 བརྟག་མི་བཟོད་པས་를 옮긴 것으로, 문맥에 따라 풀어서 옮긴다면, "관찰할 경우 [그 실체가] 발견되지 않기 때문에" 혹은 "관

그러므로 "모든 중생이 오직 환영과 같다"고 설했다.

여기서 이와 같이 환영과 같은 번뇌와 업의 힘에 의해서, 유정들의 환영과 같은 생겨남이 발생한다. 그와 마찬가지로 요가행자들의 환영과 같은 복덕자량과 지혜자량의 힘에 의해서, 요가행자의 환영과 같은 본래지가 생겨나는 것이다.

이 말에 대해 『이만오천송반야바라밀다경』에서도 다음과 같이 설했다.

> 수보리여! 이와 같이 모든 법은 화현化現이다. 어떤 것들은 성문의 화현이고, 어떤 것들은 연각의 화현이며, 어떤 것들은 보살의 화현이고, 어떤 것들은 여래의 화현이며, 어떤 것들은 번뇌의 화현이고, 어떤 것들은 업의 화현이다. 수보리여! 이러한 방식으로 모든 법은 화현과 같은 것이다.

요가행자들과 일반 범부들의 차별은 이것이다. 그들은 마술사처럼 환영을 있는 그대로 여실히 알기 때문에 진실한 것으로 집착하는 일이 없다. 그러므로 그들을 '요가행자'라고 한다. 또한 어리석은 구경꾼처럼 그것을 진실한 것으로 집착하는 자들은, 전도된 것에 집착하기 때문에 '어리석은 자'라고 하는 것이니, 그들은 서로 모순되지 않는다.

찰하여 발견되는 것이 아니기 때문에"로 옮길 수 있다.

이 말을 『섭정법경』에서도 설했다.

예를 들면, 어떤 마술사가
환영을 자유롭게 하기 위해서 애쓰지만
그는 예전부터 그것을 알고 있으므로
그 환영에 집착하지 않는다.

그와 같이 삼계가 환영과 같다는 것을
원만보리를 증득한 현자(붓다)는 이미 아셨으니,
중생을 위해 갑옷을 입었지만,
중생도 그와 같음을 예전부터 아셨다.

그와 같이 이러한 수습의 순서에 따라 궁극의 실상을 수습해야 한다. 거기서 가라앉음과 들뜸 등이 일어나면, 이전에 설명한 것과 같이 제거해야 한다. 그리하여 모든 법이 자성이 없음을 인식하고, 혼침과 도거 등에서 벗어나 애써 행함 없이 식(선정)에 들어가게 되는 그때, 사마타와 위빠사나를 결합하여 수행하는 길(지관쌍운의 도)이 완성된 것이다. 그때 할 수 있을 때까지 오랫동안 확고한 믿음의 힘으로 승해행지勝解行地[91]에 머물러서

91 승해행지(མོས་པས་སྤྱོད་པའི་ས།): 신해행지라고도 한다. 자량도와 가행도에서 공성을 현량으로 증득하지 못하여 오직 '확고한 믿음(승해)'에 의지하여 법을 수행하는 경지.(『장한불학사전』, 1259쪽)

수습한다.

그 다음, 원하는 만큼 오랫동안 가부좌를 풀지 말고 [머물다가 선정에서] 일어나려고 할 때에는 이와 같이 사유한다. '이 모든 법들은 승의로는 자성이 없지만, 세속으로는 존재한다.'

이 말을 『보운경』에서도 다음과 같이 상세히 설했다.

어떻게 보살은 무아에 통달하는가? 묻는다면, 고귀한 집안의 자손이여! 여기서 보살은 청정한 지혜로 색에 대해 상세히 분석하고, 수와 상과 행과 식에 대해 상세히 분석한다. 그가 색을 상세히 분석한다면, 색의 생겨남을 인식하지 못하며 그 원천(집集)을 인식하지 못하며, 그 소멸(멸滅)을 인식하지 못한다. 그처럼 수受와 상想과 행行과 식識의 생겨남을 인식하지 못한다. 그것도 승의적으로 무생無生에 머무는 반야지에 의해 인식하지 못하는 것이지, 다양한 자성으로는 그렇지 않다.

[그리고] '어리석은 지혜를 지닌 자들은 자성이 없는 사물들에 대해 강하게 집착하기 때문에, 윤회 속에서 항상 떠돌며 온갖 고통들을 경험한다'고 생각하면서, 큰 연민심을 확실히 일으켜 다음과 같이 사유한다.

'반드시 나는 일체지를 얻어, 이들이 법성을 확실히 이해하게 할 것이다! 그렇게 하리라!'

그 다음, 모든 붓다와 보살들에게 공양과 찬탄을 올리고, 보현행원 등의 큰 서원을 세우며, 공성과 연민을 핵심으로 하는 보시 등 모든 복덕자량과 지혜자량을 성취하기 위한 행에 들어가야 한다.

이 말을 『섭정법경』에서도 다음과 같이 설했다.

> 진실을 있는 그대로 보는 보살은 중생들에 대해 큰 연민심을 일으킨다. 그는 또한 이와 같이 생각한다. '나는 모든 법을 있는 그대로 보는 이러한 삼매의 문을 모든 중생들을 위해 성취하리라'라고 사유하고, 그는 큰 연민심으로 동기유발되어 수승한 계학과 수승한 심학과 수승한 혜학*36을 완벽하게 갖춘 다음, 위없는 바르고 원만한 보리(무상정등각)를 분명하고 완벽하게 깨달을 것이다.

보살의 수행도: 방편과 지혜

방편과 지혜를 결합하여 수행하는 바로 이것이 보살의 길이며, 이와 같이 승의를 볼지라도 세속을 부정하지 않는다. 세속을 부정하지 않음으로써, 대연민심이 선행되어 전도됨이 없는 중생들을 위한 이타행 등을 실천하는 것이다.

이 뜻을 『보운경』에서도 설했다.

어떻게 보살은 대승에 통달하는가? 보살은 모든 학처를 배워 익힐지라도 그 학처 또한 인식하지 않으며, 학처의 길에 대해서도 인식(소연所緣)하지 않으며, 무엇을 배워 익히든 그것 또한 인식하지 않는다. 그렇지만 그러한 원인과 조건과 토대에 의해서 단견에 떨어지지 않는다.

『섭정법경』에서도 다음과 같이 자세히 설했다.

"보살들의 수행은 무엇인가?" 묻는다면, "세존이시여! 보살들이 몸으로 하는 어떤 행위든, 말로 하는 어떤 행위든, 마음으로 하는 어떤 행위든 그 모든 것들은 모든 중생들을 보살펴 행하는 것입니다. 큰 연민심이 선행하는 것입니다. 큰 연민심에 사로잡힌 것입니다.[92] 살아 있는 모든 존재들에게 치료약이 되고 [모든 존재들을 성숙하게 하며] 평안하게 하려는 수승한 마음(증상의요增上意樂)[93]에서 생겨난 것입니다. 그와 같이 치료약이 되고자

---

92 연민을 일으키려고 노력해서 생기는 단계를 이미 지나서 스스로도 어찌 할 수 없이 저절로 생겨나는 상황이다. 아띠샤 존자의 인과7법因果七法에 따라 보리심을 일으키는 수행을 제대로 하면, 노력 없이 저절로 보리심이 생겨나게 된다. 예컨대, 빼뛸 린뽀체는 숲속에 들어가 제자 룽똑땐빼니마에게, 인과 7법 중 제1법 '모든 중생들을 어머니로 인식하기' 제2법 '어머니의 은혜를 기억하기'를 설명해 주고 7일 동안 숲에 들어가 사유하고 수행하도록 하는 방식으로, 제7법까지 수행하여 마침내 자애와 연민을 본질로 하는 보리심이 노력 없이 저절로 생겨나게 되었다.(『Masters of meditation and miracles』, 223쪽 발췌요약)

93 수승한 마음(증상의요): 아띠샤의 인과7법 중에서, 제3법 "수많은 전생에 도움을 준 중생들을 해탈과 열반의 안락으로 올려 놓으리라" 생각하면서 어머니의 '은혜에 보답'하려는 마음을 수행한 다음, 제4법 "그들이 안락과 만난다면 얼마나 좋을까! 안락과 만나게 되기를!"이라고 생각하는 '자애심'을 수행하고, 그러한 자애

하는 마음을 지닌 보살들은, '살아 있는 모든 존재들을 위해 이로움을 성취하고 안락을 성취하는 어떤 수행이든 내가 성취하리라!'라고 생각합니다.

보살은 5온을 마치 환영과 같다고 상세히 분석하는 것(묘관찰妙觀察)[94]을 수행하지만 5온을 버리는 것 또한 추구하지 않으며, 18계를 마치 독사와 같다고 상세히 분석하는 것을 수행하지만 18계를 버리는 것 또한 바라지 않으며,[95] 12처를 마치 텅빈 마을과 같다고 상세히 분석하는 것을 수행하지만 12처를 버리려고도 하지 않습니다.

색色을 거품과 같다고 상세히 분석하는 것을 수행하지만 여래의 색신을 성취하는 것 또한 버리지 않으며, 수受를 마치 물거품과 같다고 상세히 분석하는 것을 수행하지만 여래의 선정과 삼매에 평등하게 머무는 안락을 성취하는 가행을 하지 않는 것도

심을 토대로, 제5법 "중생들이 그러한 고통들을 여읜다면 얼마나 좋을까! 그러한 고통을 여의게 되소서!"라고 생각하는 '연민심'을 수행한 끝에, 제6법 "오 이런! 나에게 사랑스럽고 어여쁜 이러한 중생들이 이처럼 안락이 전혀 없고 고통으로 괴로움을 당한다면, 이들을 어떻게든 안락과 만나게 하고 고통에서 벗어나게 하리라"고 생각하면서 그들을 자유롭게 하는 책임을 지겠다는 '수승한 마음(증상의요增上意樂)'을 수행한다. '수승한 마음'이란, '그들이 안락과 만난다면 얼마나 좋을까!'와 '고통이 없어진다면 얼마나 좋을까!'라고 생각하는 자애와 연민으로 만족하지 않고, '중생들에게 내가 이로움과 안락을 이루어주겠다!'는 이타적이고 고귀한 마음이다.(쫑카빠의 『람림중본』, vol.2, 206~209쪽 요약)

94 상세히 분석하는 것: 티벳어 쏘쏠똑빠སོ་སོར་རྟོག་པ།를 옮긴 것으로, '묘관찰妙觀察', '사찰伺察', '관觀'으로 한역된다. 예컨대 위빠사나의 3가지 종류, 즉 상(nimitta)에서 생겨난 위빠사나(有相毘缽舍那), 철저히 추구하는 것에서 생겨난 위빠사나(尋求毘缽舍那), 상세히 분석하는 것에서 생겨난 위빠사나(伺察毘缽舍那) 중에서 세 번째에 해당하며, 붓다의 5가지 본래지, 즉 법계체성지·대원경지·평등성지·묘관찰지·성소작지 중에서 묘관찰지에 해당한다.

아니며, 상想을 마치 아지랑이와 같다고 상세히 분석하는 것을 수행하지만 여래의 본래지를 성취하는 것을 수행하지 않는 것도 아닙니다. 제행諸行을 마치 파초와 같다고 상세히 분석하는 것을 수행하지만 붓다의 속성을 [얻기 위해서] 애써 행하는 것을 수행하지 않는 것도 아니며, 식識을 마치 환영과 같다고 상세히 분석하는 것을 수행하지만 본래지가 선행하는 몸과 말과 마음의 행위*37를 성취하는 것을 수행하지 않는 것도 아닙니다."

그처럼 이 경전과 다른 경전들에서 설명한 무한한 방편과 지혜의 성취방법을 확실히 이해해야 한다. 출세간의 반야지를 수행할 때에는 방편에 의지하지 않지만, 방편을 수습할 때는 보살은 마치 마술사처럼 전도되지 않기 때문에 출세간의 본래지에 대해 가행하며, 본래지를 가행한 후에 생기는, 사물의 궁극적 실상을 있는 그대로 깨닫는 '반야지'가 있다. 바로 그것이 방편과 지혜를 결합하여 수행하는 유일한 길이다.

『무진혜소설경』의 무진선정품無盡禪定品에서, 방편과 지혜를 결

95 우리들은 모든 중생들을 이롭게 하기 위해서 수승한 생각을 일으켜야 한다. 우리들은 모든 살아있는 존재들에게 도움을 주려고 해야 한다. 무슨 방법으로 우리는 그것을 이룰 수 있는가? 보살은 오온이 마치 환영과 같다는 것을 알아차려야 한다. 오온이 환영과 같음을 알면서도 우리는 그 환영과 같은 오온을 버려서는 안 된다. 왜 안 되는가? 법으로 그들의 마음을 다스려야 할, 수많은 중생들이 있기 때문이다. 18계는 독사와 같다. 우리는 그것들이 고통을 일으키는 뿌리와 같다는 것을 알아차려야 한다. 그와 같음에도 불구하고 우리는 그것들을 버려서는 안 된다. 법으로 그들의 마음을 다스려 주어야 할 중생들을 위해서이다.(탕구린뽀체 영문 주석서, 80쪽)

합하여 수행하는 길에 대해 설한 것[96]을 확실히 이해해야 한다.

96 『무진혜소설경』에서 인용하면 다음과 같다. “장로 사리자여! 이것을 보살의 ‘방편과 지혜로 확실하게 성취한 선정바라밀’이라고 한다. 보살의 방편은 무엇이고 지혜는 무엇인가? 보살은 등지等至에서 중생을 살펴보기 때문에 대연민의 소연경에 마음을 붙잡아 매는 것을, 보살의 방편이라고 한다. 적정하게 하고 지극히 적정하게 하여 선정을 행하는 것이 보살의 지혜다. 보살이 등지에서 붓다의 본래지에 의지하는 것이 보살의 방편이요, 어떤 법에도 머물지 않고 선정을 행하는 것이 보살의 지혜다. (중략) 보살이 등지에서 과거의 서원으로 중생이 완전히 성숙하도록 가피를 주는 것이 보살의 방편이요, 일체 중생에게 아我가 없다고 선정을 행하는 것이 보살의 지혜다. (중략) 그와 같은 것을 지닌 보살은 선정바라밀이 다함이 없는 것이다. 이러한 무진선정품을 설할 때 3만 2천 보살들이 일광삼매日光三昧를 성취했다.”(라싸본 티벳어 『무진혜소설경』, 175b6~176a2/176a7~176b1/177a2~177a4)

2

붓다의 길 12단계

이와 같은 순서로 보살이 방편과 지혜를 항상 소중히 하여 오랫동안 익숙해지도록 수습하는 경우, 12단계의 차별이 있다. 그 단계들은 점점 더 높은 공덕의 의지처이기 때문에, 지위(지地)로 확립하였으며, '확고한 믿음으로 수행하는 지위(승해행지)'에서 시작하여 '붓다의 지위(불지)'까지이다.

승해행지에서는 아직까지 인무아와 법무아의 진실을 직접 증득하지 못하지만, 확고한 믿음이 지극히 견고하므로 마라 등이 파괴할 수 없으며, 오로지 확고한 믿음의 힘으로 수습하는 그때, 확고한 믿음에 의지한다는 관점에서 '확고한 믿음으로 수행하는 지위'로 확립된다. 승해행지에 머무는 보살은 일반 범부일지라도 어리석은 자의 가난에서 완전히 벗어나 삼매와 다라니와 해탈과 신통 등의 헤아릴 수 없는 공덕을 갖게 된다고 『보운경』에서 설했다.

이것은 하·중·상·최상의 네 단계에 의해서 4종 순결택분順決擇分'[97]으로 확립되었다. 여기서 외부 대상이 파괴되어 약간의 밝은 지혜의 광명이 생겨나는 때가 순결택분의 '따뜻하게 되는 지위(난위暖位)'이다. 그것을 대승에서 '광명을 얻는 삼매(명득삼매明得三昧)'라고 한다. 그 지혜의 광명이 중간 정도로 밝게 되는 때를 순결택분의 '정상위(정위頂位)'라고 한다. 이것을 '광명이 증가하는 삼매(명증삼매明增三昧)'라고도 한다. 또한 그것이 매우 밝아져서, 외부의 대상이 현현하지 않고, 지혜의 광명이 생겨나는 때, 오로지 의식에 머물기 때문에, [이것을] 순결택분의 '견뎌냄(인위忍位)'[98]이라고 하고, '[궁극적 실상의] 한 부분에 들어간 삼매(입진

97 순결택분順決擇分(ངེས་པར་འབྱེད་པའི་ཆ་དང་མཐུན་པ།): 티벳어를 직역하면, '확실하게 차별된 것의 부분에 도움이 되는 것'이며, 그 의미는 '일반 범부와는 확실하게 구별된 성자의 길, 즉 견도, 수도, 무학도 중의 한 부분인 견도를 성취하는 데에 도움이 되는 것'이다.(『아비달마구사론』, 1045쪽 참조)

98 '준비의 길(가행도)'은 4가지 모습을 갖는다. 일반적으로 외적인 현상과 내적인 식에 대해 말한다. 외적인 현상에 대해 공성으로 이해하기 시작할 때 우리는 가행도의 처음인 '따뜻해지는 단계'에 도달한다. 이것은 수승한 사람의 지혜는 불과 유사한 것으로, 불과 같은 지혜가 조만간 일어나리라는 표시이기 때문에, 그것을 '따뜻한 것'이라고 말한다. 그러한 길의 증대에 의지하여 가행도의 '정상'이라고 하는 단계에 도달한다. 이러한 선정삼매에 대한 모습은 자량도의 그것보다 선명함에서 압도한다. 그것은 외적인 사물을 공성으로 알아차리는 데 있어서 봉우리와 유사하므로, '정상頂上'이라고 한다. 이 다음에는 '견뎌냄'이라고 하는 가행도의 3번째 단계가 뒤따른다. 여기서 우리는 모든 외적인 사물의 현현이 공성임을 이해하게 될 뿐만 아니라, 내적인 식 또한 공성임을 이해하기 시작한다. 우리는 그러한 공성에 대한 깨달음을 견뎌낼 수 있기 때문에, 이것을 '견뎌냄'이라고 한다.(탕구린뽀체의 영문주석서, 82쪽)

실일분삼매入眞實一分三昧)'라고도 한다. 왜냐하면 인식하는 대상의 모습, 즉 소취의 상을 인식하지 않고 머물기 때문이다. 그리하여 인식하는 주체의 모습(능취의 상)과 무이지無二智 또한 파괴되는 때를 순결택분의 '최상의 법(세간제일법위)'이라고 하며, '즉각적인 삼매(장애가 없는 삼매, 즉 무간삼매)'라고도 한다. 왜냐하면 바로 그 순간에 궁극적 실상에 들어가기 때문이다. 여기까지 승해행지이다.

다른 지위들을 요약하면 열한 가지 요소(지분)를 온전히 갖춤으로써 확립된다. 그중에서 보살 초지는 처음으로 인무아와 법무아의 궁극적 실상을 증득하는 요소를 완전히 갖춤으로써 확립된다.

이와 같이 세간제일법의 마지막 순간에, 모든 법이 무자성임을 증득하고, 일체 희론에서 벗어난 출세간의 극히 밝은 본래지가 처음으로 생겨나는 때, 보살은 '결함 없는 진실한 상태'[99]에 들어감으로써 견도가 생기기 때문에 보살 초지에 들어가는 것

99 결함없는 진실한 상태: 티벳어ཡང་དག་པ་ཉིད་སྐྱོན་མེད་པ།(산/samyaktva-niyama: 영/faultless reality)를 번역한 것으로 '결함 없는 진실성'으로도 번역된다. 『해심밀경』 분별유가품에서 '결함 없는 진실성'을 현장은 '정성이생正性離生'으로 한역했다. 또한 정성이생에 대해 원측소에서, "정성이생에서 '정성'은 곧 무루의 성도를 말하고 '이생'은 견도에서 단멸되는 분별번뇌이다. 능히 6가지 윤회세계와 4생 등의 무리에 태어나게 하는 것이 마치 날것(생生)을 먹으면 여러 가지 병을 일으킴과 같으며, 비유로 이름을 건립하여 생生이라고 이름한다. 견도가 생길 때, 그 생生과 같은 분별번뇌를 여의기 때문에 이생離生이라고 이름한다"라고 설명하고 있다.(라모뜨 교정본 티벳어 『해심밀경: SNS』, 115쪽 분별유가품 3-36-8/ 『원측소에 따른 해심밀경』, 453쪽)

이다. 궁극적 실상을 확실히 이해하지 못한 사람이 여기서 처음으로 확실히 이해하기 때문에 보살의 환희지이다. 그러므로 그 경지를 '지극한 기쁨(환희)'이라 한다. 그 경지에서 '봄으로써 제거해야 할 대상(견소단)'인 112가지 번뇌[100]를 제거한다.

나머지 지위들은 수도를 본성으로 하는 것이며, 그 지위들에서 '수습함으로써 제거해야 할 대상(수소단)'인 삼계의 16가지 번뇌를 제거한다.[101]

그 경지에서 보살은 법계가 어디에나 존재하는 것(편만한 법계)을 알아차림으로써 자신의 이로움과 똑같이 다른 사람의 이로움을 행하기 위해서 보시바라밀에 가장 중점을 둔다. 보살이 궁극적 실상을 확실히 이해했을지라도, 계를 범하는 미세한 잘못들을 [항상 알아차리는] 정지正知에 머물 수 없는 한, 초지이다.

어느 때든 능력이 되는 때 그 요소를 온전히 갖춤으로써 제2지로 확립된다. 이 경지에서는 계를 범하는 미세한 잘못을 전혀 행하지 않음으로써 지계바라밀에 가장 중점을 둔다. 계율을 범

---

100 견소단 112가지 번뇌

	욕계 번뇌	색계 번뇌	무색계 번뇌	합계
견고소단	탐착, 분노, 무명, 아만, 의심, 유신견, 변집견, 계금취견, 사견, 견취견	분노 제외한 9가지	분노 제외한 9가지	28
견집소단	위와 동일	위와 동일	위와 동일	28
견멸소단	위와 동일	위와 동일	위와 동일	28
견도소단	위와 동일	위와 동일	위와 동일	28
견소단	40가지 번뇌	36가지 번뇌	36가지 번뇌	112

하는 모든 오염에서 벗어났기 때문에 그 경지를 '오염이 없는 경지(무구지)'라고 한다. 범계의 미세한 잘못들에 대해서 항상 알아차리는 정지正知로 머물지라도 세간의 모든 삼매에 평등하게 머물 수 없는 한, 그리고 모든 들은 것(청문한 것)의 의미를 항상 마음속에 품을 수 없는 한, 제2지이다.

어느 때든 능력이 될 때 그 요소를 온전히 갖춤으로써 제3지로 확정된다. 그 경지에서 보살은 듣고 공부한 것을 마음속에 지니기 위해서, 그리고 세간의 모든 삼매를 확실히 성취하기 위해서 모든 고통을 견디기 때문에 인욕바라밀에 가장 중점을 둔다. 그러한 삼매들을 얻음으로써, 그 경지는 세간을 벗어난 무량한 본래지의 광명을 일으키므로, '빛을 만드는 경지(발광지)'라고 한다. 그는 모든 세간의 삼매를 얻을지라도, 그와 같이 얻은 '깨달음을 향한 법(보리분법)'[102]들에 의해서 수차례 거듭해서 머물 수 없는 한, 그리고 법과 등지等至의 마음이 평등사를 행할 수 없는 한, 제3지이다.

---

101 수소단 16가지 번뇌

	욕계 번뇌	색계 번뇌	무색계 번뇌	합계
수소단	탐착, 분노, 무명, 아만, 의심 유신견	분노 제외한 5가지	분노 제외한 5가지	16

102 보리분법: 성문과 연각과 무상보리의 3가지를 성취하게 하는 방편이 되거나 도움이 되는 법.(『장한불학사전』, 1137쪽) 자량도에 4념주, 4정근, 4여의족이 속하고, 가행도 난위와 정위에 5근(믿음·정진·억념·선정·지혜)이, 가행도 인위와 세제일법에 5력이 속하며, 견도에 7각지(억념·택법·정진·기쁨·경안·선정·평사), 수도에 8정도가 속한다.[상세한 내용은 『중변분변론소』(원효 저, 박인성 역, 134~147쪽) 참조할 것]

어느 때든 능력이 될 때 그 요소를 온전히 갖춤으로써, 제4지로 확정된다. 그 경지에서 보살은 끊임 없이 말과 마음의 언설[103]에서 완전히 초월했으므로 '깨달음을 향한 법'들에 의해 머물기 때문에 정진바라밀에 가장 중점을 둔다. 이 경지는 모든 번뇌의 장작을 태워버릴 수 있는 보리분법의 불빛이 크게 발산되기 때문에 '불빛을 발산하는 경지(염혜지)'라고 한다. 보살은 보리분법에 의해 끊임없이 머무는 것이다. 그렇지만 사성제를 수습할 때 윤회로 향하지 않으며, 열반으로 향하는 것에서 마음을 되돌려, 방편으로 감싸인 보리분법을 수습할 수 없는 한, 제4지이다.

어느 때든 능력이 되는 그때, 그 요소를 완전히 갖춤으로써 제5지로 확립된다. 그 경지에서는 방편으로 감싸인 보리분법의 수행을 완성하는 것을 지극히 닦기가 어렵기 때문에, '지극히 닦기 어려운 경지(난승지)'[104]라고 한다. 그 경지에서는 진리의 모습(4성제의 16행상)을 여러 번 반복하여 수습하기 때문에 선정바라밀에 가장 중점을 둔다. 그는 또한 방편으로 감싸인 보리분법에

103 마음의 언설(ཡིད་ཀྱི་བརྗོད་པ།): 이에 대해 『람림광본』을 인용하면, "『반야바라밀다교수론』에서도 '다양한 것이 현현하는 마음 그 자체를 소연하여 마음의 언설을 버리고 사마타를 수행해야 한다'라고 설했으며, 마음의 언설이란 '이것은 이것이다'라고 분별하는 것이다"라고 했다.(『람림광본』, vol.1, 542쪽) '말과 마음의 언설'을 객각의 범한역에서는 '어의분별語意分別'로 옮겼다.(객각의 『수습차제론연구』, 283쪽)

104 난승지: 이 경지에 머무는 보살들은 유정들을 성숙시킬 때, 다른 사람들의 배은망덕(ལོག་སྒྲུབ།: 전도사행顚倒邪行)에도 번뇌에 휩싸이지 않으므로, 훈련시키기 어려운 두 가지 즉, 유정들의 세계와 자신의 마음에 통달해 있기 때문에, 제5지를 '훈련시키기 어려운 것(난승)'이라고 한다.(『장한불학사전』, 1209쪽)

의해 여러 번 반복하여 머무는 것이다. 그렇지만 윤회에 들어가는 것을 상세히 관찰하여, 염리심을 지님으로써, 마음의 흐름이 '상을 갖지 않고 머무는 것[105](무상주無相住)'에 평등하게 머물 수 없는 한, 제5지이다.

어느 때든 능력이 되는 그때, 그 요소를 완전히 갖춤으로써 제6지로 확립된다. 그 경지에서 보살은 '의존하고 관련하여 생겨남(연기緣起)'을 수습하여 머물기 때문에, 지혜바라밀에 가장 중점을 둔다. 따라서 지혜바라밀이 가장 강력하므로 그 경지에 대해 붓다의 모든 법을 직접 대면(현전現前)하는 것, 즉 '현전지'[106]라고 말한다. 그는 또한 무상주를 성취한다. 그렇지만 중단 없이 무상주에 평등하게 머물 수 없는 한, 제6지이다.

어느 때든 능력이 되는 그때, 그 요소를 완전히 갖춤으로써 제7지로 확립된다. 그 경지에서 보살은 모든 상相이 무상無相임

---

105 상을 갖지 않음: 무상無相으로 한역된다. '희론戱論이 없는 것'을 의미하며, 상相(티: མཚན་མ། / 산: nimitta)은 '심적 이미지' 혹은 '관념적인 상'으로, 인식 대상이 마음에 현현된 이미지다. 변계의 행상을 여읜 것, 즉 무희론의 법계 바로 그것은, 모든 상相을 수반하는 것과 분별을 수반하는 모든 식의 대상이 아니라, 바로 무분별지의 대상이다. 그 때문에 일체법은 無相이라고 한다(세친의 『윱숨뇌좀』, 012b). 『해심밀경』에서는 제거하기 어려운 10가지 상相에 대한 대치법으로 16공성을 설하고 있으며(라모뜨 교정본 『해심밀경: SNS』 분별유가품 8-29, 107~109쪽), 『십지경론』에서는, 12처(즉 일체법)에 대한 10가지 상相에 대한 대치법으로 10가지 일체법 평등성을 설명하고 있다.(세친의 『십지경론』, 196b-1b7)

106 현전지: 6지에 머무는 보살은 12연기를 순차로 수습하여 윤회로부터 벗어남이 분명해지고(현전), 12연기를 역순으로 수습하여 열반으로 분명하게 향하는 것(현전)으로, 분명해지는 것(현전)이므로, 그와 같이 말한다.(『장한불학사전』, 381쪽)

을 확실히 이해하면서도 상으로 만들어진 세간의 명칭과 말들 또한 부정하지 않는다. 따라서 그 경지에서는 방편바라밀에 가장 중점을 둔다. 이 경지는 저절로 성취하는 길과 결합되어 있으므로, [초지에서] 아주 멀리 갔기 때문에 '멀리 간 경지(원행지)'라고 한다. 그는 또한 중단 없이 무상(무간무상無間無相)에 머문다. 그렇지만 그 보살이 저절로 들어가는 무상주에 평등하게 머물 수 없는 한, 제7지이다.

어느 때든 능력이 되는 그때 그 요소를 완전히 갖춤으로써, 제8지로 확립된다. 그 경지에서는 저절로 선한 쪽으로 가행하므로 서원바라밀에 가장 중점을 둔다. 무상無相에 즐거운 노력을 기울여, 흔들림이 없으므로 그것을 '동요 없는 경지(부동지)'라고 한다. 그는 저절로 무상無相에 머무는 것이다. 그렇지만 [모든 법의] 차별과 확실한 의미 등을 상세히 구분하여, 어떤 상황에서도 법을 보여주는 것에 자유자재하지 못하는 한, 제8지이다.

어느 때든 능력에 되는 그때, 그 요소를 완전히 갖춤으로써 제9지로 확립된다. 그 경지에서 보살은 수승한 '하나하나 올바로 알아차림(무애지無碍智)'[107]을 성취하여 수승한 반야지의 힘을 갖추기 때문에, 힘바라밀에 가장 중점을 둔다. 어떤 상황에서도

107 4무애지: 4무애해. 보살이 온갖 법의 다양한 상에 대해 틀림없이 인식하는 4가지 알아차림. 법에 대한 무애해, 의미에 대한 무애해, 확정적인 언어에 대한 무애해, 담대한 말솜씨(변재)에 대한 무애해.

법을 보여주는 데 능통하기 때문에, 결함 없는 수승한 지혜를 얻었으므로 '훌륭한 지혜의 경지(선혜지)'라고 한다. 그는 또한 4무애지를 성취한다. 그렇지만 붓다의 정토와 제자들과 화현 등을 보여주고 법을 완벽하게 향수하고 중생들을 완전히 성숙시킬 수 없는 한, 제9지이다.

어느 때든 능력이 되는 그때, 그 요소를 완전히 갖춤으로써 제10지로 확립된다. 그 경지에서 화현(신통변화) 등으로 중생들을 완전히 성숙시키는 데 특별한 능통함을 가지고 있으므로, 그 보살은 본래지바라밀에 가장 중점을 둔다. 그는 법을 설하는 구름으로 한없는 세상에 법의 비를 내리게 하므로 '법의 구름의 경지(법운지)'라고 한다. 이외에도 온의 청정 등을 확립함으로써[108] 보살의 경지를 확립하는 것이 있지만, 글이 너무 많아질 것을 우려해서 적지 않았다. 그가 화현 등의 자재함을 성취할지라도, 모든 알아야 할 대상(일체소지一切所知)에 대해 어떤 상황에서도 집착이 없고 걸림이 없는 본래지를 일으킬 수 없는 한, 제10지이다.

108 4온의 청정 등으로 10지를 확립하는 것은 『대승장엄경론석』에서 다음과 같이 설했다. "무루온이 10지에 어떻게 확립되는가? 초지에서 법성을 확실히 증득하여, 2지에서 지계의 온을 닦는다. 초지에서도 법계를 증득하는 경우 지계의 온을 성취하는것이 있지만, 완전히 청정한 것이 아니다. 2지에서 그것이 완전히 청정하게 된다. 3지에서 삼매의 온이 청정해진다. 4지에서 보리분법을 수습함으로써 지혜의 온이 청정해진다. 5지에서 4성제를 수습함으로써 지혜의 온이 청정해진다. 6지에서 12연기의 유전문과 환멸문을 수습함으로써 지혜의 온이 청정해진다. 7지에서 시작하여 여래지에 이르기까지는 해탈온과 해탈지견온이 청정해진다."(데게본 『대승장엄경론석』, 무성석: D4029, 166b5~167a1)

어느 때든 능력이 되는 그때, 그 요소를 완전히 갖춤으로써 붓다의 경지(불지佛地)로 확립된다. 이처럼 경지를 확립한 것은 『해심밀경』에서 설하였다.

이 붓다의 경지는 모든 측면의 완벽함이 모두 맨 마지막에 도달한 것이기 때문에, 이보다 위에는 다른 모습이 없으므로 그 이상은 확립된 경지가 없다. 이 불지의 공덕 부분을 상세하게 구분하는 것은 한이 없으므로 모든 측면을 설명하는 것은 붓다들조차도 하지 못한다. 그렇다면 나와 같은 사람은 말해 무엇하겠는가?

이에 대해 『화엄경』에서 다음과 같이 설한 것과 같다.

> 아무리 자세히 살펴볼지라도
> [붓다의] 저절로 생기는 공덕[109] 중 일부분조차도
> 그 끝을 알 수 없으니,
> 모든 붓다와 법들은 불가사의하다.

요약하여 단지 이 정도로 말할 수 있으니, 수승한 자리이타행이 궁극에 도달하고 모든 악행을 남김없이 소멸하는 궁극을 성취하여, 붓다 세존들께서는, 법신에 머물면서 보신과 화신으

---

109 저절로 생기는 공덕: 티벳어 རང་བྱུང་གི་ཡོན་ཏན་을 옮긴 것으로, 성불을 이룬 후에는 노력에 의존하지 않기 때문에 '자생공덕'이라고 한다. 붓다의 지혜를 일체지 혹은 རང་བྱུང་ཡེ་ཤེས་(자생지自生智)라고 하는 것과 같다.

로 모든 중생들의 이로움을 저절로 성취하는 방식으로 행하면서, 윤회계가 존재하는 한 머물러 계신다.

그러므로 분별을 가진 자들은 모든 공덕의 원천인 세존들에 대한 믿음을 일으켜, 그분들의 공덕을 완전히 성취하기 위해 모든 방식으로 최상의 노력을 기울여야 한다. 삼신三身 등에 대한 상세한 구분은 글이 많아질 것을 우려해서 적지 않았다.[110]

경전의 방식 체계와 일치하는
보살의 길을 바르게 설명하여,
내가 얻는 적지 않은 복덕으로,
아는 것이 많지 않은 중생들이
최상의 각혜覺慧를 속히 얻기를!

국왕[111]께서 말씀하셔서 까말라실라가 이 요약된 수행의 단계를 저술했다. 『수행의 단계 상편』을 마친다. 인도의 친교사 쁘라즈냐와르마와 책임 편집자이자 역경사인 비구 예쉐데 등이 번역하고 교정하여 확정했다.

110 붓다의 삼신 등에 대해서는 부록에 실었다.
111 국왕: 티송데짼 법왕을 뜻한다.

■상편 후주

*1. 원문의 ཟད་དོ།(끝나다, 고갈되다) 대신에 라싸본 티벳어 『무진혜소설경』(204a3)의 해당부분 བཙུན་པ་ཤཱ་རདྭ་ཏིའི་བུ། གཞན་ཡང་། བྱང་ཆུབ་སེམས་དཔའ་རྣམས་ཀྱི་སྙིང་རྗེ་ཆེན་པོའང་མི་ཟད་པ་སྟེ། དེ་ཅིའི་ཕྱིར་ཞེ་ན། སྔོན་དུ་འགྲོ་བའི་ཕྱིར་རོ།།(장로 사리자여! 게다가 보살들의 연민심 또한 다함이 없습니다. 그것은 무엇 때문인가? 선행하는 것이기 때문입니다)에 따라, མི་ཟད་པ་སྟེ།(끝나지 않다, 고갈되지 않다)로 수정하여 번역하였다. 이는 수습차제 범어본(Bhk 166)에서 mahākaruṇāpyakṣayā로 확인되며, 북경본과 나르탕본에도 མི་ཟད་(소진되지 않다)로 확인된다.

*2. 마음을 집중함: 티벳어 ཡིད་ལ་བྱེད་པ་를 옮긴 것으로 작의作意로 한역된다. "작의란 무엇인가? 마음의 행함이다. 인식대상에 마음을 집중하는 작용을 갖는다."(『아비달마집론』, 48b1)

*3. 본문의 티벳어 དེ་བཞིན་དུ་དགོན་པ་ན་འཁོད་པ་ཡང་ཉེས་པ་མེད་པར་ཁ་ཅིག་ཕྱིད་དུ་ཚོལ་ཞིང་གསོད་དོ།(그와 마찬가지로, 숲에 사는 것들은 또한 잘못 없이 어떤 것들은 절반으로 찾아서 죽인다) 대신에, 수습차제 범어본(Bhk167)의 tathāraṇye 'pi nivasanto 'naparādhāḥ kecit kvacit [artha]to 'nviṣya hanyante에 따라 "숲에 사는 동물들 또한 아무런 잘못도 없이 몇몇은 이익 때문에 쫓기고 죽임을 당한다"로 옮겼다. "숲에 사는 동물들은 아무런 잘못이 없는데 어떤 사람들은 일부러 찾아내 죽인다"로도 번역된다. 따라서 티벳어 ཕྱིད་དུ་ཚོལ་ 대신에 ཆེད་དུ་འཚོལ་(to seek eagerly)로 수정하면 문맥에 어울릴 것이다.

*4. 두번째와 세번째 게송을 라싸본 티벳어 『용시청문경』(352b3-352b5)에서 옮기면 다음과 같다.

གངྒཱའི་བྱེ་མ་གྲངས་སྙེད་ཀྱི།།སངས་རྒྱས་ཞིང་རྣམས་མི་གང་གིས།།
རིན་ཆེན་དག་གིས་རབ་བཀང་སྟེ།།འཇིག་རྟེན་མགོན་ལ་ཕུལ་བ་བས།།
གང་གིས་ཐལ་མོ་སྦྱར་བགྱིས་ཏེ།།བྱང་ཆུབ་ཏུ་ནི་སེམས་བཏུད་ན།།
མཆོད་པ་འདི་ནི་ཁྱད་པར་འཕགས།།དེ་ལ་མཐའ་ནི་མ་མཆིས་སོ།།

*5. 관상하고: 티벳어 མངོན་དུ་བྱས་ལ་를 옮긴 것으로, '현전現前시킨 다음'으로 직역된다.

*6. 실행: 티벳어 སྤྱད་པ་를 옮긴 것으로, ལོག་པར་སྤྱད་པ།(옳지 않은 실행: 사행)이 '대승을 성취하는 보살의 방법이 아닌 것'을 의미하는 데 반해, 이에 대비되는 용어로 སྤྱད་པ།를 사용한 것으로 보인다. 따라서 ཡང་དག་པར་སྤྱད་པ།(올바른 실행:

정행)와 같은 의미로 본 것이다. 정행은 '대승을 성취하는 보살의 방법'을 뜻한다.(Illuminator Dictionary)

*7. 티벳어 닥དག(~들) 대신 북경본과 나르탕본에는 당དང་(~과)으로 되어 있어 이에 따라 '~과'로 옮겼다.

*8. 철저히 분석하는 것: 티벳어 ཡོངས་སུ་སྦྱོང་བ་(완전히 정화하는 것) 대신에 북경본과 나르탕본에는 ཡོངས་སུ་སྤྱོད་པ་(철저히 행하는 것)로 표기되어 있으나, 라싸본 『가야산정경』(468a3)에 따라 ཡོངས་སུ་གཅོད་པ་(산/pariccheda)로 수정하여 옮겼다.

*9. 붓다의 수승한 법: 한역본 『십지경』에서는 '18가지 붓다의 고유한 성품(18不共佛法)'으로 옮겼으나, 수습차제 범어본(Bhk.173)의 붓다의 수승한 법(buddhadharmasamṛddi)과 ACIP의 라싸본 티벳어 『대방광불화엄경』 42권 십지품(173a6)과, ACIP의 데게본 티벳어 『십지경론』(세친 저, 221a4)에 따라 '붓다의 수승한 법'으로 옮겼다.

*10. '이것은 다음과 같다. 즉': 티벳어 འདི་ལྟར་는, 주로 ①'이와 같이' 혹은 문맥에 따라 ②'왜냐하면'으로 옮겨진다. 그러나 때로는 티벳어 འདི་ལྟ་སྟེ་(It is like this)와 같은 의미로 사용되어, ③'그것은 이와 같다. 즉'으로 옮겨진다. 이 2가지 표현의 호환성은 다음의 사례에서 확인된다. 『이만오천송반야경』에서 인용하면, རབ་འབྱོར།གཞན་ཡང་བྱང་ཆུབ་སེམས་དཔའ་སེམས་དཔའ་ཆེན་པོའི་ཐེག་པ་ཆེན་པོ་ནི།འདི་ལྟར་གཟུངས་ཀྱི་སྒོ་རྣམས་ཏེ།དེ་འང་ཡི་གེ་མཉམ་པ་ཉིད་དང་།བརྗོད་པ་མཉམ་པ་ཉིད་དང་།ཡི་གེའི་སྒོ་དང་།ཡི་གེ་ལ་འཇུག་པ་སྟེ།དེ་ལ་ཡི་གེའི་སྒོ་དང་།ཡི་གེ་ལ་འཇུག་པ་གང་ཞེ་ན། (수보리여! 게다가 보살마하살의 대승은 이와 같이 다라니의 문들이다. 그것은 또한 글자의 평등성과, 언설의 평등성과, 글자의 문과, 글자에 들어가는 것이다. 여기서 글자의 문과 글자에 들어가는 것은 무엇인가?)(H0010. 344b4) 이에 해당하는 부분을 사자현(Haribhadra) 논사의 주석서 『ཤེས་རབ་ཀྱི་ཕ་རོལ་ཏུ་ཕྱིན་པ་སྟོང་ཕྲག་ཉི་ཤུ་ལྔ་པ།: 이만오천송반야바라밀』에서 인용하면, རབ་འབྱོར་གཞན་ཡང་བྱང་ཆུབ་སེམས་དཔའ་སེམས་དཔའ་ཆེན་པོའི་ཐེག་པ་ཆེན་པོ་ནི་འདི་ལྟ་སྟེ།གཟུངས་ཀྱི་སྒོ་རྣམས་ཏེ།དེ་ཡང་ཡི་གེའི་ཚུལ་མཉམ་པ་ཉིད་དང་།ཡི་གེའི་སྒོ་དང་།ཡི་གེས་རབ་ཏུ་འཇུག་པའོ།།དེ་ཡང་ཡི་གེའི་ཚུལ་མཉམ་པ་ཉིད་དང་།ཡི་གེའི་སྒོ་དང་།ཡི་གེས་འཇུག་པ་གང་ཞེ་ན།(수보리여! 게다가 보살마하살의 대승은 이와 같다. 즉 다라니의 문들이다. 그것은 또한 글자의 이치의 평등성과 글자의 문과 글자에 들어가는 것이다. 글자의 이치의 평등성과 글자의 문과 글자에 들어가는 것은 무엇인가?)(D3790. 235a3). 이에 해당하는 부분을 세친 논사의 주석서 『윰숨뇌좀』에서 인용하면, དེ་ལ་གཟུངས་ཀྱི་སྒོ་དག་གང་ཞེ་ན།འདི་ལྟ་སྟེ།ཡི་གེའི་ཚུལ་མཉམ་པ་ཉིད་དང་།ཡི་གེའི་སྒོ་དང་།ཡི་གེ་ལ་འཇུག་པ་ཞེས་བྱ་བ་སྟེ། (여기서 다라니의 문들은 무엇인가? 그것은 다음과 같다. 즉 '글자의

이치의 평등성과, 글자의 문과, 글자에 들어가는 것'이라고 말한다.) (D3808.146b5)

*11. 범어본의 abhinirhāramutpādaya(Bhk.173)에 따라 티벳어 ཧེ་ལྷ་བ་བཞིན་བགྲང་བར་གྱིས་ཤིག་(헤아리소서) 다음에 མངོན་པར་སྒྲུབ་པ་སྐྱེད་ཅིག།(확실한 성취를 일으켜라)를 추가하여 옮겼다.

*12. 티벳어 ལམ་(수행도) 대신에 범어본(Bhk.174)과 라싸본 티벳어 『대방광불화엄경』 42권 「십지품」 (174a5), 데게본 티벳어 『십지경론』(세친 저, 222a6)에 따라 ལས་(karma: 행위)로 수정하여 '행'으로 옮겼다.

*13. 『섭연경』: 원문의 티벳어 경전명 འཕགས་པ་ཆོས་ཐམས་ཅད་ཤིན་ཏུ་རྒྱས་པར་བསྡུས་པ་(방광섭제법경放廣攝諸法經)은 TBRC(Tibetan Buddhist Resource Center; www.tbrc.org)나 AIBS에서 검색되지 않으며, ACIP의 འཕགས་པ་རྣམ་པར་འཐག་པ་ཐམས་ཅད་བསྡུས་པ་ཞེས་བྱ་བ་ཐེག་པ་ཆེན་པོའི་མདོ།[bka' 'gyur H0228(mdo sde. tsa008)]에서 두 인용문을 찾을 수 있다. "문수보살이여!……" 부분은 301b3~301b5에서, "미륵이여!……" 부분은 296b1~296b7에서 찾을 수 있다.

*14. 의지하는 것: 티벳어 བརྟན་པ་(견고한 것) 대신에 북경본과 나르탕본에 따라 བསྟེན་པ་로 수정하여 옮겼다.

*15. 진실한 의미: 티벳어 ཡང་དག་པའི་དོན།(산/bhutartha)를 옮긴 것으로, 티벳어 དམ་པའི་དོན།(승의)와 동의어이다. '진실의眞實義'로 한역되며 "궁극적 실상(reality)"을 뜻한다.

*16. 티벳어 마쨀왜མ་བསྙལ་བས་(허락하지 못하기 때문에) 대신 문맥에 따라 북경본과 나르탕본의 마샐왜མ་བསལ་བས་로 수정하여 '제거하지 못하기 때문에'로 옮겼다.

*17. 청정한 지혜: 티벳어 ཡང་དག་པའི་ཤེས་པ།의 번역으로, '바른 지혜(正智)' 혹은 '실상에 대한 인식(consciousness of reality)'을 뜻한다.

*18. 티벳어 원문에 따른 경전 『섭정법경』(འཕགས་པ་སངས་རྒྱས་ཀྱི་ཆོས་ཡང་དག་པར་སྡུད་པ་)에서 위 인용문을 찾을 수 없으며, 『제불요집경諸佛要集經』(འཕགས་པ་སངས་རྒྱས་བགྲོ་བ།: 산/Buddha Sangiti Sutra; 영/Song of the Buddha Sutra)에서 위 인용문이 확인된다. 티벳어 『제불요집경』(358b5~358b6)에서 인용하면 다음과 같다. "또한 '언제부터 그대는 보리심을 일으켰는가?'라고 그와 같이 말하는 이러한 질문은, '이치에 맞는 것이 아니다. 그것은 무엇 때문인가? 생겨나지 않은 것은 생겨나게 할 수 없으며, 소멸하게 할 수도 없으며 경칭할 수도 없다. 무아의 법은 생겨나게 하거나 소멸하게 할 수 없다.' 질문하기를, '그러한 이치는 무엇인가?' 답하기를, '생겨나지 않은 것이 이치다. 그와 같이 이것을 묻는 것이 이치에 맞게 묻는 것이다.'"(ཡང་ཇི་སྲིད་ནས་ཁྱོད་ཀྱིས་བྱང་ཆུབ་ཏུ་སེམས་བསྐྱེད་ཅེས་དེ་སྐད་སྨྲས་པའི་འདྲི་བ་འདི་ནི།ཚུལ་བཞིན་མ་ཡིན་ནོ།།དེ་

ཅིའི་ཕྱིར་ཞེ་ན། མི་སྐྱེ་བ་ནི། བསྐྱེད་པར་མི་ནུས། དགག་པར་མི་ནུས། གདགས་པར་མི་ནུས། གང་གདག་ཏུ་མེད་པའི་ཆོས་དེ་ནི། སྐྱེད་པའམ། དགག་པར་མི་ནུས་སོ། །སྨྲས་པ། ཚུལ་དེ་ནི་; གང་ །སྨྲས་པ། མི་སྐྱེ་བ་ནི། ཚུལ་ཏེ། དེ་འདྲ་བར་འདི་འདྲ་བ་ནི། ཚུལ་བཞིན་དུ་འདྲི་བའོ། །)

*19. 이 번역은 티벳어만으로는 의미가 불분명하여, 안성두 교수의 도움을 받아 범어본을 참조하여 옮긴 것이다. 티벳어 བདག་ཉིད་ཀྱང་མི་སྐྱེ་སྟེ་རྒྱུ་མེད་པ་ལས་བྱུང་བ་ཁོ་ནའོ། །ཕྱོགས་ཀྱི་ནང་དུ་ཕྱོགས་འདི་འདུས་པའི་ཕྱིར་ཏེ། བདག་ཉིད་ལ་བྱེད་པ་འགལ་བའི་ཕྱིར་རོ། །(자체적으로 생겨나지 못하니 단지 원인이 없는 것에서 생긴 것뿐이다. 부분 속에 이 부분이 포함되므로, 자체에서 행하는 것은 모순되기 때문이다)는 의미가 분명하지 않다. 범어본(Bhk 179)에서 옮기면, svato 'pi notpadyante, nirhetukapakṣeṇaivāsya pakṣasya saṅgṛhītatvāt svātmani ca kāritravirodhāt(자체로부터도 발생하지 않는다. 원인을 갖지 않는 부분에 의해 이 부분에 포함되기 때문에, 그리고 자체에 대해 작용하는 것은 모순되기 때문이다./안성두 교수)

이 범어 문장에 대해 Martin T. Adams도 그의 논문에서, Nor do they arise from themselves, since this position is already covered by the position of (origination) without a cause, and because of the contradiction of activity in oneself.라고 번역했다.(〈Meditation and the Concept of Insight in Kamalasila's Bhavanakramas〉, 132쪽) 이와 같이 범어본을 참조하여 "자체로부터 생겨나지 못한다. 왜냐하면, 단지 원인이 없는 것에서 생긴다는 주장 속에 이러한 주장이 포함되기 때문이며, 자체 안에서 [결과가] 만들어지는 것은 모순되기 때문이다"로 옮겼다.

*20. 티벳어 རྡུལ་ཕྲ་མོ་རྣམས་ནི་བསགས་པའི་བདག་ཉིད་ཡིན་པས་ན་ 부분을 문맥에 맞게 북경본에 따라 རྣམས་ནི་를 삭제하고, 생략된 주어 '항아리 등 물질적인 사물은'을 추가하였다.

*21. 티벳어 སྔོན་པོ་ལ་སོགས་པའི་ངོ་བོར་(청색 등의 본질로) 다음에, 문맥상으로 티벳어 སྣང་བར་를 보충하여 སྔོན་པོ་ལ་སོགས་པའི་ངོ་བོར་སྣང་བར་(청색 등의 실체로 현현한 것으로)로 옮겼지만, 티벳어 སྣང་བར་를 보충하지 않고 '청색 등의 본질(즉 무자성임)을 인정해야 한다'로도 번역할 수 있다.

*22. 현현하지 못한다. 그렇다면,: 티벳어 སྣང་བར་བྱེད་ན་부분을 옮긴 것으로, 문맥에 따라 범어본의 svayaṃ ca na nirbhāsante rūpādayaḥ(Bhk 180)에 맞게, 부정어 མ་를 추가하여 སྣང་བར་མ་བྱས་ན་로 수정하여, '현현하지 못한다. 그렇다면,'으로 옮겼다.

*23. 이에 대해 『성문지』에서 "남두여! 만일 비구 요가행자가 요가를 행하는 데 단지 탐욕행만 있는 사람이라면, 아름답지 못한 소연에 마음을 집중(부정관)한다. 단지 분노행만 있는 사람이라면, 자애의 소연에 집중(자애관)한

다. 단지 어리석은 행만 있는 사람이라면, 바로 이러한 연을 가진 연기에 집중(연기관)한다. 단지 아만행만 있는 사람이라면, 계의 차별에 마음을 집중(계차별관)한다. 그처럼 그는 적절한 소연에 마음을 집중해야 한다. 남두여! 만일 비구 요가행자가 요가를 행하는 데 단지 분별행만 있는 사람이라면, 숨을 들이마시고 내쉬는 것을 기억하는 것에 마음을 집중(수식관)한다. 그처럼 적절한 소연에 마음을 집중하는 것이다"라고 설했다.(ACIP 라싸본 티벳어 『성문지』, 77a5~77a7)

*24. 무현(སྣང་བ་མེད་པ། 산/nirābhāsa): 첫 번째 무현은, 위 게송에 대해 이어지는 해설을 보면, གཟུང་བ་དང་འཛིན་པ་གཉིས་སུ་སྣང་བ་མེད་པ་གཉིས་མེད་པའི་ཤེས་པ།(능취와 소취의 둘로 현현함이 없는 무이지)의 줄임말로 해석된다.

*25. 범어본 『입능가경』[Saddharmalankavatarasutra(commonly: Lankavatarasutra).Based on the ed. by P.L. Vaidya, Darbhanga: The Mithila Institute, 1963]은 위 내용과 같다. 범어본 『수습차제초편』도 이와 거의 같다.

그러나 『입능가경』 중에 티벳어 라싸본[ACIP 『입능가경』(བཀའ་འགྱུར།མདོ་སྡེ།ཅ་002/H0110)]과 북경본(『입능가경』 목판본 뻬차 184a)과 데게본(BTRC)은 "보게 될 것이다"의 두 부분이 부정으로 표현되었다. 이 중에서 북경본 『입능가경』(184a)을 인용하면 다음과 같다.

སེམས་ཙམ་ལ་ནི་གནས་ནས་ནི།།ཕྱི་རོལ་དོན་ལ་མི་བརྟག་གོ།
ཡང་དག་དམིགས་ལ་གནས་ནས་ནི།།སེམས་ཙམ་ལས་ནི་འདའ་བར་བྱ།།
སེམས་ཙམ་ལས་ནི་འདས་ནས་ནི།།སྣང་བ་མེད་ལས་འདའ་བར་བྱ།།
རྣལ་འབྱོར་སྣང་བ་མེད་གནས་ན།།ཐེག་པ་ཆེན་པོ་མི་མཐོང་ངོ་།།
ལྷུན་གྱིས་གྲུབ་རྟོགས་ཞི་བ་སྟེ།།སྨོན་ལམ་དག་གིས་རྣམ་པར་སྦྱངས།།
བདག་མེད་ཡེ་ཤེས་མཆོག་ཡིན་ཏེ།།སྣང་པ་མེད་ཚེ་མི་མཐོང་ངོ་།།
오직 마음에 머물러야지 / 외부대상을 분별하지 말라.
진여의 소연경에 머물러서 / 유심에서도 벗어나야 한다.

유심에서 벗어난 다음에는 / 무현無現에서 벗어나야 한다.
요가행자가 무현에 머문다면, / 대승을 보지 못할 것이다.

저절로 성취하며 분별이 적정하여 / 서원에 의해 청정하게 하였으니,
그것이 무아이며 최상의 본래지다. / 무현의 경우 보지 못할 것이다.

즈냐냐바즈라(གཙང་པ་རྒྱ་རས་ཡེ་ཤེས་རྡོ་རྗེ།། : 1161-1211)의 『입능가경석』(toh.4019)에서 이 게송에 대한 주석을 인용하면 다음과 같다.

འདི་རྣམས་ཀྱི་དོན་ནི་ཐོད་དང་རྩེ་མོའི་གནས་སྐབས་ན་གཟུང་བ་རང་བཞིན་མེད་པའི་སེམས་

ཙམ་གྱི་རྟོག་པ་ལ་གནས་ནས། ཕྱིའི་དོན་ལ་མི་བརྟག་ཅིང་ཡང་རིམ་གྱིས་མཐོང་བའི་ལམ་གྱི་
གནས་སྐབས་ན།འཛིན་པའི་སེམས་ཀྱང་དོན་དམ་པར་ངོ་བོ་ཉིད་མེད་པ་
ཡང་དག་པའི་དམིགས་པ་ལ་གནས་ནས་འཛིན་པའི་སེམས་སུ་མངོན་པར་ཞེན་པ་ལས་འདའ་
བར་བྱ་བའོ།།
སེམས་ཙམ་ལས་འདས་ནས་མཐོང་བའི་ལམ་ལ་སོགས་པའི་མཉམ་པར་གཞག་པའི་ཡེ་ཤེས་སྣང་
བ་མེད་པ་ལ་རེ་ཞིག་གནས་དེ་ལས་ཀྱང་འདའ་བར་བྱ་བ་སྟེ།རྗེས་ཐོབ་ཀྱི་གནས་སྐབས་སུ་སའི་
ཡོངས་སུ་སྦྱང་བ་ལ་སོགས་པས་ས་དེ་དང་དེ་དག་རྫོགས་པར་བྱའོ།།
이것들의 의미는 난의 단계와 정의 단계에서, 소취의 자성이 없는 오직 마음의 분별에 머물러서, 외적인 대상에 대해 분별하지 말고, 또한 순서에 따라 견도의 단계에서, 능취인 마음도 승의로 본질이 없는 것, 즉 진실의 소연경에 머물러서 능취인 마음에 대한 집착에서 벗어나야 한다.
유심에서 벗어난 후에 견도 등의 등지의 본래지, 즉 무현에 잠시 머무는 것에서도 벗어나야 한다. 후득의 단계에서 지地의 청정 등에 의해, 그러 저러한 지地들을 완성해야 한다.

དེ་ལས་གཞན་རྟག་ཏུ་སྣང་བ་མེད་པའི་ཏིང་ངེ་འཛིན་ལ་གནས་ན།ཉན་ཐོས་ལྟར་སེམས་ཅན་
སྨིན་པར་བྱེད་པ་ལ་སོགས་པའི་བསོད་ནམས་ཀྱི་ཚོགས་མ་རྫོགས་པས་འབྲས་བུའི་བདག་ཉིད་ཀྱི་
ཐེག་པ་ཆེན་པོ་མི་མཐོང་བ་སྟེ།མི་ཐོབ་ཅེས་པའོ།།
དེས་ན་རྗེས་ཀྱི་གནས་སྐབས་སུ་སྒྱུ་མ་ལྟ་བུར་རྟོགས་པའི་ཡེ་ཤེས་ལྷུན་གྱིས་གྲུབ་ཅིང་།ཕྱིན་ཅི་
ལོག་ཞི་བ་དང་།དེ་འདྲ་བས་ཡོངས་སུ་ཟིན་པའི་ཁྱད་པར་དུ་སེམས་བསྐྱེད་པ་དང་།སྨོན་ལམ་
དག་གིས་ཀུན་གཞིའི་དྲི་མ་སྦྱངས་ནས།བདག་མེད་པའི་ཡེ་ཤེས་མཆོག་ཏུ་གྱུར་བ་ཆོས་ཀྱི་སྐུ་སྤྲོས་
པ་དང་བྲལ་བ་མངོན་དུ་བྱས་པ་དེའི་ཚེ་མཚན་མ་ཐམས་ཅད་མི་མཐོང་བའོ།།
그것과 다르게 항상 무현의 삼매에 머문다면, 성문처럼 중생을 성숙하게 하는 것 등의 복덕자량을 완성하지 못하므로, 결과를 본질로 하는 대승을 보지 못한다. '얻지 못한다'라고 말한 것이다.
따라서 다음의 단계에서 환영처럼 이해하는, 저절로 성취되고 전도가 적정해진 본래지와 그와 같은 것에 의해 완전히 감싸인 것을 특성으로 하는 보리심을 일으키고, 서원에 의해 모든 토대[알라야]의 먼지를 청정하게 하여, 무아의 본래지가 최상으로 된 것, 즉 희론을 여읜 법신을 현증했을 때, 모든 상(nimitta: 심적 이미지)을 보지 못한다.

실차난타의 한역본 『대승입능가경』에서도 "以住無相者, 不見于大乘"과 "及我最勝智, 無相故不見"으로 둘 다 부정으로 번역(『연화계명저 수습차제론

연구』, 객각, 247쪽 주1. 대정장『대승입능가경』권6, 실차난타한역본 번역)했다.

반면에 산따락시따의『중관장엄론』에서도 입능가경의 위 게송을 인용하는데, 앞부분은 긍정으로 뒷부분은 부정으로 되어 있다.(미팜린뽀체 주석 영문번역본 2종:『Speech of Delight』, Thomas Doctor 옮김, 31쪽과『The Adornment of the Middle Way』, 빠드마까라번역그룹 옮김, 93쪽)

*26. 티벳어 གང་ཡིན་པ་དེ།དེར་는 북경본과 나르탕본에 따라, དེ།를 삭제하고 གང་ཡིན་པ་དེར་로 해석했다.

*27. 티벳어 མི་བདེན་ལ་ 대신에 쪼네본에 따라 མི་བདེན་པ་ལ་로 수정하여 번역했다.

*28. 티벳어 འབྱུང་ངོ།(생기다)를 문맥에 맞게 དབྱུང་ངོ།(제거하다)로 수정하여 번역했다.

*29. 티벳어 རྣལ་འབྱོར་པ་རྣམས་ཀྱི་ཞི་གནས་སྐབས་ཀྱི་མཚན་ཉིད་를 문맥에 맞게 북경본과 나르탕본, 범어본에 따라 རྣལ་འབྱོར་པ་རྣམས་ཀྱི་གནས་སྐབས་ཀྱི་མཚན་ཉིད་(산/yogināmavasthānalakṣaṇā)로 수정하여 번역했다.

*30. 허망분별하지 않는 것: 티벳어 མི་རྟོག을 문맥에 맞게 ཀུན་ཏུ་མི་རྟོག으로 수정하여 옮겼다.

*31. [무이지조차도] 현현함이 없는 지혜: 티벳어 སྣང་བ་མེད་པའི་ཡེ་ཤེས་를 옮긴 것으로, 문맥상 티벳어 གཉིས་མེད་པའི་ཤེས་པ་སྣང་བ་མེད་པའི་ཡེ་ཤེས་의 줄임말로 보고 이와 같이 옮겼다.

*32. 티벳어 དེ་ལྟར་를 문맥에 맞게 범어본의 kathaṃ에 따라 ཇི་ལྟར་로 수정하여 '어떻게'로 옮겼다.

*33. 티벳어 བདག་མེད་པར།를 앞의『입능가경』인용문에 맞추어 བདག་མེད་པ།로 수정하여 옮겼다.

*34. 무이상의 지혜(གཉིས་མེད་པའི་མཚན་ཉིད་ཀྱི་ཤེས་པ།): 무이지(གཉིས་སུ་མེད་པའི་ཤེས་པ། 산/advaya-vijJAna)와 같은 의미로, 여기서 '무이상의 지혜'는 능취와 소취 두 가지 상에서 벗어난 지혜를 의미하는 것으로 생각된다.

*35. 둘이 없는 것으로도 현현함이 없는 지혜(གཉིས་མེད་པར་སྣང་བ་མེད་པའི་ཡེ་ཤེས།: 무이무현지): 둘이 없는 지혜(무이지)조차도 현현함이 없는 지혜(གཉིས་མེད་པའི་ཤེས་པ་སྣང་བ་མེད་པའི་ཤེས་པ།: 무이지무현지)와 같은 의미로 생각된다.

*36. 티벳어 བསམ་པ་를 라싸본 티벳어『섭정법경』(80b2)에 따라 བསླབ་པ་로 수정하여 '학'으로 옮겼다.

*37. 몸과 말과 마음 다음에 오는 티벳어의 도구격 ཀྱིས་ 대신 북경본에 따라 소유격 ཀྱི་로 수정하여 옮겼다.

까말라실라의 수행의 단계

중편

산스끄리뜨어로 바와나끄라마, 티벳어로 곰빠림빠,
한국어로 수행의 단계이다.

문수동자께 예경합니다.

대승 경전의 체계를 따라 가는 사람들을 위해
수행하는 순서를 요약하여 설명하겠다.

1

일체지는 어떤 원인과 조건에서 생기는가

일체지[1]를 신속하게 얻고자 하는 현명한 이들은 그것을 얻을 수 있는 원인因과 조건緣들을 갖추기 위해 분명한 노력을 기울여야 한다.

일체지가 원인이 없이 생겨난다는 것은 타당하지 않다. 왜냐하면 [만약 일체지가 원인이 없이 생겨난다면], 모든 것이 언제나 일체지로 되어야 하는 모순된 결론에 이르기 때문이다. [만일 다른 것에] 의존하지 않고 생긴다면 어떤 경우에도 장애가 있을 수 없으니, 그렇다면 무엇 때문에 모든 것이 일체지로 되지

1 일체지: 붓다만이 가지는 고유한 속성 중 하나로, 모든 소지장을 제거함으로써 식이 아니라 본래지에 의해 모든 것을 아는 상태. 2가지로 분류할 경우, 여소유지(ཇི་ལྟ་བ་མཁྱེན་པ།)인 사물의 실상(reality: the depth of things)을 아는 지혜와, 진소유지(ཇི་སྙེད་པ་མཁྱེན་པ།)인 현현하는 모든 사물(varieties: the extent of things)을 아는 지혜로 분류된다.

않을 것인가? 어쩌다가 드물게 조금 생겨날 뿐이므로 모든 사물은 반드시 원인에 의존하는 것이다.

일체지 또한 소수의 사람에게 어쩌다가 드물게 생겨난다. 즉 아무 때나 생겨나지도 않고, 어느 곳에서나 생겨나지도 않으며, 누구에게나 생겨나지도 않는다. 따라서 그것은 원인과 조건에 의존하는 것이 확실하다.

그러한 원인과 조건들 중에서도 틀림이 없고 부족함이 없는 원인과 조건들에 의지해야 한다. 만일 잘못된 원인에 열중한다면 아주 오랜 기간이 걸리더라도 원하는 결과를 얻을 수 없으니, 예를 들면 뿔에서 우유를 짜는 것과 같다. 또한 모든 원인이 다 갖춰지지 않으면 결과가 생길 수 없다. 씨앗 등 적절한 조건이 어느 것 하나라도 없으면 싹이 트는 등의 결과가 생기지 않기 때문이다. 그렇기 때문에 결과를 바라는 사람은 틀림이 없는 모든 원인과 조건에 의지해야 한다.

"일체지의 결과를 가져오는 원인과 조건들은 무엇인가?"라고 묻는다면, 다음과 같이 대답할 것이다.

"타고난 장님과 같은 제가 그것을 가르칠 수는 없습니다. 그렇지만 세존께서 확실하고 완벽한 깨달음을 증득하신 후에 제자들에게 설하신 것과 같이, 저 또한 세존께서 말씀하신 것으로 설명하겠습니다. 세존께서 그것에 대해 『비로자나현증보리경』에서 다음과 같이 설했습니다."

비밀주秘密主여![2] 일체지의 본래지는 연민심이라는 뿌리에서 생기고, 보리심이라는 원인에서 생기며, 방편에 의해서 궁극에 도달하는 것이다.

그렇기 때문에 일체지를 얻고자 하는 사람은 연민심과 보리심과 방편, 이 세 가지를 모두 배워 익혀야 한다.

2 비밀주秘密主: 지금강(ཕྱག་ན་རྡོ་རྗེ།: 손에 금강저를 지닌 분)의 별칭으로, 붓다의 가장 가까운 제자인 8대보살 중 한분이다. 붓다의 힘과 능력의 화현으로 간주되며 손에 들고 있는 금강저가 이것을 의미한다. 붓다께서 밀법(금강승)을 많이 설하지 않고 이분이 밀법을 가르칠 수 있는 자격을 지닌 사람이라고 말씀하셨다. 비밀주는 '비밀한 가르침(밀법)을 가진 분'을 의미한다. 붓다 열반 후 28년에 말라야산 정상에서 이 분이 밀법을 최초로 설했다고 한다. 상세한 내용은 『위대한 스승의 가르침』, 572~574쪽 참조.

연민심

일체지의 뿌리는 연민심이다

연민심이 생기게 되면 보살들은 일체 중생을 윤회에서 확실하게 건져내기 위해서 반드시 서원을 세우게 된다. 그 후 자신을 위한 생각을 버리고 지극히 행하기 어렵고 끊임없이 오랜 기간 동안 [실행해야 하는] 복덕자량과 지혜자량을 쌓기에 공경하는 마음으로 들어간다. 이 자량 쌓기에 들어가서 반드시 복덕자량과 지혜자량을 원만하게 성취한다. 두 가지 자량을 완전히 갖추면, 일체지는 손에 얻은 것과 같다. 이처럼 일체지의 뿌리는 오직 연민심이므로 그것을 맨 먼저 수습해야 한다.

『섭정법경』에서도 이와 같이 설했다.

세존이여! 보살은 지극히 많은 법들을 배우려고 하지 않습니다. 세존이여! 보살이 하나의 법을 제대로 지니고 확실하게 깨닫게 되면, 붓다의 모든 법[3]이 그의 손바닥 안에 있을 것입니다. 그 하나의 법이란 무엇인가? 바로 큰 연민심입니다.

큰 연민심에 완전히 사로잡혔기 때문에 붓다 세존들께서는 자신의 수승한 목적을 모두 성취했지만, 중생계가 마지막에 도달할 때까지 윤회계에 머물러 계시며, 성문들처럼 극히 평온한 열반의 성에도 들어가지 않는 것[4]이다. 모든 중생을 살피시고 평온한 열반의 성을 마치 불타오르는 쇳집처럼 멀리 버렸으므로, 세존들의 무주열반無住涅槃의 원인은 큰 연민심 바로 그것이다.

---

3 붓다의 모든 법: 붓다의 법은 붓다의 공덕(훌륭한 속성)을 의미하며, 성문과 공통인 속성도 있고 보살과 공통인 속성도 있으며 붓다만이 갖는 고유한 속성도 있다. 예컨대 '18불공법' 혹은 '140가지 고유한 붓다의 속성'이 있다. '140가지 고유한 붓다의 속성'은 32상 80종호와 4청정, 10력, 4무외, 3염주, 3불호, 대비, 염무실성, 영단습기, 일체종지를 의미한다. 상세 내용은 『보살지-인도대승불교 사상의 금자탑』, 안성두 역주, 399~428쪽 참조.

4 "연민심은 붓다 세존들께서 무주열반에 들어가게 하는 원동력이며, 자신의 이로움을 성취했음을 보여주는 법신을 증득하게 하고, 다른 중생들의 이로움의 성취를 보여주는 색신을 증득하게 합니다. 연민의 힘에 의해 붓다 세존들께서는 허공계가 존재하는 한, 끊임없이 중생들의 이익을 돌볼 수가 있는 것입니다."(『Stages of Meditation-The Dalai Lama』, 45쪽)

연민심 일으키기

이에 연민심 수행의 처음 단계에서부터 설명하겠다.

처음에는 우선 '평등한 버림(平等捨)'을 수습함으로써 모든 중생들에 대한 애착과 분노의 마음을 버리고 평등한 마음을 성취해야 한다.

'모든 중생은 안락을 원하고 고통을 원하지 않으며, 또한 시작이 없는 윤회 속에서 수백 번 나의 친척이나 친구가 된 적 없는 중생은 아무도 없다'라고 깊이 사유하고, '여기에 어떤 차별이 있게 되면, 어떤 중생에게는 애착을 갖고 어떤 중생에게는 분노하게 된다. 그렇기 때문에 나는 모든 중생들에 대해 평등한 마음으로 대하리라'라고 생각하면서 그와 같이 마음을 집중한다. 그리고 [애착도 없고 분노도 없는] 중립적인 중생부터 시작하여 친구와 적에게까지 평등한 마음을 수습한다.

그렇게 모든 중생에 대해 평등한 마음을 성취한 후에는 자애(慈心)를 수습한다. [먼저] 자애의 물로 마음의 흐름(밭)을 적셔서 마치 황금이 있는 땅처럼 [비옥하게] 만들고, 그곳에 연민(悲心)의 씨앗을 심으면, 어려움 없이 아주 잘 자라게 될 것이다. 이렇게 마음의 흐름을 자애로 잘 훈습한 후에 연민을 수습한다.

연민심이란 고통 받고 있는 모든 중생이 그 고통에서 벗어나기를 바라는 마음의 작용(행상行相)이다. 삼계의 모든 중생은 각자의 상응하는 바에 따라 세 가지 고통(고고, 괴고, 행고)에 의해 온갖 극심한 고통을 받고 있는 존재들이다. 따라서 모든 중생에 대해 연민의 마음을 수습해야 한다.

이에 세존께서는 "우선 지옥의 중생들은 끊임없이 오랜 세월 동안 팔열지옥의 고통 등 온갖 종류의 고통의 강물에 빠져 있다"고 말씀하셨다. 그리고 "아귀들도 대부분 참을 수 없는 배고픔과 목마름이라는 고통의 불길에[*1] 바짝 마른 몸이 극심한 고통을 수없이 겪고 있다"고 말씀하셨다. 축생들 역시 서로서로 잡아먹고 성내어 으르렁거리고 해치고 죽이는 등 수없이 많은 고통을 겪는 것을 볼 수 있다.

인간들 또한 이와 같아서 욕망을 추구하다 재산을 탕진하여 서로 헐뜯고 해를 입히며, 좋아하는 사람과 헤어지고 싫어하는 사람과 만나게 되며, 가난한 운명이 되는 등 헤아릴 수 없는 고통을 경험하는 것을 볼 수 있다. 어떤 사람들은 탐착 등의 번뇌로 온갖 올가미에 마음이 속박되며, 어떤 사람들은 온갖 종류의 잘못된 견해를 혼란스럽게 일으키는데, 그것들도 모두 고통의 원인이기 때문에, 마치 낭떠러지에 매달려 있는 것처럼 극히 고통스러울 뿐이다.

천신들도 모든 것이 변하는 고통(괴고壞苦) 때문에 고통을 겪는 중생들로, 욕계에 속하는 천신들은 항상 죽음과 악도로 떨어지는 두려움 등으로 마음을 상하게 되니, 어찌 평안할 수 있겠는가?

행고行苦는 본질적으로 업과 번뇌 등을 원인으로 하는 다른 힘의 지배를 받고, 매 순간 소멸하는 성품을 특성으로 하며, 모든 중생들에게 편재해 있다.

그러므로 모든 중생이 고통의 타오르는 불길 속에 들어가 있는 것으로 보고, '내가 고통을 원하지 않는 것처럼 다른 중생들도 모두 그와 같다'고 생각해야 한다. '아아! 슬프구나! 내가 사랑하는 이들이 고통을 받고 있다. 그렇다면 그들을 그러한 고통으로부터 어떻게 벗어나게 할 것인가?'라고 마치 자신이 고통을 겪고 있는 것처럼 생각하여 그것을 없애고자 하는 연민의 마음으로,[5] 삼매에 들어 있거나 일상의 어떤 행동을 하든 어느 때나 항상 모든 중생을 위해 연민을 수습한다.

처음에는 친구나 친척들에 대해, 그들이 앞에서 설명한 온갖 고통을 겪고 있는 것을 숙고함으로써 연민을 수습한다. 그 다음 모든 중생을 평등한 마음으로 차별 없이 보고, '모든 중생은 진

---

5 티벳어 དེ་དང་བྲལ་བར་འདོད་པའི་རྣམ་པའི་སྙིང་རྗེ་དེས་(그것을 없애고자 하는 행상의 연민으로)를 옮긴 것으로, '행상(마음의 작용)의'를 편의상 생략하고 번역했다. 그러나 연민의 인식대상(소연所緣)과 연민의 마음작용(행상行相)을 나누어 생각할 경우, 연민의 소연은 3가지 고통으로 고통을 받고 있는 중생이며, 소연에 따라 중생연자비, 법연자비, 무소연자비로 인식대상을 넓혀 간다. "연민의 행상은 '그러한 고통들을 여읜다면 얼마나 좋을까!' 생각하는 것과 '그러한 고통을 여의게 되소서!'라고 생각하는 것과 '그러한 고통을 여의게 하겠다!'라고 생각하는 것이다."(티벳어 『람림광본』, vol. 1, 312쪽)

실로 나의 친구다'라고 깊이 사유하면서, 좋거나 싫은 마음이 없는 중립적인 중생들에 대해서도 연민을 수습한다. 그리하여 그들에 대해 친구나 친척과 마찬가지로 연민심이 평등하게 머무르게 되면 그때는 열 가지 방향, 즉 시방(十方)의 모든 중생들에 대해서 연민을 수습한다.

마침내 마음속 깊이 사랑하는 어린 자식이 고통을 겪는 것을 보는 어머니처럼, 스스로 극심한 고통으로부터 건져내고자 하는 마음이 저절로 생겨나는 그러한 연민심이 모든 중생에 대해 평등하게 머무르게 될 때, '연민심이 완성된 것'이라고 하며, '큰 연민심'이라는 이름도 얻게 된다.

자애를 수습하는 순서는, 처음에는 친구나 좋아하는 사람에 대해 수습하여, 상대방이 안락하게 되기를 바라는 마음 작용이 일어나면 점차로 나와 무관한 중립적인 보통 사람에 대해 [그와 같이] 수습하고, 나아가 적 등 싫어하는 사람에 대해서도 수습한다.

그처럼 연민심을 수습하여 익숙하게 되면 점차로 모든 중생들을 확실하게 고통에서 건져내고자 하는 소망이 저절로 생겨날 것이다.

보리심

이렇게 뿌리인 연민심을 수습하여 익숙해진 다음에는 보리심을 수습한다. 보리심은 두 가지 종류가 있는데, 세속보리심과 승의보리심이다.

세속보리심 일으키기

세속보리심이란, 연민심으로 모든 중생을 확실하게 고통에서 건져내기로 서원한 다음, '중생들에게 도움을 주기 위해서 깨달음을 이루리라!'라고 생각하면서 위없는 바르고 원만한 보리(무상정등각)를 염원하는 마음의 작용으로, 첫 마음을 일으키는 것(초발심初發心)이다. 세속보리심은 또한 『보살지』의 계품에서 보여준 의궤[6]에 따라 보살의 율의에 청정하게 머무는 스승에게서 [보리심계를 받아] 보리심을 일으켜야 한다. 그와 같이 세속보리심을 일으킨 후에는 승의보리심을 일으키기 위해 노력한다.

승의보리심 일으키기: 사마타와 위빠사나

승의보리심이란, 세간을 벗어난 것이며 모든 희론을 여읜 것이고, 극히 밝은 것이며, 수승한 의미의 영역이다. 오염이 없는 것이며, 흔들림이 없으며 바람 없는 곳의 버터불처럼 흔들림이 없는 것이다. 그것의 성취는 항상 공경심을 가지고 오랫동안 사마타와 위빠사나의 요가를 수습하여 익숙해짐으로써 이루어진다.

『해심밀경』에서 다음과 같이 설한 것과 같다.

"미륵이여! 어떤 것이든 성문과 보살들의, 혹은 여래들의 세간과 출세간의 모든 선한 법은 또한 사마타와 위빠사나의 결과라

6 보리심계(보살계)를 받는 의궤의 내용은, 티벳어본을 참고하여 산스끄리뜨본에서 직접 번역한 『보살지』(안성두 역주)의 X戒品 중에서, 학식 있는 다른 보살로부터 보살 율의를 받는 것에 대해서는 191~196쪽을, 학식 있는 다른 보살이 없을 경우 스스로 보살 율의를 받는 방법에 대해서는 217쪽을 참조할 것.

는 것을 알아야 한다."

그 두 가지에 모든 삼매가 포함되므로 모든 수행자들은 언제나 반드시 사마타와 위빠사나에 의지해야 한다. 『해심밀경』에서 다음과 같이 설한 것과 같다.

세존께서 이르기를, "내가 가르친 성문들과 보살들과 여래들의 수많은 종류의 삼매들은 모두, 사마타와 위빠사나에 포함된다고 알아야 한다."

① 사마타만으로는 안된다

오로지 사마타만을 수습하여 익숙해진 것으로는 요가행자들의 장애를 제거하지 못하며, 잠시 번뇌를 제압할 뿐이다. 지혜의 광명이 생겨나지 않고는 잠복된 번뇌의 습기를 완전히 제거할 수 없기 때문에, 모든 번뇌를 완전히 뿌리뽑지 못한다. 그러므로 『해심밀경』에서 붓다께서 설하셨다.

선정으로 번뇌들을 제압한다. 지혜로 잠복된 번뇌의 습기를 완전히 제거한다.

『삼매왕경』에서도 다음과 같이 설했다.

그대가 삼매를 수습할지라도
그것은 아상我想[*2]을 무너뜨리지 못하니
번뇌가 더욱더 번성할 것이다.
마치 우드라까가 삼매를 수습하는 것처럼.

만일 법의 무아無我를 상세히 관찰하고,
낱낱이 그것을 분석하여 수습한다면,
바로 그것이 열반을 성취하는 원인이며,
다른 어떤 원인으로도 적정을 얻지 못한다.

『보살장경』에서도 이와 같이 설했다.

누구든지 『보살장』의 이 법문을 듣지 않고, 성스러운 계율(비나야)의 가르침을 듣지 않고, 오직 삼매만으로 충분하다고 생각하는 사람은, 자만심 때문에 증상만增上慢[7]에 떨어질 것이며, 생로병사와 고뇌와 비탄의 울음과 괴로움과 마음이 즐겁지 않은 것과 마음의 산란에서 완전히 벗어나지 못하고, 육도 윤회에서 완전히 벗어나지 못하고 고통의 쌓임에서도 완전히 벗어나지 못할 것이다. 그것을 마음에 두고 여래께서, "다른 사람에게 도움이 되는 법을 듣는 자는 늙음과 죽음에서 벗어나게 된다"고 말씀하

7 증상만(མངོན་པའི་ང་རྒྱལ།): 공덕(훌륭한 특성)을 성취하지 못했으면서 성취했다고 생각하면서 마음이 부풀어 있음.(『장한불학사전』, 584쪽)

셨다.

그렇기 때문에, 모든 장애를 제거하여 청정한 본래지가 생겨나기 바라는 자는 사마타에 머물면서 지혜를 수습해야 한다.

이 말에 대해 『보적경』에서도 다음과 같이 설했다.

> 계율에 의지하여 삼매를 얻고,
> 삼매를 얻은 후에도 반야지를 수습한다.
> 반야지로 청정한 본래지를 얻으며,
> 청정한 본래지로 계율을 완성한다.

『대승에 대한 믿음을 수습하는 경(수신대승경修信大乘經)』에서도 다음과 같이 설했다.

> 고귀한 집안의 자손이여! 지혜에 온전히 머물지 못하면, 보살들의 대승에 대한 믿음이나 대승에 대한 어떠한 것도 생겨나리라고 나는 말할 수 없다.
>
> 고귀한 집안의 자손이여! 이 법문에 의해서 또한 이처럼 보살들의 대승에 대한 믿음이나 대승에 대해 어떤 것이 생기든 그 모든 것들은, 산란함이 없는 마음으로 의미와 법[8]을 바르게 사

---

8 의미와 법: 『해심밀경』에서 "세존이여! 사마타와 위빠사나를 수습하는 보살이 법을 하나하나 제대로 알고 의미를 하나하나 제대로 아는 경우, 어떻게

유하는 것에서 생겨남을 알아야 한다.

② 위빠사나만으로는 안된다

사마타가 없는 위빠사나만으로는 수행자의 마음이 여러 대상들에 산란하게 되어, 바람 속에 있는 버터불처럼 불안정할 것이다. 따라서 본래지의 광명이 명료하게 나타나지 못한다. 그렇기 때문에 두 가지에 똑같이 의지해야 한다. 그러므로 『대열반경』에서도 다음과 같이 설했다.

> 성문들은 여래의 본성을 보지 못하니
> 삼매 부분이 강하고 지혜 부분이 약하기 때문이다.
> 보살들은 그것을 볼 수 있지만 명료하지 않으니
> 지혜의 힘이 크고 삼매의 힘이 작기 때문이다.
> 그렇지만 여래께서는 모든 것을 통찰하시니
> 사마타와 위빠사나를 똑같이 지녔기 때문이다.

법을 하나하나 제대로 알며, 어떻게 의미를 하나하나 제대로 알아차립니까?" "미륵이여! 다섯 가지 방식으로 법을 하나하나 올바로 알아차리는 것이니, 명칭과 문구와 글자와 개별적인 것과 요약한 것으로 법을 알아차린다. 보살은 열 가지 방식으로 의미를 하나하나 올바로 알아차린다. 진소유성과 여소유성과 능취의 의미와 소취의 의미와 건립된 것의 의미와 수용의 의미와 전도된 것의 의미와 전도되지 않은 것의 의미와 온갖 번뇌에 물든 것의 의미와 청정한 것의 의미에 의해서 의미를 하나하나 올바로 알아차린다"라고 했다.(라모뜨교정본 티벳어 『해심밀경: SNS』 8장 분별유가품 8-19와 8-20, 98쪽)

사마타의 힘으로 마치 버터불이 바람에 흔들리지 않는 것처럼 분별의 바람에 마음이 흔들리지 않게 되고, 위빠사나에 의해 사견의 모든 오염이 제거되기 때문에, 다른 견해들에 의해 마음이 흔들리지 않게 된다.

『월등경』에서 다음과 같이 설한 것과 같다.

> 사마타의 힘으로 흔들림이 없게 되며, 위빠사나에 의해 산과 같이 확고하게 된다.

그렇기 때문에 사마타와 위빠사나를 함께 수행하는 요가행에 의지해야 한다.

처음에 수행자는, 먼저 손쉽고 신속하게 사마타와 위빠사나를 성취하게 하는 사마타와 위빠사나의 자량에 의지해야 한다.

③ 사마타의 자량은 무엇인가

여기서 사마타의 자량은 무엇인가? 적절한 장소에 머무는 것과 욕망을 줄이는 것, 만족을 아는 것, 세간의 여러 가지 일들을 버리는 것, 계율을 청정히 하는 것, 욕망의 대상 등에 대한 분별을 버리는 것이다.

1) 적절한 장소란 다섯 가지 공덕을 갖춘 곳이어야 한다. 옷과 음식 등을 어려움 없이 얻어야 하므로 생활 필수품을 구하

기 쉬운 곳, 거친 사람이나 원수진 사람 등이 머물지 않아 평온하게 머물 수 있는 곳, 질병이 없는 땅으로 건강을 해치지 않는 곳, 계율을 지니고 견해가 같은 좋은 도반이 있는 곳, 낮에는 많은 사람들로 붐비지 않고 밤에는 소음이 적은 한적한 조건을 갖춘 곳이어야 한다.

2) 욕망을 줄이는 것은 무엇인가? 법복 등 좋거나 많은 것에 특별히 집착하지 않는 것이다.

3) 만족을 아는 것은 무엇인가? 법복 등 품질이 좋지 않은 것을 얻더라도 항상 만족을 아는 것이다.

4) 세간의 여러 가지 일들을 버리는 것은 무엇인가? 사고파는 등의 어지러운 일을 그만두는 것과 재가자와 출가자가 너무 가까이 지내는 것과 치료행위나 점성술 등을 그만두는 것이다.[9]

5) 계율을 청정히 하는 것이란 무엇인가? 두 가지 계율[10] 모두에 대해서도, 본래적 악행(성죄性罪)[11]과 계율로 정한 악행(차죄遮罪)[12]을 수반하는 학처를 위반하지 않는 것과, 조심하지 않고 범

---

9 "'너무 가까이 지내는 것'이란 목적도 없이 모여서 수다 떠는 것을 말하며, 더 많이 몰두하여 명상할 수 있는 사람에게 치료행위나 점성술 등은 방해가 될 수 있습니다."(『달라이라마의 수행의 단계』, 120쪽)

10 "두 가지 계율이란 개인의 해탈을 위한 계율(7종 별해탈계)과 보살의 계(보살계)를 말합니다. 이것은 또한 비구와 비구니의 계이며 재가신도의 계율을 말합니다."(『달라이라마의 수행의 단계』, 121쪽)

11 본래적 악행: 성죄性罪. 살생, 주지 않은 것을 취하는 것, 옳지 못한 성적 행위, 거짓말 등 붓다께서 제정한 계율이 아니라 본성으로 죄가 되는 것.

12 계율로 정한 악행: 차죄遮罪. 오후불식처럼 재가자에게는 상관없으나 붓다께

했더라도 바로 후회함으로써 법에 따라 행하는 것과, 또한 성문의 계율에서 회복할 수 없는 죄로 설해진 바라이죄[13]에 대해서도 후회하는 마음을 가지고 다시는 범하지 않겠다는 마음을 지니는 것이다. 그리고 어떤 마음으로 그 행위를 했을지라도 그 마음에는 자성이 없음을 하나하나 살폈기 때문에, 혹은 모든 법은 자성이 없다는 것을 수습했기 때문에, 그의 계율은 전적으로 청정하다고 말할 수 있다. 그것은 『아자따사뜨루의 후회소멸경』에서 확실하게 이해해야 한다. 따라서 후회를 떨치고 수행에 확실한 노력을 기울여야 한다.

6) 욕망의 대상 등에 대한 분별을 버리는 것은 무엇인가? 욕망의 대상들에 대해서도, 이생과 내생에 수많은 종류의 허물이 생긴다는 것을 사유하여, 그것들에 대한 분별을 버려야 한다. 한편으로 '윤회계의 사물은 아름답거나 아름답지 않거나, 그것들은 모두 소멸하게 되어 있으며 견고하지 못하니, 의심할 것 없이 그 모든 것들과 나는 오래지 않아 헤어지게 될 것이다. 그렇다면, 내가 그것에 대해 무엇 때문에 특별히 집착할 것인가?'라고 수습하여 모든 망상 분별을 버려야 한다.

서 출가자에게는 금한 잘못된 행동.

13 바라이: 타승他勝. 별해탈율의와 보살율의의 근본을 범하는 중죄重罪. 비구의 4가지 바라이와 비구니의 8가지 바라이가 있다.(『장한불학사전』, 1056쪽)

④ 위빠사나의 자량은 무엇인가

위빠사나의 자량은 무엇인가? 수승한 분(선지식)에게 의지하는 것과, 많은 들음(다문多聞)을 진지하게 추구하는 것과, 여실하게 사유하는 것이다.

1) 어떤 선지식에게 의지해야 하는가? 배움이 많은 분, 말로 분명하게 표현할 수 있는 분, 연민심을 지닌 분, 싫증이나 피곤함을 견딜 수 있는 그런 분이다.

2) 여기서 많은 들음을 진지하게 추구하는 것이란 무엇인가? 세존의 열두 가지 수승한 말씀(십이부경十二部經)의 확정적인 의미(요의了義)와 방편적인 의미(불요의不了義)에 대해 공경심을 가지고 진지하게 듣는 것이다. 왜냐하면 『해심밀경』에서 다음과 같이 설했기 때문이다.

> 성스러운 가르침을 원하는 만큼 얻지*3 못하는 것은 위빠사나의 장애이다.[14]

---

14 "세존이여! 세존께서 다섯 가지 장애물(5種繫)들을 설하신 것들 중에서 몇 가지가 사마타의 장애물입니까? 몇 가지가 위빠사나의 장애물입니까? 몇 가지가 그 둘의 장애물입니까?" "미륵이여! 몸과 재물에 대한 미혹된 견해가 사마타의 장애물이다. 성스러운 가르침을 바라는 대로 얻지 못하는 것이 위빠사나의 장애물이다. [출가자와 재가자가] 서로 섞여서 머물고, 단지 약간의 성취로 만족하는 것은 둘 다의 장애다. 첫 번째 것으로 인해 가행하지 못하고, 두 번째 것으로 인해 가행이 궁극에 이르지 못한다"(라모뜨 교정본 티벳어 『해심밀경: SNS』 분별유가품 8-33, 111쪽)

바로 그 경에서 또 설했다.

위빠사나는 들음과 사유(문사聞思)에서 생긴 청정한 견해를 원인으로 하여 생겨나는 것이다.

『나라연청문경』에서도 다음과 같이 설했다.

들음(청문聽聞)을 지닌 자는, 지혜가 생겨날 것이다.
지혜를 지닌 자는, 번뇌가 완전히 사라질 것이다.

3) 여실하게 사유하는 것이란 무엇인가? 무엇이 요의경이고 불요의경인지 등을 올바르게 확립하는 것이다.[15] 그와 같이 보

---

15 "윤회에서 벗어나려면, 윤회의 뿌리인 아집에 대해 직접적으로 대치하는 공성을 깨닫는 지혜를 얻어야 한다. 공성은 비현전이기 때문에 범부들이 현량으로 지각하지 못한다. 공성을 현량으로 지각하는 식이 없으면 번뇌에 직접적으로 대치하지 못한다. 수습해서 생기는 지혜인 분별심을 지속적으로 수습함으로써 공상을 제거하여 공성에 대한 선명함이 생기면 그 분별심이 현량으로 변하는 것이다. 이러한 수습에서 생기는 지혜 또한 사유에서 생기는 지혜가 선행되어야 하고 그 전에 들음에서 생기는 지혜가 선행되어야 한다. 따라서 공성에 대한 문사수를 차례로 닦아야 하므로 공성은 먼저 분별로써 분석하여 이해해야 한다. 이것은 매우 알기 어렵기 때문에 붓다께서는 중생의 근기에 맞게 법을 설하신 것이다. 제자 중에 유부 등 4대학파와 성문 등 3승이 존재하는 것도 그 때문이다. 그러므로 어떤 경전에 의지하여 공성을 추구해야 하는지도 알기 어렵기 때문에 붓다의 말씀 중에 요의경과 불요의경을 구별하는 것이 매우 중요하다. 3전법륜에 대해 요의와 불요의를 구분하는 것도 학파에 따라 다르게 해석한다. 유식학파는 『해심밀경』에, 중관학파는 『무진혜경』에 의거하여, 다음과 같이 구분한다. ①유식학파: 경의 의도를 문자 그대로 인정할 수 없고 그 의미를 경의 문자와는 다른 의미로 해석해야 하는 경을 불요의경, 경의 의도를 문자 그대로 인정할 수 있고 그 의미를 다른 의미로 해석해야 할 필요가

살이 의문을 없앤다면, 수행에 대해 한결같은 확신을 얻게 될 것이다. 그렇지 않고 의심과 망설임의 밧줄 위에 서있는 사람은 마치 갈림길에 도달한 사람처럼, 어느 것에도 한결같은 확신을 얻지 못할 것이다.

수행자는 언제나 생선과 고기 등을 멀리하고, 부적절하지 않은 음식을 적당히 먹어야 한다. 그와 같이 보살은 사마타와 위빠사나의 모든 자량을 축적함으로써 수행에 들어가는 것이다.

⑤수습을 위한 준비와 앉는 자세

수행자가 수행할 때는 먼저 어떤 것이든 할 일을 모두 마치

없는 경을 요의경이라고 한다. ②귀류논증 중관학파: 세속제를 주로 설하는 경을 불요의경, 승의제를 주로 설하는 경을 요의경으로 인정한다. ③자립논증 중관학파: 세속제를 주로 설하거나 경의 언설 그대로 인정할 수 없는 경이 불요의경이고, 승의제를 주로 설하여 언설 그대로 인정할 수 있는 경이 요의경이다.

	초전법륜	중전법륜	삼전법륜
유식	불요의경(사부율장, 사념처경, 백업경)	불요의경(반야경, 금강경, 화엄경, 삼매왕경, 보적경)	요의경(해심밀경, 능가경, 십지경, 여래장경)
자립논증	불요의경	불요의경(반야심경), 요의경(반야십만송)	불요의경, 요의경
귀류논증	불요의경(4성제16행상을 설한 경), 요의경(아공과 법공을 설한 경)	요의경	불요의경

『심오한 중도의 새로운 문을 여는 지혜의 등불』, 게쎄 텐진 남카 지음, 80~110쪽에서 발췌 요약함.

고, 대소변을 본 후 소음의 방해가 없는 편안한 곳에 자리한다. 그리고서 '나는 모든 중생들을 보리의 핵심에 이르게 하리라'라고 생각하며, 모든 중생들을 확실하게 고통에서 이끌어내겠다는 마음을 가지고 큰 연민심을 일으킨 후, 시방에 계시는 모든 붓다와 보살에게 오체투지로 절을 올린다. 이때 불보살의 상이나 그림 등을 앞쪽에 놓거나 다른 곳에 놓아도 좋다.

그분들에게 할 수 있는 만큼 공양과 찬탄을 올리고 자신이 행한 선하지 못한 행위를 참회한 후, 모든 중생들의 선행에 대해 함께 기뻐한다. 아주 부드럽고 편안한 자리에 바이로차나 존자의 결가부좌로 앉거나 혹은 반가부좌로 앉아도 좋다.

눈은 너무 크게 뜨거나 감지도 말고 코끝을 향하며, 몸은 너무 뒤로 젖히거나 너무 앞으로 굽히지도 말고 곧게 똑바로 펴고, 억념은 안으로 두고 앉아야 한다. 양 어깨는 수평이 되게 하고, 머리는 높게 하거나 낮게 하지 말고 한쪽으로 기울지 않게 반듯이 하며, 코에서 배꼽까지 일직선이 되게 한다. 또한 이와 입술은 평상시처럼 다물고, 혀는 윗니 안쪽에 가볍게 닿도록 한다. 호흡은 소리가 나거나 거칠거나 고르지 않게 쉬지 말고, 조금도 알아차리지 못하도록 부드럽게 천천히 자연스럽게 안으로 들이마시고 밖으로 내쉬도록 한다.

⑥ 무엇이 사마타이고 무엇이 위빠사나인가

처음에는 먼저 사마타를 수행해야 한다.

외부의 대상에 마음이 산란해지는 것을 제거하여,*4 내적으로 인식대상에 계속해서 저절로 고정되어 환희와 경안을 수반하는 마음상태에 머무는 것을 '사마타'라고 한다. 바로 그 사마타를 인식할 때 진실(궁극적 실상)에 대해 철저히 분석하는 것이 '위빠사나'이다.

『보운경』에서 다음과 같이 설한 것과 같다.

사마타는 마음을 한 점에 모으는 것이며, 위빠사나는 진실에 대해 낱낱이 관찰하는 것이다.

『해심밀경』에서도 다음과 같이 설했다.

"세존이여! 어떻게 사마타를 추구하며 위빠사나에 통달합니까?"

세존께서 대답하셨다. "미륵이여! 내가 모든 법을 언어로 확립한 것은 이와 같다. 즉, 계경契經과 응송應頌, 기별記別, 풍송風頌, 자설自說, 인연因緣, 비유譬喩, 본사本事, 본생本生, 방광方廣, 희법希法, 논의論議[16]를 보살들에게 설했으니, 보살은 그것을 바르게 듣

16 십이분교 혹은 십이부경이라고 하며 각각의 내용은 다음과 같다.

고 바르게 파악하고 독송을 익히고, 마음으로 바르게 살피고 통찰함으로써 제대로 이해한 다음, 홀로 적정처에 머물러 마음을 안으로 철저하게 고정시킨 후에, 그와 같이 바르게 사유한 그 법들을 작의作意하고, 작의하는 그 마음을 안으로 지속적으로 대상에 향하게 함으로써 작의하는 것이다. 그처럼 들어가서 거기에 수없이 머물러 마침내 몸의 경안과 마음의 경안이 생기는 것을 '사마타'라고 한다. 그와 같이 보살은 사마타를 추구한다.

그는 그러한 몸의 경안과 마음의 경안을 얻은 후 바로 그것에 머물러 마음의 행상을 제거한 다음, 그와 같이 사유한 법들에 대해 삼매의 영역인 영상으로 낱낱이 관찰하고 확정적으로 구분(승해)*5하는 것이다.[17] 그처럼 삼매의 영역인 그 영상들에 대해

•계경: 산문으로 붓다의 말씀을 기록한 경전. •응송: 경전의 중간이나 마지막에 게송으로 계경의 내용을 거듭 읊은 것. 즉 중송. •기별: 붓다께서 여러 제자들에게 준 예언. 즉 수기. •풍송: 게송偈頌으로 내용을 모두 압축하여 읊은 것. 산문 없이 오로지 게송으로만 되어 있어 고기송孤起頌이라고도 한다. •자설: 다른 사람의 질문 없이 수승한 법이 오랫동안 머물도록 하기 위해서 붓다 스스로 설하신 것. •인연: 경전 중에서 붓다를 만나 법을 들은 인연 등을 말한 부분으로 서품이 이에 해당한다. 연기緣起라고도 한다. •비유: 비유로 깨달음의 의미를 설명하는 것. •본사: 불제자들의 전생에 대해 설명한 것. •본생: 붓다의 과거생의 보살행을 설명한 것. •방광: 광대한 진리를 설하여 보살의 수행도를 보여준 것. '광파' 혹은 '무비'라고도 한다. •희법: 재가 수행자와 성문과 보살과 붓다의 놀랍고 경이로운 법을 보여준 것. •논의: 교법의 의미를 논의 문답하여 확정된 것으로 보여준 것.

"계경 등 그러한 것들(12부경)은 다음과 같이 삼장에 포함된다. 계경과 응송과 기별과 풍송과 자설은, 성문의 경장이다. 인연과 비유와 본사와 본생은 둘 모두의 율장이다. 방광과 희법은 보살의 경장이다. 논의는 둘 모두의 논장이다."(무착논사의 『대승아비달마집론』, 101b4~101b6)

17 '확정적으로 구분하는 것(승해하는 것)이다': 티벳어 མོས་པར་བྱེད་དོ།།(승해하는 것이다)를, 쪽로루이걜챈의 『해심밀경석』의 해설에 따라, 옮긴 것이다. "'승해하는 것이다'라는 말은 승해작의가 아니라, '확정적으로 구분하는 것이다'라

알아야 할 의미를 철저하게 분석하고(능정사택能正思擇), 극히 철저하게 분석하고(최극사택最極思擇), 완벽하게 분별하고(주편심사周偏尋思), 완벽하게 살피고(주편사찰周偏伺察),[18] 감내하고(忍), 즐거워하고(樂), 구별하고(慧), 통찰하고(見), 분별하는 것(觀)을 '위빠사나'라고 하며, 그와 같이 보살은 위빠사나에 통달하는 것이다."

⑦ 어떻게 사마타를 성취하는가

여기에서 사마타를 확실하게 성취하기를 바라는 수행자는, 먼저 계경, 응송 등으로 설명한 12부경 등 모든 가르침은 오로지 진여眞如를 향하게 하거나, 진여에 이르게 하거나, 진여에 이미 도달한 것이라고*6 일체를 요약하여,[19] 그것에 마음을 가까이

는 의미다."

18 위빠사나의 4가지 작용에 대해 쫑카빠는 『람림광본』에서 무착논사의 설명을 인용하여 다음과 같이 해설한다.
'철저하게 분석하는 것(능정사택)'이란 진소유를 분석하는 것이다. '극히 철저하게 분석하는 것(최극사택)'이란 여소유를 분석하는 것이다. 지혜를 갖춘 작의가 분별을 수반함으로써 상相을 파악하는 경우에 '완벽하게 분별하는 것(주편심사)'이며, 바르게 분별하는 경우에는 '완벽하게 살피는 것(주편사찰)'이라고 아상가(무착無着)가 설했다. 분별하는 것(심사)은 거칠게 분별하는 것이며, 살피는 것(사찰)은 상세하게 분석하는 것이다. 상을 파악하는 것은 '진실로 존재한다고 집착하는 것(실집實執)'이 아니라 대상에 대해 상세히 분석하는 것이다. 그와 같이 여소유와 진소유를 분석하는 것 각각에 주편심사와 주편사찰이 둘 다 있는 것이다.(『람림광본』, vol.1, 469쪽)

19 『해심밀경』 분별유가품에서 이와 관련된 부분을 옮기면 다음과 같다.
"만일 계경 등의 그 법(12부경)을 하나로 결합하거나 하나로 모으거나 하나로 합하거나, 하나의 무더기로 만들어 모두 진여로 향하게 하거나(隨順眞如), 진여에 이르게 하거나(趣向眞如), 진여에 이미 도달했거나(臨入眞如), 깨달음으로 향하게 하거나, 깨달음에 이르게 하거나, 깨달음에 이미 도달했거나, 열반

안치한다. 사마타를 성취하는 한 가지 방법으로는, 일체법을 포함하는 것으로서 온 등(5온, 12처, 18계)에 마음을 안치한다. 또 다른 한 가지 방법으로는, 그와 같이 보거나 그와 같이 들은 붓다의 존상에 마음을 안치한다.

『삼매왕경』에서 다음과 같이 설한 것과 같다.

> 황금 빛과 같은 몸으로,
> 세상을 구호하신 분 극히 아름다워라
> 그 소연경에 마음을 집중한 보살은
> 근본정根本定에 들었다고 한다네.

그와 같이 어떤 것이든 원하는 대상(소연경)에 마음이 머물게 한 후, 바로 그 대상에 지속적으로 마음이 머물게 해야 한다.

그것에 마음을 안치시킨 후 마음을 다음과 같이 관찰한다.

'인식대상(소연)을 제대로 붙잡고 있는가? 아니면 가라앉아 있는가? 아니면 외부의 대상에 마음이 들떠서 산란되어 있는가?' 라고 살펴야 한다.

으로 향하게 하거나, 열반에 이르게 하거나, 열반에 이미 도달했거나, 변화된 경지(轉依)로 향하게 하거나(隨順轉依), 변화된 경지에 이르게 하거나, 변화된 경지에 이미 도달한 것들로 '이 모든 법들은, 헤아릴 수 없고 셀 수 없는 선한 법들을 드러내어 말로 표현함으로써, 말로 표현된 것일 뿐이다'라고 생각하면서 작의하는 것이, 총체적인 법을 대상으로 하는 사마타와 위빠사나이다."(라모뜨 교정본 『해심밀경: SNS』 분별유가품 8-13, 94쪽)

여기서 만일 몽롱함(혼미)이나 졸음(수면)에 눌려 마음이 가라앉아(혼침昏沈) 있거나 가라앉을 것으로 우려되는 것을 보게 되는 경우에는, 최고로 환희로운 대상인 붓다의 상像이나 광명의 상想을 마음에 떠올린다. 그렇게 하여 가라앉음을 제거한 후 반드시 바로 그 인식대상을 마음으로 관상하여 지극히 명료하게 볼 수 있도록 한다.

장님처럼, 혹은 어둠 속에 들어간 사람처럼, 혹은 눈을 감은 사람처럼 마음이 인식대상을 명료하게 보지 못하게 되는 경우에는, 마음이 가라앉아 있음을 알아야 한다. 또한 외부의 형상 등(색·성·향·미·촉·법)에 대해 그것들의 매력을 망상분별하여 마음이 그것을 향해 치닫거나, 또는 다른 것들을 마음에 떠올리거나, 혹은 전에 경험한 대상을 애착함으로써, 마음이 들뜨거나(도거悼擧) 들뜰 것으로 우려되는 것을 보게 될 때는, 제행이 무상하다는 것과 고통스럽다는 것 등 염리심을 일으키는 대상을 마음에 떠올린다.

이와 같이 마음의 산란을 제거한 후에는, 억념과 정지의 밧줄로 마음의 코끼리를 인식대상의 나무에 붙들어 맨다. 어느 땐가 가라앉음과 들뜸이 없게 되고 인식대상에 마음이 자연스럽게 머물게 되는 것을 보게 될 때는, 노력을 완화하고 평등사平等捨를 행한다. 그때 원하는 만큼 오랫동안 머물도록 한다.

그와 같이 사마타를 수습하여 훈습을 들인 사람의 몸과 마음이 경안을 이루게 되고, 원하는 대로 인식대상에 마음이 자유자재하게 되는 그때, 사마타가 성취된 것이라고 알아야 한다.

⑧ 어떻게 위빠사나를 성취하는가

사마타를 성취한 다음에는 위빠사나를 수습하는데, [먼저] 이와 같이 숙고해야 한다.

'세존의 모든 말씀은 바르게 설해진 것으로, 직접적으로 혹은 간접적으로 궁극의 실상을 분명하게 밝혀서 오로지 궁극의 실상으로 향하게 한다. 궁극의 실상을 안다면, 마치 빛이 나타남으로써 어둠이 제거되는 것처럼, 모든 그릇된 견해의 그물에서 벗어나게 될 것이다. 단지 사마타만으로는 본래지가 청정하게 되지 못하고 장애의 어둠도 제거되지 못하지만, 지혜로 궁극의 실상을 올바로 수습한다면 본래지가 아주 청정하게 될 것이다. 오직 지혜에 의해서 궁극의 실상을 깨닫게 되고, 오직 지혜에 의해서 장애 또한 완전하게 제거될 것이다. 그렇기 때문에 나는 사마타에 머물면서 지혜로써 궁극의 실상을 추구해야지, 단지 사마타만으로 충분하다고 파악해서는 안 된다.'

궁극의 실상이란 어떤 것인가? 승의적으로 모든 사물은 인아人我[20]와 법아法我가 공한 것이다. 그것은 지혜바라밀에 의해서

20 인아: 보특가라가 독립적인 실유로 성립하는 것. 인아집이란 가립의 토대인 자

깨닫게 되는 것이지 다른 것으로는 깨닫지 못한다. 『해심밀경』에서 다음과 같이 설한 것과 같다.

> "세존이여! 보살은 모든 법의 자성이 존재하지 않는다는 것을 어느 바라밀에 의해서 파악합니까?" "관자재보살이여! 지혜바라밀로 파악한다."

그렇기 때문에 사마타에 머물면서 지혜를 수습해야 한다.

그에 대해 수행자는 다음과 같이 분석해야 한다.

"보특가라(인人)[21]란 온·계·처 외에 별도[의 존재]로 인식되지 못한다. 또한 보특가라는 온 등을 자성으로 하는 것도 아니다. 왜냐하면 온 등 그러한 것들은 무상하며 다수를 본질로 하는데, 보특가라는 항상하고 단일한 것을 본질로 하는 것이라고 다른 사람들은 분별했기 때문이다. 바로 그것(오온 그 자체)이라고도, 그와 다른 것(오온과 다른 별개의 것)이라고도 말할 수 없는, 보특가라라는 사물이 존재하는 것은 타당하지 않다. 왜냐하면 사

신에게 속하는 오온에 의지하여 '나'와 '나의 것'으로 파악하는 것이다.(『장한불학사전』, 180쪽)

21 보특가라: 인무아를 설명할 때의 '보특가라'는 티벳어 강삭གང་ཟག་(산: pudgala)을 옮긴 것으로 보통 '인人'으로 한역된다. 그 정의는 '오온 중 어떤 것이든 그것을 토대로 하여 단지 명칭을 붙인 인간 혹은 유정'이며, 그 분류는 '범부와 성자'이다. 그 몸과 마음의 흐름 속에 결함이나 훌륭한 특성(공덕)이 때로는 증가하여 차오르고(강와གང་བ་) 때로는 누설되어 감소하기(삭빠ཟག་པ་) 때문에, 강삭གང་ཟག་이라고 한다.(『장한불학사전』, 179쪽과 『JH온라인 티영사전』)

물이 존재하는 다른 방식은 없기 때문이다.[22] 그렇기 때문에, 이 것은 다음과 같다. 즉 세간에서 '나'와 '나의 것'이라고 하는 이 것은 단지 착각일 뿐이다."

법무아 역시 다음과 같이 수습해야 한다.

"법이란 요약하면 5온과 12처와 18계이다. 여기서 온·처·계

---

22 "푸드갈라가 자성으로 성립한다면, 온과 본질이 같은 것과 다른 것 중 어느 하나로 성립해야지, 그 2가지 외에 다르게 성립하는 방법은 없다고 확실하게 결정해야 한다."

첫째, 아我와 온蘊이 자성으로 성립하는 하나의 실체라면, 다음 3가지 결함이 생긴다고 불호 논사가 설했다. ①'아'를 주장하는 것이 의미가 없게 될 것이다. 만일 그 둘의 동일한 실체가 자성으로 성립한다면, 전혀 분리할 수 없는 하나가 될 것이다. 왜냐하면 동일한 실체가 승의로 성립한다면 그 둘은 어떤 마음에 현현하더라도 다르게 현현하지 않아야 할 것이기 때문이다. ②'아'가 다수가 될 것이다. 만일 '아'가 '오온'과 하나로 성립한다면, 하나의 푸드갈라에 많은 온이 존재하는 것처럼 '아'도 많이 존재하게 될 것이며, '아'가 하나 밖에 없는 것처럼 온들 또한 하나가 될 것이다. ③'아'가 생멸하게 될 것이다. 온이 생멸하는 것처럼 '아' 또한 생멸하게 될 것이다. 왜냐하면 그 둘이 하나이기 때문이다. 이 경우에 대한 3가지 결함을 『입중론자주』에서 설했다. ㉠이전의 '나'와 지금의 '나'가 자상으로 각각인 것이 되어 하나의 흐름이라고 말할 수 없게 된다. 왜냐하면 앞의 것과 나중의 것이 스스로 힘을 가진 견고한 것으로 성립하므로 다른 것에 의존할 수 없기 때문이다. 그와 같이 동일한 흐름이 타당하지 않다면, "나는 그 생에 그 시간에 이와 같은 사람이었다"라고 전생을 기억하는 것이 불가능할 것이다. ㉡행한 업이 낭비될 것이다. 왜냐하면 업을 행한 '아'가 그 결과를 경험하기 전에 이미 소멸하기 때문이다. ㉢행하지 않은 업과 만나게 될 것이다. 별개인 다른 흐름이 쌓은 업의 결과를 또 다른 흐름이 경험한다는 것은 지극히 모순된다. 본인이 행하지 않은 업의 결과를 본인이 경험하게 될 것이다.

둘째, 아와 온이 자성으로 성립하는 다른 것이라면, 2가지 결함이 생긴다. ①아가 온의 특성, 즉 생주멸을 가지지 않게 될 것이다. 즉 항상하고 단일하며 자재한 것이 될 것이다. ②온을 제외하고도 아를 파악할 수 있어야 할 것이다.(『람림중본』, vol.2, 327~330쪽 요약. 보다 상세한 내용은 『입중론자주』 현전지 게송 121-141, 235~264쪽과 『람림광본』, vol.1, 714~721쪽 및 『깨달음에 이르는 길』, 청전 옮김, 897~904쪽 참조)

중에서*7물질적인 것(유색有色)은 어떤 것이든 승의적으로는 마음의 행상行相(마음의 작용) 외에 별도로 없는 것이다. 왜냐하면 그것들을 가장 미세한 입자로 분쇄하고 또한 그 극미들 각 부분의 자성을 개별적으로 상세히 살핀다면, 자성을 결코 파악할 수 없기 때문이다.

그렇기 때문에, 시작이 없는 때로부터 색 등 진실하지 못한 것*8에 집착한 영향력에 의해서, 마치 꿈속에서 지각하는 색 등이 현현하는 것처럼, 어리석은 사람들에게는 마음이 색 등 외부의 대상(외경)과 단절된 것처럼 인식되겠지만, 승의적으로 색 등은 마음의 행상일 뿐 별도로 없는 것이다"[23] 라고 분석해야 한다.

그는 '이 삼계는 오직 마음뿐이다'라고 생각하고, 그와 같이 명칭을 붙인 것에 지나지 않는 일체의 법들은 오직 마음뿐이라는 것을 깨닫고 '그것에 대해 낱낱이 상세하게 관찰한다면, 일체법의 자성을 낱낱이 상세하게 관찰하는 것이다'라고 생각하고, 마음의 자성을 낱낱이 상세하게 관찰한다.

---

23 14대 달라이라마 영문본 주석에서 다음과 같이 설명했다. "보통 사람들은 무시이래로 색을 잘못 인식했습니다. 마치 꿈속에 나타난 형상처럼, 색 등이 마음과 분리되어 외부에 나타난다고 잘못 인식했습니다. 궁극적 의미에서 색 등은 마음의 행상과 다른 것이 아닙니다. 이와 같이 진여 즉 공성은 능취와 소취 사이에 실질적으로 분리할 수 없음을 뜻합니다. 이것은 물질을 작은 입자로 쪼개서 이 작은 입자의 실체를 찾아본다면, 어떠한 확정적인 실체, 즉 아我를 명확하게 지적할 수 없기 때문입니다. 이러한 유식파의 견해는 미세한 차이를 제외하고는 유가행 자립논증 중관학파와 매우 유사합니다. 그러나 이 견해를 후기 중관파는 인정하지 않습니다. 그래서 다음에 이어지는 글은 중관파의 고유한 견해를 설명합니다."(『Stages of Meditation-The Dalai Lama』, 130쪽)

그것은 다음과 같이 분석하는 것이다.

"승의적으로 마음 또한 진실하다고 할 수 없으니, 거짓을 본질로 하는 색 등의 모습을 파악하는 마음이 여러 가지 행상行相으로 현현할 때 그것이 어떻게 진실한 것이 될 수 있겠는가? 그와 같이 색 등이 거짓인 것처럼 마음 또한 그것 이외에 별도로 없기 때문에 거짓일 뿐이다. 이와 같이 색 등은 다양한 모습이기 때문에 하나 혹은 다수의 자성을 가진 것이 아닌 것처럼, 마음 또한 그것 이외에 별도로 존재하지 않기 때문에 하나 혹은 다수의 자성을 가진 것이 아니다. 그러므로 마음은 환영幻影 등의 본성과 전적으로 같다. 마음이 그와 같은 것처럼 모든 법 또한 전적으로 환영 등의 본성과 같은 것이다."

그가 그와 같이 지혜로 마음의 본성을 낱낱이 관찰한다면, 승의적으로 마음은 안에서도 인식되지 않으며 밖에서도 인식되지 않고, 안과 밖이 없는 곳에서도 인식되지 않는다. 과거의 마음도 인식되지 않고 미래의 마음도 인식되지 않고 지금 생겨난 마음도 인식되지 않는다. 마음이 생겨날 때에도 어디에서도 오는 것이 아니며 사라질 때에도 어디로 가는 것이 아니니, 마음은 붙잡을 수 없고 보여줄 수 없으며*9 형상을 가진 것(유색: 물질적인 것)이 아니다.

보여줄 수 없고 붙잡을 수 없으며 형상을 갖지 않는 것의 본성은 어떤 것인가 묻는다면, 『보적경』에서 다음과 같이 설한 것과 같다.

> 가섭이여! 마음이란 아무리 찾으려고 해도 발견할 수 없다. 발견할 수 없는 것은 인식할 수 없다. 인식할 수 없는 것은 과거의 것도 아니고 미래의 것도 아니고 현재의 것도 아니다.

그가 그와 같이 살핀다면, 마음의 처음을 진실한 것으로 볼 수 없으며, 마음의 마지막을 진실한 것으로 볼 수 없으며, 마음의 중간을 진실한 것으로 볼 수 없다. 마음에 가장자리(邊)와 가운데(中)가 없는 것처럼 모든 법도 가장자리와 가운데가 없다는 것을 확실히 이해해야 한다. 그가 그처럼 마음에 가장자리와 가운데가 없음을 확실히 이해하고 나면 마음의 자성을 어떤 것도 인식하지 못한다.

분별하는 그 마음[*10] 또한 공함을 이해해야 한다. 그것을 이해함으로써 마음의 행상行相으로[*11] 성립된 것의 자성, 즉 색 등의 자성 또한 진실한 것으로 보지 않는다. 그는 이와 같이 지혜로 모든 법의 자성을 진실한 것으로 보지 않기 때문에, 색은 '영원하다'라거나 '무상하다'라거나 '공하다'라거나 '공하지 않다'라거나 '유루이다'라거나 '무루이다'라거나 '생겨난 것이다'라거나 '생겨나지 않은 것이다'라거나 '존재하는 것이다'라거나 '존재하지 않는 것이다'라고 분별하지 않는다.

이렇게 색에 대해 분별하지 않는 것처럼 수·상·행·식들에 대해서도 분별하지 않는다. 특성을 갖는 것(유법有法)이 성립하지 않으면 그것의 차별들 또한 성립하지 않는데, 그것에 대해 어떻게 분별하겠는가? 그와 같이 지혜로 철저히 분석하여, 어느 때든*12 수행자가 어떤 사물의 자성을 승의적으로 [존재하지 않는다고] 확실하게 파악할 때, 무분별삼매에 들어가며, 또한 일체법의 무자성성도 깨닫게 된다.

지혜로써 사물의 자성을 낱낱이 관찰하여 수습하지 않고, 작의를 제거하는 것만 오로지 수습하는 사람은 망상분별을 전혀 제압하지 못하고 무자성성 또한 깨닫지 못하게 된다. 왜냐하면 지혜의 빛이 없기 때문이다.

세존께서 말씀하셨다.

> 이와 같이 바르게 하나하나 관찰하는 것에서 진실을 있는 그대로 아는 지혜의 불꽃이 생긴다면, 나무를 비벼서 생긴 불처럼 분별의 나무를 태워버릴 것이다.

『보운경』에서도 다음과 같이 설했다.

> 그와 같은 결함을 잘 아는 수행자는 일체 희론에서 벗어나기 위해서 공성을 수습하기 위한 요가를 행한다. 그는 공성에 대한 수없는 수행에 의해 이러 저러한 대상에 마음이 산란되어 마음을

아주 즐겁게 하는 그러한 대상들의 자성을 철저히 탐구하여, 공하다는 것을 깨닫는다. 또한 바로 그 마음을 관찰하여, [역시] 공하다는 것을 깨닫는다. 어떤 마음으로 깨닫는가 하는 그 마음 또한 자성을 철저히 추구한다면, [결국] 공하다는 것을 깨닫게 된다. 그는 그와 같은 깨달음에 의해 무상無相요가에 들어간다.

이것은 철저한 분석을 먼저 행한 사람만 무상성無相性에 들어간다는 것을 보여준다. 단지 작의作意를 버리거나, 지혜로 사물의 자성을 분석하지 않고서 무분별성(무분별의 상태)에 들어가는 것이 불가능함을 아주 분명하게 보여준 것이다.

그와 같이 그(요가행자)는 지혜로 색 등 사물의 자성을 올바르게 여실히 관찰하면서 선정을 행하는 것이지, 색 등에 머물면서 선정을 행하지 못하며, 이 세상과 저 세상의 중간에 머물면서 선정을 행하지 못한다. 왜냐하면 색 등 그러한 것들은 인식할 수 없기(무소연無所緣: 불가득不可得) 때문이다. 그렇기 때문에 '머물지 않는 선정(무주선정無住禪定)'이라고 한다.

지혜로써 모든 사물의 자성을 관찰한 후에 [어떤 것도] 인식하지 않고 선정을 행하기 때문에, '수승한 지혜의 선정'이라고 하며, 이는 『허공장경』과 『보계경』 등에서 가르치는 것과 같다.

그와 같이 인무아와 법무아의 궁극적 실상(진실)에 들어간 사람은,*13 분별해야 할 일이나 살펴보아야 할 일이 별도로 없기 때문에, 분별과 분석에서 벗어나 있다. 언설에서 벗어나서 오로지 하나의 상태로 된 마음이 저절로 작동하여 애써 행함[24]이 없으므로, 궁극의 실상을 극히 명료하게 수습하면서 머물게 된다. 거기에 머물면서 마음의 흐름이 산란되지 않아야 한다.

중간에 탐착 등에 의해서 마음이 외부로 산란되는 경우, 그때는 산란된 것을 알아차리고 신속하게 부정관不淨觀 등을 수습하여 산란을 제거한 후 곧바로 진여에 마음이 다시 들어가게 해야 한다. 어느 때든 궁극의 실상(진실성)에 대해 싫어하는 마음을 보게 될 때는 삼매의 공덕(장점)을 봄으로써 그것에 대한 환희심을 수습한다. 또한 산란을 결함으로 봄으로써 싫어하는 마음을 완전히 제거한다.

만약 혼미와 졸음에 눌려서 의식의 흐름이 분명하지 않아 마음이 가라앉거나(혼침) 가라앉을 것으로 우려되는 것을 보게 되는 경우에는, 이전처럼 극히 환희로운 대상에 마음을 집중하여 신속히 가라앉음을 제거하고, 인식대상인 바로 그 궁극적 실상을 매우 견고하게 붙잡아야 한다. 만약 과거에 웃고 놀았던 것이 다시 생각나서 중간에 마음이 고양되거나 들뜰 것(도거)으로 우려되는 것을 보게 되는 경우에는, 이전처럼 무상한 것 등 염리심을 일으키는 대상을 작의하여 마음의 산란을 제거하고, 그 다음

24 애써 행함: 티벳어 མངོན་པར་འདུ་བྱེད་པ།는 '강력한 의욕작용'을 의미하지만, 여기서는 '애써 행함'으로 옮겼다. '행', '가행', '노력', '조작造作', '공용功用', '작행作行' 등으로도 번역된다.(『장한불학사전』, 386쪽)

다시 궁극적 실상에 마음이 애써 행함이 없이 고정되도록 노력한다.

만일 혼침과 도거에서 벗어나 마음이 평등한 상태로 들어가 궁극의 실상에 저절로 고정되는 경우, 그때는 노력을 완화해서 평등사平等捨를 행해야 한다. 만일 마음이 평등한 상태에 들어가 있는 데도 노력(공용)을 행한다면, 그때는 마음이 [다시] 산란하게 될 것이다. 만일 마음이 가라앉아 있는데도 노력을 행하지 않으면, 그때는 완전히 가라앉게 되므로 위빠사나가 없어져, 마음이 마치 선천성 맹인처럼 될 것이다. 그러므로 마음이 가라앉아 있다면 노력을 행해야 하며, 마음이 평등하게 되면 노력을 행하지 말아야 한다.

⑨ 사마타와 위빠사나를 결합하는 수행도

위빠사나를 수습함으로써 지혜가 너무 강하게 되는 때에는, 사마타가 약하기 때문에 바람 속에 놓여 있는 버터불처럼 마음이 흔들리게 될 것이며, 따라서 궁극의 실상을 아주 분명하게 보지 못하게 될 것이다. 그때는 사마타를 수습해야 한다. 또한 사마타의 힘이 너무 강하게 되면 지혜를 수습한다.

위빠사나와 사마타에 평등하게 들어갔을 때는 몸과 마음에 불편함(해로움)이 생기기 전까지는 애써 행함 없이 머무른다. 몸과 마음에 불편함이 생기면, 그 중간에는 세상의 모든 일을 환영처럼, 신기루처럼, 꿈처럼, 물에 비친 달처럼, 환각처럼 보고 다음과 같이 사유한다.

'중생들은 이와 같은 심오한 법을 이해하지 못하므로 윤회 속에서 항상 번뇌에 오염되어 있으니, 나는 어떻게 해서라도 그들이 심오한 법을 이해하도록 그와 같이 하리라.'

이렇게 사유하고 큰 연민심과 보리심을 확실히 일으켜야 한다.

그 다음 쉬고 나서 다시 그처럼 '일체법의 현현이 없는 삼매(제법무현삼매諸法無現三昧)'에 들어가도록 한다. 또한 마음이 지쳐 피곤하다면 그와 같이 피로를 풀어준다.

이것은 사마타와 위빠사나를 결합하여 운행하는 길이며, 분별을 수반한 영상과 분별을 수반하지 않는 영상을 인식대상으로 삼는 것이다. 그처럼 수행자는 이 순서에 의해 한 '시간' 혹은 반 '좌간'[25] 혹은 한 '좌간' 혹은 원하는 만큼 오래 동안 궁극의 실상을 수습하면서 머무른다. 이것은 '진정한 의미를 철저히 드러내 보이는 선정'[26]으로 『능가경』에서 보여준다.

---

25 시간: 티벳어 ཆུ་ཚོད།를 옮긴 것으로, 고대 인도에서는 하루 밤낮(24시간)을 '60시간'으로 계산했으므로 지금의 시간 개념으로는 한 '시간'이 24분에 해당한다. 좌간은 티벳어 퇸ཚུགས།을 번역한 것으로 좌座 혹은 좌간座間으로 한역된다. 한번 자리에 앉아 수행하는 시간의 양으로 1좌간은 3시간 정도에 해당된다.(PS, 120쪽, 주89)

26 진정한 의미를 철저히 드러내 보이는 선정(의분별선정義分別禪定): 색온을 포말과 같이, 수온을 물거품과 같이, 상온을 신기루와 같이, 행온을 바나나 나무와 같이, 식온을 마술의 환상과 같이 파악하여 수습하는 것이다.(『장한불

그 다음 원한다면 삼매에서 일어나 가부좌를 풀기 전에 다음과 같이 생각한다.

'이러한 모든 법은 승의로는 자성이 없는 것이지만, 세속으로는 확실히 존재하는 것이다. 그렇지 않다면 행위와 결과의 연결 등이 어떻게 엄연히 존재할 수 있겠는가? 세존께서도, 세속으로는 사물이 생겨나지만 승의로는 자성이 없다고 말씀하셨다.

어리석은 생각을 지닌 이 중생들은, 자성이 없는 사물들에 대해, 있다는 등 증익增益함으로써 생각이 전도되어 오랜 동안 윤회의 바퀴 안에서 완전히 헤매고 있으니, 나는 반드시 최상의 복덕자량과 지혜자량을 완성하리라. 그리하여 일체지의 경지를 얻으리라. 그리고 그들이 법성을 확실히 이해하도록 하리라.'

이와 같이 생각한 다음 천천히 가부좌를 풀고 시방에 계신 모든 붓다와 보살께 예경하고 그분들에게 공양과 찬탄을 올린 다음, 『보현행원품』 등의 광대한 서원을 세운다.

그 다음 공성과 큰 연민심을 핵심으로 하는 보시 등 모든 복덕자량과 지혜자량을 성취하기 위해 확실한 노력을 해야 한다. 그와 같이 된다면, 그 선정은 '모든 측면의 최상을 지닌 공성'을 확실히 성취한 것이다.

『보계경寶髻經』에서 다음과 같이 상세히 설한 것과 같다.

학사전』, 796쪽)

그것은 자애의 갑옷을 입고 대비의 의지처에 머물면서, '모든 측면의 최상을 지닌 공성'을 확실히 성취하는 선정을 수습하는 것이다. 여기서 '모든 측면의 최상을 지닌 공성'이란 무엇인가? 보시와 항상 함께 하는 것이며, 지계를 벗어난 적이 없는 것이고, 인욕을 여의지 않는 것이며, 정진을 놓친 적이 없는 것이고, 선정을 여의지 않는 것이며, 지혜와 항상 함께 하는 것이고, 방편을 항상 지니는 것이다.

방편

일체지는 보시 등 방편에 의해 완성된다

보살은 모든 중생들을 성숙시키고 국토와 몸과 많은 권속 등을 수승하게 만드는 방편인 보시 등의 선행을 반드시 수습해야 한다. 그렇지 않다면, 붓다께서 설하신 붓다들의 국토 등 모든 수승한 것들이 어떤 것의 결과로 생겨나겠는가?

그렇기 때문에 '모든 측면의 최상을 지닌 일체지의 본래지(일체지지)'는 보시 등의 방편에 의해 완성된다. 그래서 세존께서 다음과 같이 말씀하셨다.

일체지의 본래지는 방편에 의해서 완성되는 것이다.

그러므로 보살은 보시 등의 방편도 수습해야지, 공성만 수습해서는 안 된다.

『섭연경』에서도 다음과 같이 설했다.

"미륵이여! 보살들이 육바라밀을 바르게 수행하는 것은 원만한 보리를 위한 것이다. 그렇지만 그것에 대해서도 어리석은 자들은 '보살은 오직 지혜바라밀만 배워야지 나머지 바라밀들로 무엇을 하겠는가?'라고 말하면서 그들은 다른 바라밀에 대해서 탐탁치 않게 생각한다. 미륵이여! 이것을 어떻게 생각하는가? 내가 과거 까시 왕국의 국왕이었을 때, 비둘기를 구하기 위해 내 몸의 살을 매에게 보시한 것은 지혜가 부족한 것인가?"

미륵보살이 대답하기를, "세존이여! 그것은 그렇지 않습니다."

세존께서 말씀하시기를, "미륵이여! 내가 보살행을 행할 때 육바라밀을 갖춘 선근을 쌓았는데, 바로 그 선근들이 나에게 해가 되었는가?"

미륵보살이 대답하기를, "세존이여! 그것은 그렇지 않습니다."

세존께서 말씀하시기를, "미륵이여! 그대 역시 60겁 동안 보시바라밀을 바르게 수행했으며, 60겁 동안 지계바라밀을, 60겁 동안 인욕바라밀을, 60겁 동안 정진바라밀을, 60겁 동안 선정바라밀을, 60겁 동안 지혜바라밀을 바르게 수행했다. 그렇지만 그것에 대해 어리석은 자들은 '오직 한 가지 이치로 깨닫는다. 즉 공성의 이치로 깨닫는다'고 말한다. 그렇지만 그들이 행하는 것은 전적으로 청정하지 못할 것이다."

만약 방편을 떠난다면, 보살의 지혜만으로는 마치 성문과 같아 붓다의 행을 할 수 없으며, 방편이 수반되어야 할 수 있다.

『보적경』에서 다음과 같이 설한 것과 같다.

> 가섭이여! 그것은 이와 같다. 예를 들어 장관들의 확고한 지지를 받는 국왕이 필요한 모든 목적을 달성하는 것처럼, 능숙한 방편에 의해 확고하게 지지된 보살의 지혜 또한 붓다의 모든 행을 실행할 수 있다.

방편과 지혜로 무주열반을 성취한다

보살 수행도의 견해 또한 다르며, 외도들과 성문 수행도의 견해 또한 다른데, 그것은 다음과 같다.

외도들의 견해는 자아 등에 대해 전도된 견해를 가지고 있기 때문에 모든 방식으로 지혜를 벗어난 길이며, 따라서 그들은 해탈을 얻지 못한다. 성문들은 대자비가 없으므로 방편을 갖추지 못했으며, 따라서 그들은 한결같이 열반을 향한다.

보살들의 길은 지혜와 방편을 지니기를 원한다. 따라서 그들은 머물지 않는 열반(무주열반無住涅槃)을 향하게 된다. 보살들의 길은 지혜와 방편을 지니기를 원하므로 머물지 않는 열반을 성취한다. 왜냐하면 지혜의 힘으로 윤회에 떨어지지 않으며, 또한 방편의 힘으로 열반에 떨어지지 않기 때문이다.

그러므로 『가야산정경伽倻山頂經』에서 다음과 같이 설했다.

보살의 길은 요약하면 이 두 가지다. 두 가지가 무엇인가? 그것은 방편과 지혜다.

『길상제일승경吉祥第一勝經』에서도 설했다.

지혜바라밀은 어머니다. 방편에 능숙함은 아버지다.

『유마힐소설경』에서도 다음과 같이 상세히 설했다.

보살의 속박은 무엇이고 해탈은 무엇인가? 방편 없이 윤회계에서 중생을 돌보는 것은 보살의 속박이고, 방편을 가지고 윤회계의 중생들 속으로 들어가는 것은 해탈이다. 지혜 없이 윤회계에서 중생을 돌보는 것은 보살의 속박이고, 지혜를 가지고 윤회계의 중생들 속으로 들어가는 것은 해탈이다. 방편에 의해 뒷받침되지 않은 지혜는 속박이고, 방편에 의해 뒷받침된 지혜는 해탈이다. 지혜를 갖추지 않은 방편은 속박이고, 지혜를 갖춘 방편은 해탈이다.

보살이 지혜만 수습한다면 성문이 바라는 열반에 떨어지기 때문에 마치 묶여 있는 것처럼 되어, 머물지 않는 열반에 의해 해탈하지 못한다. 그러므로 "방편이 없는 지혜는 보살들의 속박이다"라고 말한 것이다. 그렇기 때문에 찬바람을 맞은 사람이 불에 의지하는 것처럼, 보살은 오직 전도된 견해의 바람을 제거하기 위해서 방편을 갖춘 지혜로 공성을 수습해야 한다. 성문들처럼 열반만을 증득해서는 안 된다.

『십법경』에서 다음과 같이 설한 것과 같다.

고귀한 집안의 자손이여! 그것은 이와 같다. 예컨대, 어떤 사람이 불을 지극히 숭배하게 되었다. 그는 그 불을 공경하고 존경하겠지만, '내가 이 불을 공경하고 존경하며 받들어 모셔왔으니 이것을 두 손으로 완전히 감싸 잡아야 한다'라고 생각하지는 않는다. 그것은 무엇 때문인가? '그 때문에 나에게 신체의 고통이 생기거나 마음의 불편함이 생길 것이다'라고 생각하기 때문이다.

마찬가지로 보살도 열반에 대한 생각은 가지고 있지만, 열반을 증득하지는 않는다. 왜냐하면, '그 때문에 내가 깨달음에서 되돌아서게 될 것이다'라고 생각하기 때문이다.

오로지 방편에만 의지한다면, 보살은 또한 일반 범부의 지위를 벗어나지 못하기 때문에 더욱 강하게 속박될 뿐이다. 그러므로 지혜를 갖춘 방편을 수습해야 한다. 이와 같이 마치 만뜨라

(진언眞言)[의 가피]가 온전히 스며 있는 독초[로 질병을 치료하는 것]처럼, 보살들 또한 지혜가 온전히 스며 있는 힘으로 번뇌를 수습한다면, 그 번뇌는 감로로 변할 것이다. 그렇다면 저절로 상계에 태어나는 결과를 갖는 보시 등의 모든 선행이야 말할 필요가 있겠는가?

『보적경』에서 다음과 같이 설했다.

> 가섭이여! 그것은 이와 같다. 예를 들면, 진언眞言과 약성이 온전히 스며 있는 독초로는 죽게 하는 것이 불가능하다. 그와 마찬가지로 보살들의 번뇌 또한 지혜가 온전히 스며 있으므로 잘못된 쪽에 떨어지게 할 수 없다.

따라서 보살은 방편의 힘으로 윤회를 버리지 않기 때문에 열반에 떨어지지 않고, 지혜의 힘으로 모든 인식대상(소연)을 제거하기 때문에 윤회에 떨어지지 않는다. 그래서 깨달음의 상태인 머물지 않는 열반(무주열반無住涅槃)을 증득하는 것이다.

그러므로 『허공장경』에서도 설했다.

> 그는 반야의 지혜로 모든 번뇌를 완전히 버리고, 방편의 지혜로 모든 중생을 절대로 버리지 않는다.

『해심밀경』에서도 설했다.

중생들의 이익을 위한 행을 완전히 외면하고, [중생을 위해] 확실하게 행해야 할 모든 행*14을 완전히 외면하는 것이, 위없는 바르고 완벽한 깨달음(무상정등원만보리)을 위한 것이라고 나는 가르치지 않았다.[27]

그러므로 깨달음을 얻고 싶은 사람은 지혜와 방편 둘 모두에 의지해야 한다.

출세간의 지혜를 수습하는 경우나 지극한 선정에 들어 있는 경우에는 보시 등 방편에 의지하지 못하겠지만, 그에 대한 예비 수행(가행)과 그 다음(후득위)에 생긴 지혜가 생겼을 때는, 방편에 의지할 수 있다. 따라서 지혜와 방편 둘을 동시에 수행해야 하는 것이다.

---

27 해심밀경의 전문과 원측소를 옮기면 다음과 같다. 『해심밀경』에서, "승의청정이여! 홀로 평온적정만을 추구하는 성문의 종성을 가진 사람은, 모든 붓다께서 정진을 지니게 해도, 깨달음의 핵심에 이르게 하여 '위없는 바르고 완벽한 깨달음'을 얻게 할 수 없다. 그것은 무엇 때문인가? 그것은 이와 같다. 즉 그는 연민심이 극히 작고 고통을 극히 두려워하기 때문이며 본래 종성이 오직 열등하기 때문이다. 그는 연민심이 극히 작아, 그에 따라서 중생의 이익을 위한 행을 극히 외면하게 된다. 그는 고통을 극히 두려워하여, 그에 따라서 확실하게 행해야 할 모든 행(제행소작諸行所作)을 극히 외면하게 된다. 중생의 이익을 위한 행을 극히 외면하고 확실히 행해야 할 모든 행을 극히 외면하는 것을 '깨달음의 핵심'과 '위없는 바르고 완벽한 깨달음'이라고 나는 가르치지 않았다. 그러므로 그들을 '홀로 평온적정만을 추구하는 자'라고 한 것이다"라고 했으며, 이에 대해서 원측은 주석에서 "한결같이 자비가 박약한 것은 독각의 장애요, 한결같이 고통을 두려워하는 것은 성문의 장애다"라고 했다.(티벳어 라모뜨교정본 『해심밀경: SNS』 무자성상품 7-15. 74쪽/ 『원측소에 따른 해심밀경』, 249쪽)

보살의 지혜와 방편은 무엇인가

또한 보살들의 지혜와 방편을 결합하여 수행하는 길은 이것이니, 모든 중생들을 보살피는 큰 연민심에 완전히 감싸여 출세간도를 수습하고, 선정에서 일어나 방편을 수습할 때에도 [환상에 속지 않는] 마술사처럼, 오로지 전도되지 않은 보시 등을 수습하는 것이다.*15

이에 대해 『무진혜소설경』에서 다음과 같이 상세히 설했다.

> 여기서 보살의 방편이란 무엇이고 지혜란 무엇인가? 평등주平等住에서[28] 중생들을 살펴보기 때문에 큰 연민심의 인식대상에 마음을 고정하는 것이 보살의 방편이다. [분별을] 적정하게 하고 [행을] 지극히 적정하게 하여 집중상태에 들어가는 것이 보살의 지혜다.*16

『항마품』에서도 다음과 같이 상세히 설했다.

28 '평등주'를 '삼매를 수습할 때 오로지 인법무아의 공성만이 현현하고, 세속제는 현현하지 않는 상태'로 해석할 경우, 본문에서 『무진혜소설경』을 인용한 것은 문맥에 맞지 않게 된다. 그렇지만 "지관쌍운의 경우에는 선정에 들었을 때도 중생을 볼 수 있다."(안성두 교수) 또한 세친논사의 『무진혜소설경광석』에서, "평등주란 말은 처음에 요가행에 평등하게 들어가는 때다"라고 주석했다.(후주 *16 참조)

또한 보살들의 최고 청정한 가행은, 반야의 지혜로 오로지 정진만을 행하지 않고, 방편의 지혜로 일체의 선한 법을 모으는 것에 대해서도 가행하는 것이며, 반야의 지혜로 아我가 없으며(무아無我) 중생이 없으며(무중생無衆生) 목숨이 없으며(무수명無壽命) 양육이 없으며(무양육無養育) 보특가라가 없다는 것(무인無人)에 대해서 가행하며, 게다가 방편의 지혜로 모든 중생들을 완전히 성숙시키는 것에 대해서도 가행하는 것이다.

『섭정법경』에도 다음과 같이 설했다.

예를 들면, 어떤 마술사가
환영을 자유롭게 하기 위해서 애쓰지만
그는 예전부터 그것을 알고 있으므로
그 환영에 집착하지 않는다.[29]

그와 같이 삼계가 환영과 같다는 것을

29 마술사가 마술로 조작하여 만들어 낸 것으로, 밧줄에 묶인 모습을 관객들에게 보여주어 관객들은 실재라고 알고 있지만, 마술사는 본인이 만들어 낸 환영임을 알고 있다. 이에 대한 14대 달라이라마의 해설은 다음과 같다. "마술사가 감옥에 있는 어떤 사람의 영상을 만들어내는 예를 들어보겠습니다. 마술사는 그 사람을 감옥에서 꺼내려고 시도합니다. 그러나 그는 자신이 만들어낸 것이 단지 환영에 불과하다는 것을 알기 때문에 집착하지 않습니다. 마찬가지로 붓다들은 삼계에 있는 모든 중생들을 환영과 같이 봅니다. 그래서 현상들을 자성이 있는 것이라고 집착하지 않고, 현상들이 환영과 같이 텅 빈 것임을 깨달은 반야지를 가지고 있습니다. 동시에 모든 중생들의 이익을 증대시키는 일에 열중합니다."(『달라이라마의 수행의 단계』, 184쪽)

원만보리를 증득한 현자(붓다)는 이미 아셨으니
중생을 위해 갑옷을 입었지만,
중생이 그와 같음을 예전부터 아셨다.

보살들은 오로지 지혜와 방편의 이치를 수습한다는 관점에서, '그의 가행은 윤회에 머무르지만 생각은 열반에 머문다'고 설한 것이다.

그와 같이 공성과 대연민을 핵심으로 하는 위없는 바르고 완전한 깨달음(무상정등보리)에 온전히 회향하는 보시 등의 방편을 수습하여 익숙해지고, 한편으로 승의보리심을 일으키기 위해서 앞에서와 같이 지속적으로 제때에 사마타와 위빠사나에 대한 가행을 할 수 있는 만큼 수습해야 한다.

『소행청정경所行淸淨經』에서 어떤 상황에서도 중생들의 이로움을 위해 행하는 보살들의 훌륭한 특성을 설했는데, 그와 같은 [보살의 공덕에] 가까이 머무는 억념으로 언제나 능숙한 방편을 익혀야 한다.

2

연민심과 보리심과 방편을 수습한 결과는 무엇인가

그와 같이 연민심과 방편과 보리심을 익힌 사람은, 이생에서 의심할 것 없이 수승하게 될 것이다. 그러면 꿈속에서 항상 붓다와 보살을 보게 될 것이고 다른 좋은 꿈들도 꾸게 될 것이다. 천신들도 기뻐하며 보호해 줄 것이며 매 순간마다 또한 광대한 복덕과 지혜의 자량이 쌓일 것이다. 번뇌장과 추중麤重(번뇌습기)[30]도 정화되고 어느 때든 몸의 안락과 마음의 안락이 많아질

30 원문의 냉앤렌གནས་ངན་ལེན།은 직역하면 '악취처'이다. 다음 4가지 의미를 지닌다. ①악을 취하는 의지처. ②조중粗重: 몸과 말과 마음의 불감능(身語意不堪能) ③추중: 전도된 마음을 점점 증가시키는 힘이며, 마음의 흐름 안에 존재하는 습기 세력. 유루종자 혹은 번뇌습기 ④타죄(『장한불학사전』, 952쪽). 여기서는 세 번째로 추중 즉 번뇌습기 혹은 유루종자를 뜻하는 것으로 해석했다.

것이다. 많은 사람들에게 사랑을 받을 것이고 몸도 병에 시달리지 않게 될 것이다. 최상의 마음의 감능성堪能性[31]도 성취하게 될 것이며, 따라서 신통 등 특별한 공덕을 성취하게 될 것이다.

그 다음 신통력으로 무량한 세계로 가서, 붓다 세존들에게 공양을 올리며 그분들에게서 가르침도 들을 것이다. 임종시에도 의심할 것 없이 붓다와 보살들을 보게 될 것이며, 다른 생에서도 붓다와 보살이 항상 함께하는 지역에, 게다가 특별히 고귀한 가문에 태어날 것이다. 그러므로 노력할 필요 없이 복덕과 지혜의 자량을 완전하게 갖추게 될 것이다. 재산이 많아지고 권속이 많아질 것이며, 예리한 지혜로 수많은 사람들을 완전히 성숙시킬 것이다. 또한 모든 생에서 과거의 생을 기억하게 될 것이다. 이와 같이 다른 경전들에서 설명한 헤아릴 수 없는 이로움과 장점을 확실히 이해해야 한다.

그가 그와 같이 연민과 방편과 보리심을 항상 공경하여 오랫동안 수습한다면, 점차로 마음의 흐름이 지극히 청정해지는 순간이 생겨나 완전히 성숙될 것이기 때문에, 마른 나뭇가지를 열심히 비벼 마침내 불을 일으키는 것처럼, 진실한 의미(진실의眞實意)에 대한 수습이 궁극에 도달할 것이다. 그 다음 모든 분별의

---

31 마음의 감능성: 티벳어 སེམས་ལས་སུ་རུང་བ་를 직역하면 '마음이 일을 할 수 있음'으로 옮겨진다. '마음의 흐름이 평온적정하고 다스려진 상태' 혹은 '마음에 평안을 얻어 마음을 다스릴 수 있게 된 상태'를 뜻한다.(『장한불학사전』, 1666쪽)

그물이 제거되고, 희론이 없는 법계를 지극히 명료하게 깨닫게 되며, 오염이 없고 흔들림이 없어 마치 바람 없는 곳에 놓인 버터불처럼 부동함이 한량 없게 되고,*17 제법무아의 본질인 궁극적 실상이 증득되며, 견도에 속하는 승의보리심을 본질로 하는 출세간의 본래지가 생겨날 것이다.

그것이 생겨난 후에 '사물의 궁극이라는 인식대상(사변제소연事邊際所緣)'에 들어가는데, 즉 여래 종성으로 태어나는 것이고 보살의 무결함에 들어가는 것이며, 세간의 모든 중생의 속성에서 벗어나는 것이고, 보살의 법성과 법계를 증득한 상태에 머무는 것이며 보살의 초지를 얻는 것이다. 이러한 이로움과 장점(공덕)은 『십지경』 등에서 상세하게 이해해야 한다.

이것이 '진여를 인식대상으로 하는 선정(진여소연정려眞如所緣靜慮)'이며 『능가경』에서 설했다. 이것은 보살들이 희론 없는 무분별 상태에 들어가는 것이다.

승해행지에는 승해의 힘으로 들어간다고 확립한 것이지, 애써 행함으로 들어가는 것이 아니다. 그러한 본래지가 생기게 되면 확실하게 들어간 것이다. 그처럼 보살 초지에 들어간 사람은, 다음에 수도修道에서 '세간을 벗어난 본래지(출세간지)'와 '그 후에 얻은 본래지(후득지)' 두 가지로 지혜와 방편을 수습하여, 점차로 '수습함으로써 제거해야 할 대상(수도소단修道所斷)'인, 미세한 것보다도 더욱 미세한 축적된 장애를 닦기 위해서, 그리고 더욱 높은 특별한 공덕을 얻기 위해서, 보살의 높은 경지*18에 속한 것들을 철저히 정화함으로써, '여래의 본래지'까지 들어가서 일체지의 큰 바다에 들어가 '목적을 완전히 성취함이라는 인식대상(소작성취소연所作成就所緣)'을 얻는 것이다. 이와 같이 오로지 단계에 따라 마음의 흐름이 완전히 청정하게 된다고 『능가경』에서도 설명했다.

『해심밀경』에서도 다음과 같이 설했다.

단계적으로 보살의 높은 경지들에 대해서 마치 황금을 정련하는 것처럼 마음을 정화하여, '위없는 바르고 완벽한 깨달음'에 이르기까지 확실하고 완벽하게 깨달음을 이루게 될 것이다.[32]

32『해심밀경』 분별유가품에서 인용하면 다음과 같다. "세존이여! 보살이 사마타와 위빠사나를 어떻게 수행하면, 위 없는 바르고 완벽한 보리(무상정등보리)를 확실하고 완벽하게 깨닫게 됩니까? -(중략)- 그것이 보살의 견도이다. 그것을 얻음으로써 보살은 '결함 없는 진실한 상태(정성이생正性離生)'에 들어가는 것이다. 여래의 가족으로 태어나게 된다. 보살의 첫 번째 경지를 얻는 것이며 그 경지의 이로움도 경험하는 것이다. 그는 이전에 사마타와 위빠사나를 얻었기 때문에, 유분별영상과 무분별영상이라는 두 가지 소연을 얻은 것이다. 그와 같이 견도를 성취했기 때문에 사물의 궁극이라는 소연(사변제소연)을 얻은 것이며, 그는 더욱 높은 것들을 추구하기 위해서 수도에 들어간다. 그들 세 가지 소연을 작의한다면 이와 같다. 예를 들면, 어떤 사람이 아주 작은 쐐기로 아주 큰 쐐기를 뽑아내는 것처럼, 그도 역시 쐐기로 쐐기를 제거하는 방식으로 내적인 상을 완전히 제거함으로써, 잡염을 일으키는 모든 상을 제거한다. 그러한 상들을 모두 제거하면 추중[유루종자]들도 완전히 제거된다. 모든 상과 추중을 철저히 뿌리뽑아서 단계적으로 더욱더 높은 경지들에서 황금을 정련하는 것처럼 마음을 수행하며, 위 없는 바르고 완전한 보리에 이르기까지 확실하고 완벽하게 깨달음을 성취하고, 목적을 완전히 성취함이라는 소연(소작성취소연)도 얻게 된

일체지의 큰 바다에 들어간다면, 여의보주如意寶珠처럼 모든 중생들을 돌보는 훌륭한 특성(공덕)이 쌓이게 되며, 과거에 서원한 것의 결과가 있게 될 것이다.

큰 연민심(대비)을 본성으로 하게 될 것이며, 저절로 성취하는 온갖 다양한 방편들을 갖추어, 헤아릴 수 없는 화신化身으로 한 중생도 남김없이 모든 살아 있는 존재들을 위해 모든 종류의 의미 있는 일을 행할 것이고, 수승한 공덕들이 남김없이 최고의 궁극에 도달할 것이다.

붓다들께서 번뇌습기와 함께 일체의 오염된 결함을 제거하고, 중생계가 다할 때까지 머물러 계신다는 것에 대해 깨달음을 가진 현자는, 모든 공덕의 원천인 붓다 세존에 대한 믿음을 일으키고, 그 훌륭한 특성(공덕)을 완전히 성취하기 위해서, 스스로 전심으로 노력해야 한다.

그러므로 세존께서도 "일체지의 본래지(일체지지一切智智)는 연민이라는 뿌리에서 생겨나며, 보리심이라는 씨앗에서 생겨나고, 방편으로 궁극에 도달하는 것이다"라고 말씀하셨다.

> 현명한 자는 질투 등의 오염을 멀리하며,
> 훌륭한 특성에 만족하지 않네, 바다와 같이.

다. 미륵이여! 보살이 사마타와 위빠사나에 대해 그처럼 수습한다면, 무상정등의 보리를 확실하고 원만하게 깨닫게 될 것이다."(라모뜨 교정본 티벳어『해심밀경: SNS』 분별유가품 8-36, 114~116쪽)

제대로 구별하여 바르게 설한 것만 취한다네.
백학이 기쁨의 호수에서 우유만 취하는 것처럼.

그렇기 때문에 지혜로운 사람들은
편견에 빠져 혼란한 마음 멀리 버리고,
어린 아이에게서도 바르게 설한 법은
모든 것을 전적으로 받아 지녀야 한다네.

이와 같이 중관의 길 해설하여
제가 얻게 되는 모든 복덕으로
모든 중생들 하나도 남김없이
중관의 길 성취하도록 하소서!

아짜리야 까말라실라께서 중편으로 저술한 수행의 단계를 마친다. 인도의 친교사 쁘라즈냐와르마와 역경사 비구 예쉐데가 번역하고 교정하여 확정했다.

■중편 후주

*1. 티벳어 སེམས་(마음)을 문맥에 맞게 북경본과 나르탕본에 따라 མེས་(불에 의해)로 수정하여 '불길에'로 옮겼다.

*2. 티벳어 རྟག་ཏུ་འདུ་ཤེས་(항상함에 대한 생각) 대신에 북경본과 나르탕본 그리고 ACIP에서 가져온 라싸본 『삼매왕경』[bka-gyur_H0129(mdo-sde.ta001) 44b1]에 따라 བདག་ཏུ་འདུ་ཤེས་로 수정하여 '아상'으로 옮겼다.

*3. 티벳어 ཐོས་པ་(듣다) 대신에 라모뜨 교정본 『해심밀경』(분별유가품 8-33, 111쪽)에 따라, ཐོབ་པ་(얻다)로 수정하고, 이에 대한 현장의 한역 於諸聖教不得隨欲是毘鉢舍那障에 따라 '얻다'로 옮겼다.

*4. 티벳어 ཞི་གནས་(적정하게 머무르다) 대신에 문맥에 맞게 북경본과 나르탕본에 따라 ཞི་ནས་(적정하게 하여)로 수정하여, '제거하여'로 옮겼다.

*5. 낱낱이 관찰하고 승해勝解(확정적으로 구분)하는 것이다: 티벳어 སོ་སོར་རྟོག་པར་བྱེད་མོས་པར་བྱེད་དོ།།를 옮긴 것으로, 현장의 한역은 觀察勝解이지만 쪽로루이갤챈의 『해심밀경석』에서, སོ་སོར་རྟོག་པར་བྱེད་ཞེས་བྱ་བ་ནི་རབ་ཏུ་རྣམ་པར་འབྱེད་པར་བྱེད་པའོ།། མོས་པར་བྱེད་དོ་ཞེས་བྱ་བ་ནི་མོས་པ་ཡིད་ལ་བྱེད་པ་མ་ཡིན་གྱི་ངེས་པར་འབྱེད་དོ་ཞེས་བྱ་བའི་ཐ་ཚིག་གོ།། ('낱낱이 관찰하고'라는 말은 철저히 구분하는 것이다. '승해하는 것이다'라는 말은, 승해작의가 아니라 확정적으로 구분하는 것이다)를 채택하여 위와 같이 옮겼다.(쪽로루이갤챈의 북경본 티벳어 『해심밀경석』, 186a2)

*6. 티벳어 དེ་བཞིན་ཉིད་ལ་བབ་པ། དེ་བཞིན་ཉིད་ལ་འབབ་པའོ། 대신에 라모뜨 교정본 『해심밀경』(94쪽)에 따라 དེ་བཞིན་ཉིད་ལ་འབབ་པ།དེ་བཞིན་ཉིད་ལ་བབ་པའོ།로 수정하여 '진여眞如(티/de bzhin nyid 산/tathata)에 이르게 하거나, 진여에 이미 도달한 것'으로 옮겼다.

*7. 티벳어 དང་이 북경본과 나르탕본에는 없으며 문맥에 따라 '중에서'로 옮겼다.

*8. 티벳어 ཡང་དག་པ་མ་ཡིན་པ་를 옮긴 것으로 '실재하지 않는 것' 혹은 '진실로 존재하지 않는 것'을 의미한다.

*9. 티벳어 བརྟན་དུ་མེད་པ་(믿을 수 없다)을 북경본과 나르탕본에 따라 བསྟན་དུ་མེད་པ་(보여줄 수 없다)으로 수정하여 옮겼다.

*10. 티벳어 སེམས་གང་གི་ཡོངས་སུ་རྟོག་པ་དེ་(어떤 마음의 분별)를 문맥에 맞게 སེམས་གང་གིས་ཡོངས་སུ་རྟོག་པ་དེ་(어떤 마음으로 분별하는가의 그 마음)로 수정하여 '분별하는 그 마음'으로 옮겼다.

*11. 티벳어 སེམས་ཀྱིས་རྣམ་པར་ 대신에 북경본과 나르탕본에 따라 སེམས་ཀྱི་རྣམ་པར་로 수정하여 옮겼다.
*12. 티벳어 དངོས་པོ་གང་གི་ཚེ་는 북경본과 나르탕본에 따라 དངོས་པོ་를 삭제하고 '어느 때든'으로 옮겼다.
*13. 티벳어 བདག་མེད་པ་དེ་ལྟར་ཁོ་ན་를 문맥에 맞게 북경본과 나르탕본에 따라 བདག་མེད་པའི་དེ་ཁོ་ན་로 수정하여 옮겼다.
*14. 티벳어 འདུ་བྱེད་མངོན་པར་འདུ་བྱ་བ་ཐམས་ཅད་를 '확실히 행해야 할 모든 행'으로 옮긴 것이다. 현장의 한역 "발기제행소작發起諸行所作"에 대해, 지운 스님은 "모든 행을 일으켜 해야 할 바"로 번역했다.(『원측소에 따른 해심밀경』, 원측 지음, 지운 역주, 249쪽)
*15. 티벳어 뗀빠བརྟེན་པ་는 '의지하다'라는 의미로, 북경본과 나르탕본에 따라 뗀빠བསྟེན་པ་(수습하다, 가까이 하다)로 수정하여 옮겼다.
*16. 티벳어 『무진혜소설경』의 '무진정품'에서 위 문장을 인용하면, 다음과 같이 약간 다르게 표현된다. 본문의 번역은 원문을 참조한 것이다.

འདི་ནི་བྱང་ཆུབ་སེམས་དཔའི་ཐབས་དང་། ཤེས་རབ་ཀྱིས་མངོན་པར་བསྒྲུབས་པའི་བསམ་གཏན་གྱི་ཕ་རོལ་ཏུ་ཕྱིན་པ་ཞེས་བྱའོ།།དེ་ལ་བྱང་ཆུབ་སེམས་དཔའི་ཐབས་ནི་གང་། ཤེས་རབ་ནི་གང་ཞེ་ན།

གང་བྱང་ཆུབ་སེམས་དཔའ་མཉམ་པར་བཞག་པ་ན། སེམས་ཅན་ལ་ལྟ་བའི་ཕྱིར། སྙིང་རྗེ་ཆེན་པོའི་དམིགས་པ་ལ་སེམས་འདོགས་པ་འདི་ནི་བྱང་ཆུབ་སེམས་དཔའི་ཐབས་ཞེས་བྱའོ།
།གང་ཞི་བ་དང་། རབ་ཏུ་ཞི་བར་བསམ་གཏན་དུ་བྱེད་པ་འདི་ནི་དེའི་ཤེས་རབ་བོ།

이것을 보살의 방편과 지혜로 확실하게 성취한 선정바라밀이라고 한다. 여기서 보살의 방편이란 무엇이며 지혜는 무엇인가? 보살이 평등주平等住에서 중생을 보기 때문에 대비의 소연에 마음을 고정하는 것을 보살의 방편이라고 한다. 적정하게 하고 지극히 적정하게 하여 선정을 행하는 것을 보살의 지혜라고 한다.(라싸본 『무진혜소설경』, 175b5~176a1)

이에 대해 『무진혜소설경광석』(འཕགས་པ་བློ་གྲོས་མི་ཟད་པས་བསྟན་པ་རྒྱ་ཆེར་འགྲེལ་པ།D3994)에서 세친은 다음과 같이 설명한다.

ཐབས་དང་ཤེས་རབ་ཀྱིས་མངོན་པར་བསྒྲུབས་པའི་བསམ་གཏན་ཞེས་བཤད་ན།ཐབས་དང་ཤེས་རབ་གང་ཡིན་སྙམ་ནས་དེ་ལ་བྱང་ཆུབ་སེམས་དཔའི་ཐབས་ནི་གང་ཤེས་རབ་ནི་གང་ཞེ་ན་ཞེས་དྲིས་པ་དང་།གཉེན་པོ་རྣམ་པར་དག་པ་ལ་གནས་པའི་དབང་དུ་བྱས་ནས།གང་བྱང་ཆུབ་སེམས་དཔའ་མཉམ་པར་གཞག་པ་ན་སེམས་ཅན་ལ་བལྟ་བའི་ཕྱིར་ཞེས་བྱ་བ་ལ་སོགས་པ་བྱང་ཆུབ་སེམས་དཔའི་བསམ་གཏན་ཐབས་དང་ཤེས་རབ་ཀྱིས་ཟིན་པ་རྒྱ་ཆེར་གསུངས་སོ།།མཉམ་པར་གཞག་པ་ནི་ཞེས་བྱ་བ་ནི་དང་པོ་རྣལ་འབྱོར་དུ་སྙོམས་པར་འཇུག་པའི་ཚེའོ།།

"방편과 지혜로 확실하게 성취한 선정"이라는 말을 설명한다면, '방편과 지혜란 무엇인가?'라고 생각한 후에, "여기서 보살의 방편이란 무엇이고 지혜란 무엇인가?라고 묻는다면"이라고 질문한 것과, 청정한 대치법에 의존하는 것을 위주로 하여, "보살이 평등주(산/samAhita)에서 중생을 보기 때문에"라고 하는 말 등 보살의 선정은 방편과 지혜에 의해 감싸여 있다는 것(섭수되었음)을 상세히 설했다. '평등주'라는 말은 처음에 요가행에 평등하게 들어가는 때다.

སྙིང་རྗེ་ཆེན་པོའི་དམིགས་པ་ལ་སེམས་འདོགས་པ་ནི་ཁམས་དང་འགྲོ་བ་དང་སྐྱེ་གནས་ཀྱིས་བསྡུས་པའི་སེམས་ཅན་ཐམས་ཅད་ནི་སྡུག་བསྔལ་རྣམ་པ་གསུམ་གྱིས་ཇི་ལྟར་མཐུན་པ་བཞིན་དུ་སྡུག་བསྔལ་བ་ཡིན་ནོ་སྙམ་དུ་སེམས་མངོན་པར་འདུ་བྱེད་པ་སྟེ༑ དེ་ནི་ཐབས་སོ༎ དེའི་འོག་ཏུ་སེམས་ཅན་སྡུག་བསྔལ་ལ་སོགས་པའི་མཚན་མ་ཡང་རབ་ཏུ་སྤངས་ཏེ། རྟོག་པ་ཞི་བ་དང་སྤྱོད་པ་རབ་ཏུ་ཞི་བར་བསམ་གཏན་དུ་བྱེད་པ་འདི་ནི་དེའི་ཤེས་རབ་སྟེ།

"큰 연민심의 인식대상(대비의 소연)에 마음을 고정하는 것"이란 '3계와 6취와 4생에 포함된 모든 중생은 3가지 고통에 의해 상응하는 바에 따라 고통을 겪는 자다'라고 생각하면서, 마음을 강력하게 일으키는 것으로, 이것이 방편이다. 그 다음에 중생이 고통을 겪는다는 등의 관념적인 상 또한 완전히 버리고, 분별을 적정하게 하고 행을 지극히 적정하게 하여 선정을 행하는 것으로, 이것이 보살의 지혜다.(데게본 『무진혜소설경광석』 86b1~86b4)

*17. 티벳어 ཚད་མར་གྱུར་པ།(바른인식으로 되고)를 북경본과 나르탕본에 따라 ཚད་མེད་པར་གྱུར་པ།로 수정하여 '한량 없게 되고'로 옮겼다. 객각의 한역도 이를 반영하여 '무구부동無垢不動, 여무풍촉如無風燭, 성취무량부동요成就無量不動搖'로 옮겼다.(객각 역, 339쪽)

*18. 보살의 높은 경지: 티벳어 ས་འོག་མ་རྣམས་(낮은 경지들)는 범어본에도 동일한 의미로 adhobhūmi(Bhk 221)로 표기되어 있지만, 문맥에 맞게 하편 208쪽의 『능가경』과 『십지경』의 인용문 중의 ས་གོང་མ་རྣམས་을 채택하여, '높은 경지들'로 옮겼다.

까말라실라의 수행의 단계

하편

산스끄리뜨어로 바와나끄라마, 티벳어로 곰빼림빠,

한국어로 수행의 단계이다.

문수동자께 예경합니다.

대승 경전의 체계에 들어간 사람들을 위해

수행하는 순서를 요약하여 설명하겠다.

1

사마타와 위빠사나를 결합하는 수행도

세존께서 보살들의 다양한 삼매는 무량하고 헤아릴 수 없다는 것 등을 이미 설하셨지만, 사마타와 위빠사나 두 가지가 모든 삼매에 편재하므로[1] 사마타와 위빠사나를 결합하여 운행하는 길(지관쌍운도止觀雙運道)을 설명하겠다.

---

1 『해심밀경』에서도 "'세존이여! 사마타와 위빠사나에 몇 가지의 삼매가 포함됩니까?' 세존께서 대답하셨다. '미륵이여! 내가 성문들과 보살들과 여래들의 수많은 종류의 삼매를 가르친 것은 어떤 것이든 그 모든 것들이 [사마타와 위빠사나에] 포함된다는 것을 알아야 한다'"라고 했다.(라모뜨 교정본 『해심밀경』 분별유가품 8-32, 110쪽). 또한 『람림광본』에서도, "예를 들면, 하나의 나무에는 가지와 잎과 꽃과 열매들이 수없이 존재하지만, 그것들이 모인 핵심은 뿌리인 것처럼, 대소승의 한없는 삼매에 대해 붓다께서 설하신 그 모든 것들 또한 그것들이 모여진 수승한 핵심은 사마타와 위빠사나이다"라고 했다.(『람림광본』, vol.1, 467쪽)

세존께서 설하셨다.

중생이 위빠사나와 사마타를 수습하여 익숙해진다면, 추중麤重의 속박과 상相의 속박에서 자유롭게 될 것이다.[2]

그러므로 모든 장애를 제거하고자 하는 사람은 사마타와 위빠사나를 수습해야 한다. 사마타의 힘에 의해, 마치 바람 없는 곳에 있는 등불처럼, 마음이 인식대상으로부터 흔들리지 않게 되고, 또한 위빠사나의 힘에 의해, 마치 어둠 속에서 태양이 떠오르는 것처럼, 법의 궁극적 실상을 있는 그대로 완전하게 알아차림으로써, 청정한 지혜의 빛이 생겨나 모든 장애를 제거하게 되기 때문이다.

2 "세존이여! 사마타와 위빠사나의 작용은 무엇입니까?" "미륵이여! 두 가지 속박인 상에 의한 속박(상박相縛)과 유루종자에 의한 속박(추중박麤重縛)에서 벗어나게 하는 것이다."(라모뜨 교정본 티벳어『해심밀경: SNS』분별유가품, 8-32, 111쪽)

사마타와 위빠사나의 인식대상은 무엇인가

그러므로 세존께서는 요가행자들의 인식대상인 네 가지 사물(4종소연경사所緣境事)을 설하셨다. 즉, 분별을 수반하지 않는 영상(무분별영상無分別影相)과 분별을 수반하는 영상(유분별영상有分別影相)과 사물의 궁극(사변제事邊際)과 목적을 완전히 성취하는 것(소작성취所作成就)이다.

[첫 번째는] 사마타에 의해 모든 법의 영상이나 붓다의 형상 등을 떠올려 인식하는 것으로, 그것을 '분별을 수반하지 않는 영상을 인식대상으로 함'이라고 한다. 여기에는 진실한 의미에 대해 분별하는 것이 없기 때문에 '분별을 수반하지 않는'이라고 하며, 그와 같이 듣고 그와 같이 파악한 법들의 영상을 떠올려*1 인식하기 때문에 '영상'이라고 한다.

[두 번째는] 요가행자가 궁극적 실상의 의미를 이해하기 위해

위빠사나로 그 영상에 대해 수습할 때, 위빠사나의 특성인 궁극적 실상을 이해하는 분별이 존재하기 때문에, 그것을 '분별을 수반하는 영상을 인식대상으로 함'이라고 한다. 요가행자는 그 영상의 본성을 관찰해서 모든 법의 본성을 있는 그대로 확실하게 이해하게 된다. 마치 자신의 얼굴 모습이 거울 속에 나타난 것을 [자세히] 관찰했을 때, [아름답다고 생각했던] 자신의 얼굴에서 아름답지 못한 것 등이 분명하게 드러나는 것처럼.

[세 번째는] 보살 초지初地에서, 사물의 궁극적 특성인 실상(진여眞如)을 분별하게 되었을 때, 사물의 궁극을 확실히 이해하게 되므로, '사물의 궁극을 인식대상으로 함'이라고 말한다.

[네 번째는] 잘 정련된 약(연단煉丹)을 복용한 것처럼,[3] 수도修道에 의해 초지 이상의 경지들에서 점차로 지극히 청정한 순간이 생겨나 의지처가 변화되고(전의轉依), 장애가 남김없이 제거된 것을 특성으로 하는, 목적(소작所作)을 완전히 이루게 된다. 그때, 붓다의 경지(불지)에서의 바로 그 본래지를, '목적을 완전히 성취함을 인식대상으로 함'[4]이라고 한다. 이와 같은 것으로 무엇을

---

3 잘 정련된 약(연단): 고대 인도에서 전해진 비밀 수행법인 연단술을 성취하면, 식물이나 광물 등으로부터 핵심성분을 추출할 수 있으며, 추출된 성분으로 만든 연단을 복용함으로써 몸의 내적인 생명력(명점: 빈두)이 증가하여 몸을 정화시키고 마음을 청정하게 하여 몸이 활기에 넘치고 점점 젊어진다고 한다.

4 "목적을 완전히 성취함을 인식대상으로 하는 것"에 대해 『해심밀경석』에서 다음과 같이 설명한다. "목적을 완전히 성취하는 것"이란 금강과 같은 삼매에 의해, 미세한 추중(번뇌습기)을 남김없이 제거하여 소진시키고 무생지無生智를

보여주는가? 사마타와 위빠사나를 수습하여 익숙해짐으로써 사물의 궁극을 알아차리게 되고, 그로 인해서 모든 장애가 제거된 것을 특성으로 하는, '목적을 완전히 성취함(소작성취)'을 얻는다. 바로 그것이 붓다의 상태(불성佛性)이다. 그러므로 깨달음의 상태(불성佛性)를 얻으려고 하는 사람은 사마타와 위빠사나를 수습해야 한다. 따라서 "그 두 가지를 수습하지 않는 사람들은, 사물의 궁극 또한 이해하지 못하고 목적을 성취하지도 못할 것이다"라고 보여주게 된다.

이것에 대해 요약하면 "사마타는 마음을 하나의 초점에 모으는 것(심일경성)이며, 위빠사나는 진실에 대해 분별하는 것이다"라고 세존께서 『보운경寶雲經』 등에서 사마타와 위빠사나의 특성을 설했다.

얻는 경우, 가행이 궁극에 도달한 결과의 작의를 완전히 성취하며, 바로 그때 알아야 할 모든 것에 대한 탐착이 없고 장애가 없는 지혜와 견해가 생겨난다. 왜냐하면 그것은 출세간의 바른 지혜를 본질로 하는 것이기 때문이다. 그처럼 가행이 궁극에 도달한 결과의 작의(加行究竟果作意)를 완전히 성취하는 것이며, 바른 지혜(正智)를 본질로 하는 것을 '목적을 완전히 성취하는 것'이라고 한다. 그것이 수승한 본래지이다.(쫑로루이갤챈의 『해심밀경석』, 174a3~174a5)

어떻게 사마타와 위빠사나를 결합하여 수습하는가

준비단계

여기서 요가행자는 청정한 계율 등 사마타와 위빠사나의 자량에 의지함으로써, 살아 있는 모든 존재들에게 큰 연민심을 일으키고 보리심을 일으킨 다음, 배움과 사유와 수습에 힘써야 한다.

이에 대해, 수습할 때 수행자는 먼저 해야 할 일을 모두 마치고 대소변을 본 다음에, 소음이 없고 편안한 장소에서 '나는 살아 있는 모든 존재들을 보리의 핵심에 이르게 하리라!'라고 마음 깊이 사유하고, 모든 중생들을 고통에서 벗어나게 하려는 간절한 생각을 지닌 큰 연민심을 일으켜, 시방에 계시는 모든 붓다와 보살들에게 오체투지로 예경한다. 붓다와 보살의 존상이나 그림 등을 앞에 놓거나 다른 곳에 놓는 것도 좋으며, 할 수 있는 만큼 최대한 공양과 찬탄을 올리고, 자신의 잘못을 참회한 다음, 모든 중생의 복덕을 수희찬탄한다.

그 다음 아주 부드럽고 편안한 방석에 바이로차나 존자의 결가부좌나 반가부좌로 앉는다. 눈은 너무 크게 뜨거나 완전히 감지 말고 코끝을 향하며, 몸은 너무 뒤로 젖히거나 앞으로 굽히지 말고 곧게 펴서 세우고, 억념을 내부에 두어야 한다. 어깨를 수평으로 하고 머리를 위로 쳐들거나 아래로 숙이지 말고 한쪽으로 기울지 않게 하며, 코와 배꼽이 일직선이 되게 한다. 이와 입술은 평상시처럼 다물고, 혀는 윗니 안쪽에 가볍게 닿도록 한다. 호흡은 소리가 나거나 거칠거나 고르지 않게 쉬지 말고, 조금도 알아차리지 못하도록 부드럽고 천천히 자연스럽게 들이쉬고 내쉬도록 한다.

여래의 존상에 마음을 집중함: 사마타

여기서 요가행자는 먼저 그와 같이 보고 그와 같이 들

은 여래의 존상에 마음을 집중하여 고정하고 사마타를 수습해야 한다. 여래의 존상이 순금의 황금색이며 32상과 80종호로 장엄되고 제자들이 에워싼 가운데 계시면서 다양한 방편으로 중생들을 이롭게 하시는 것에 항상 마음을 집중함으로써, 여래의 공덕에 대한 염원을 일으키며, 가라앉음과 들뜸을 제거하고, 그분이 앞에 앉아 계시는 것처럼 분명하게 보게 될 때까지 선정을 수습한다.

여래의 색신의 영상에 대해 관찰함: 위빠사나

그 다음 여래의 색신의 영상이 나타나고 사라짐을 관찰하여 위빠사나를 수습한다. 그리고 다음과 같이 사유한다.

'이와 같이 여래의 색신의 영상은 어디로부터도 오는 것이 아니며 어디로도 가는 것이 아니다. 머물고 있지만 자성이 공하며, 나와 나의 것이 없는 것처럼 모든 법 또한 자성이 공하며 오고 가는 것이 없는 것이 마치 영상과 같아서, 있음 등의 자성을 여의었다.'

이렇게 관찰한 다음, 분별과 언설을 벗어나 한결같은 마음으로 궁극적 실상을 수습하면서 원하는 만큼 선정에 머물도록 한다.

이러한 삼매는 『현재제불현주삼매경現在諸佛現住三昧經』에서 설한 것으로, 삼매의 자세한 이로움은 그 경에서 알 수 있다.

모든 법을 포섭한 것에 마음을 집중함: 사마타

한편으로, 가능한 모든 방식으로 일체 법을 포섭한 것[5]에 마음을 고정하고 가라앉음(혼침)과 들뜸(도거) 등을 완전히 제거하여 사마타를 수습한다.

요약하면, 일체 법은 물질적인 것(유색)과 비물질적인 것(무색)의 두 가지 차별에 포섭되며, 여기서 물질적인 것들은 색온으로 집약된다. 느낌 등의 4온(수온·상온·행온·식온)은 비물질적인 것을 본성으로 한다.

이것에 대해 어리석은 자들은 실제로 존재하는 것 등으로 파악하고 집착하기 때문에, 마음이 전도되어 윤회계에서 떠도는 것이다. 그들의 전도를 없애기 위해서 요가행자는 그들에게 큰 연민심을 확실하게 일으키며, 사마타를 성취한 후 궁극적 실상을 증득하기 위해 위빠사나를 수습한다.

5 생주멸을 특성으로 하는 모든 유위법을 포섭한 것은 5온이다. 모든 유위법과 무위법까지 포섭한 것은 12처, 18계이다.

진실에 대해 낱낱이 관찰함: 위빠사나

① 인무아 수습

진실에 대해 낱낱이 관찰하는 것[*2]을 위빠사나라고 한다. 진실이란 인무아와 법무아이다. 인무아란 모든 온들에 나(아我)와 나의 것(아소我所)이 없는 것이고, 법무아란 그것들 모두가 환영幻影과 같은 것이다.

여기서 요가행자는 다음과 같이 관찰해야 한다.

"보특가라(인人)란 색 등을 벗어나서 존재하지 않는다. 왜냐하면 그것은 현현하지 않기 때문이며, 단지 색 등에 대해 '나'라고 생각하는 의식이 생겨난 것뿐이기 때문이다. 보특가라란 색 등의 5온을 본성으로 하는 것도 아니다. 왜냐하면 색 등은 무상하며 다수를 본성으로 하는데, 보특가라는 항상하고 단일한 것을 본성으로 하는 것이라고 다른 사람들이 분별했기 때문이다.

바로 그것(오온) 혹은 다른 것(오온과 다른 것)이라고 말할 수 없는, 보특가라라는 실체가 존재하는 것은 불가능하다. 왜냐하면 실체로서 존재하는 다른 방식은 없기 때문이다."

그렇기 때문에 이것은 다음과 같다.

세간의 '나'와 '나의 것'이라고 말하는 것은 거짓이며 전적으

로 착각임을 확실히 알아야 한다.[6]

②법무아 수습–물질적인 것에 대한 분석

그 다음 법무아를 이해하기 위해서 "물질적인 현상들(유색법)에 대해서도 이것들이 마음을 벗어난다면 어떻게 진실로 존재하여 머물겠는가? 따라서 [물질적인 현상들은] 마음 자체가 색

---

6 월칭 논사는『입중론자주』환희지의 게송2에서, "처음에 '나'라고 아我에 집착하게 되고, '나의 것'이라고 사물에 애착을 일으킨다"라고 중생이 윤회하는 원인을 설했다.

11세기 닝마빠의 롱좀빠(롱좀최기상뽀)는『견해비망록광본ལྟ་བའི་བརྗེད་བྱང་ཆེན་མོ།』에서 "나와 나의 것으로 보는 모든 것 또한 토대인 5온에 의지하여 보는 것이다. 그것도 나로 보는 것(아견) 하나, 나의 것으로 보는 것(아소견) 셋을 합해서 4가지다. 토대인 5온에 의해 구분하여 유신견의 산山 20개로 된다."

"여기서 나(아我)로 보는 것이란 '이와 같은 색이 나다. 따라서 나는 소유자와 같다'라고 말하는 것으로부터 '식이 나다. 따라서 나는 소유자와 같다'라고 말하는 것까지다.

나의 것(아소我所)으로 보는 것 3가지에서, ①5온을 나의 것으로 간주하여 보는 것은 '색은 나의 것이다. 따라서 색은 나의 하인과 같다'라고 말하는 것으로부터 '식은 나의 것이다. 따라서 식은 나의 하인과 같다'라고 말하는 것들이다. ②'나는 5온을 가지고 있다'고 말하는 것은, '나는 색을 가지고 있다. 따라서 나는 왕과 같다'라고 말하는 것으로부터, '나는 식을 가지고 있다. 따라서 나는 왕과 같다'라고 말하는 것들이다. ③5온을 나의 의지처로 보는 것은, '나는 색에 머문다. 따라서 색은 거주지와 같다'라고 말하는 것으로부터, '나는 식에 머문다. 따라서 식은 그릇과 같다'라고 말하는 것에 이르기까지로 보는 것들이다"라고 설명했다. "유신견의 산 20개"에서 '산'이란 거대한 산을 의미하며 워낙 견고하고 커서 오직 지혜의 금강으로만 자를 수 있다.(2016년 11월 함부르크대학 도르제왕축 교수 강의)

등으로 현현한 것으로, 꿈에서 나타나는 것과 같은 것이다"라고 관찰해야 한다.

요가행자는 그것들을 [단지] 미세한 입자[가 모인 것]으로 분별하며 미세한 입자들 또한 부분으로 각각 분석하면 [그것을] 인식할 수 없다. 그처럼 인식할 수 없다면, 그것이 존재한다거나 존재하지 않는다고 분별하는 것이 부정된다. 삼계도 단지 마음뿐이라고 알아차려야지 이외에 다른 것으로 알아서는 안 된다. 그 말을 『능가경』에서도 다음과 같이 설했다.

> 물질은 미세입자로 산산이 부서지니,
> 색을 [실유로] 분별하지 말라.
> 오직 마음으로 확립되어 있다는 것을
> 잘못된 견해를 가진 자는 깨닫지 못한다.

그것을 다음과 같이 사유한다.

'시작이 없는 때로부터 마음이 색 등 진실하지 못한 것에 강하게 집착하는 힘 때문에, 인식대상인 색 등이 꿈속에서 현현하는 것처럼, 어리석은 자들에게는 색 등이 외부에 분리되어 존재하는 것처럼 현현하는 것이다. 그러므로 삼계는 단지 마음뿐이다. 그처럼 법이라고 이름 붙인 모든 것들이 단지 마음뿐임을 깨달은 다음, 그것을 개별적으로 상세히 관찰한다면, 모든 법의 본성에 대해 개별적으로 상세히 관찰하는 것이다.'

③ 법무아 수습—비물질적인 것에 대한 분석

그 다음, 마음의 본성에 대해 개별적으로 상세히 관찰한다. 그것을 다음과 같이 분석해야 한다.

"승의적으로 마음 또한 환영과 마찬가지로 생겨남이 없으니, 마음은 허망함을 본성으로 하는 색 등의 모습을 취하고 다양한 모습으로 현현하는 것 외에 달리 없기 때문에 마음 또한 색 등과 마찬가지로 어찌 진실로 존재하는 것이 되겠는가?*3

그와 같이 색 등은 다양한 모습이기 때문에 하나를 본성으로 하는 것도 다수를 본성으로 하는 것도 아닌 것처럼, 마음도 그것을 벗어나면 달리 없기 때문에 하나를 본성으로 하는 것도 다수를 본성으로 하는 것도 아니다. 마음이 생겨날 때도 어디로부터 오는 것이 아니며, 사라질 때도 어디로 가는 것이 아니니, 승의적으로 [마음이] 스스로, 혹은 다른 것으로부터, 혹은 자타 둘로부터 생겨나는 것은 타당하지 않다. 따라서 마음도 환영과 같으니, 마음이 그러한 것처럼 모든 법도 환영과 같아 승의적으로 생겨남이 없는 것이다"라고 관찰해야 한다.

요가행자가 현상들을 하나하나 분별하는 그 마음을 관찰한다면, 그것의 자성을 인식하지 못한다. 마찬가지로 요가행자가 어떤 대상에 마음이 산란되었을 때 그러한 대상의 자성을 철저히 관찰한다면, 그것의 자성 또한 인식하지 못한다. 그가 [자성을] 인식하지 않게 되는 그때, 모든 사물을 관찰하여 파초처럼 핵심이 없다는 것을 깨닫는다면, 그것에서 마음이 멀어지게 된다. 그 다음, 있고 없음 등에 대한 분별이 없어지게 되고, 모든 희론에서 벗어나 무상無相요가를 성취하게 된다.

그 뜻을 『보운경』에서도 설하였다.

> 그와 같이 결합에 대해 잘 아는 자는 모든 희론에서 벗어나기 위해서 공성을 수습하는 요가를 수행한다. 그와 같이 공성을 많이 수습함으로써, 이런 저런 대상에 산란해져 마음이 지극히 즐거워질 때 그러한 대상들의 본성을 찾아 철저히 살펴본다면, 공한 것을 깨닫게 된다. 또한 어떤 마음이든 그것을 관찰하면 공함을 깨닫게 된다. 어떤 마음으로 관찰하든 [관찰하는 그 마음의] 본성을 철저히 살펴본다면 [관찰하는 마음도] 공함을 깨닫게 된다. 그는 그와 같이 깨달아 무상요가에 들어간다.

이것은 다음에 "[사물을] 가까이 철저히 살펴보지 않은 사람은 무상無相에 들어가지 못한다"고 가르친 것과 같다.

그와 같이 제법의 자성을 철저히 살펴보아 인식할 것이 없게 될 때, 존재한다고도 분별하지 않으며 존재하지 않는다고도 분별하지 않게 된다. 왜냐하면 그의 마음에는 존재하지 않는다고 분별하는 것조차도 어떤 경우에도 현현하지 않기 때문이다. 만일 어떤 사물을 보게 될 때 그것을 부정하기 위해서는 '없다'고 분별해야 할 것이다. 그렇다면 요가행자가 반야지로 관찰하여,

과거에도 미래에도 현재에도 사물을 인식하지 않게 될 때, 무엇을 부정하기 위해서 '없다'고 분별할 것인가?

존재로 분별하는 것과 비존재로 분별하는 것 두 가지가 모든 분별에 편재하기 때문에, 그때 요가행자에게는 그 외의 다른 분별들이 생겨나지 않는다. 왜냐하면 포섭하는 것이 없다면 포섭되는 대상도 없기 때문이다. 그와 같이 된다면, 희론이 없는 무분별의 상태에 들어가며 색 등에도 머물지 않는다. 요가행자가 반야지로 관찰한다면 어떤 사물의 자성도 인식하지 못하기 때문에, '최상의 반야지를 지닌 선정 수행자'가 된다.

인무아와 법무아의 진실에 마음이 확고하게 머물게 하기

그와 같이 요가행자는 인무아와 법무아의 진실(궁극의 실상)에 들어갔으므로 살펴보고 관찰해야 할 것이 별도로 없기 때문에, 분석과 언설 없이 하나의 상태로 된 마음이 저절로 작동하여 애써 행함이 없으므로, 궁극의 실상을 극히 명료하고 확실하게 붙잡고 머물게 된다.

그러한 상태에 머물면서도 마음의 흐름이 산란하지 않아야 한다. 도중에 마음이 외부대상으로 산란한 것을 보게 될 때는, 그것의 실체를 관찰하여 산란함을 제거하고 다시 바로 그것(궁극적 실상)에 마음을 고정해야 한다. 마음이 그것에 대해 지극히 싫어함을 보게 될 때는, 삼매의 훌륭한 특성을 봄으로써 그것을 좋아하는 마음을 수습하고, 산란에 대한 단점을 봄으로써 싫어하는 마음을 완전히 제거한다.

만약에 혼미와 졸음에 눌려서 의식의 흐름이 흐려져 마음이 가라앉거나 가라앉을 것으로 우려되는 때는, 최상의 환희로운 대상인 붓다의 형상 등 광명상光明想에 마음을 집중하여 가라앉음을 제거한 후, 궁극의 실상을 아주 확고하게*4 붙잡아야 한다. 요가행자가 장님이나 어둠 속에 들어간 사람이나 혹은 눈감고 있는 사람같이 궁극의 실상을 분명하게 붙잡지 못할 때는, 마음이 혼침에 들어 위빠사나가 없어진 것으로 알아야 한다.

만약에 이전에 경험한 대상에 대한 욕망 때문에 중간에 마음이 들뜨거나 들뜰 것으로 우려되는 것을 보게 될 경우에는, 무상無常한 것 등 염리의 대상에 마음을 집중하여 들뜸을 제거한 다음, 다시 궁극적 실상에 마음이 애써 행함 없이 들어가도록 노력해야 한다. 산란한 사람이나 원숭이처럼 마음이 머물러 있지 못하게 되면, 마음이 들떠서 사마타가 없어진 것으로 알아야 한다.

사마타와 위빠사나를 결합한 수행도의 성취

만일 가라앉음과 들뜸에서 벗어났기 때문에 마음이 평등한 상태에 들어가서 [궁극의 실상에] 저절로 고정됨으로써 궁극의 실상에 대해 마음이 극히 명료해질 때는, 노력을 느슨하게 하여 평등사를 행하며, 그때 사마타와 위빠사나가 결합된 수행도를 성취한 것으로 알아야 한다.

위빠사나를 수습함으로써 지혜가 지극히 강력하게 되는 때는, 사마타가 약해지므로*5 마치 바람속에 놓아둔 버터불처럼 마음이 흔들리기 때문에 궁극의 실상을 명료하게 보지 못하게 된다. 따라서 그때는 사마타를 수습한다.

사마타의 힘이 강해도, 마치 잠에 빠진 사람처럼 궁극의 실상을 명료하게 보지 못하게 된다. 그러므로 그때는 다시 지혜를 수습한다. 마치 두 마리의 소가 쌍으로 연결되어 나란히 머무는 것처럼,[7] 사마타와 위빠사나가 평등하게 머물게 되는 때는, 몸과 마음에 문제가 생기지 않는 한 애써 행함 없이 머물러야 한다.

요약하면, 모든 삼매에는 여섯 가지 결함이 있는데, 게으름과

7 인도나 네팔에서 소를 이용하여 논밭을 쟁기로 갈 때, 두 마리를 나란히 세워 뒷목에 멍에를 걸쳐 두 마리를 한쌍으로 연결하여, 그중 하나가 앞서거나 하지 않고 균형을 맞추어 나란히 가도록 해야 한다. 그처럼 사마타와 위빠사나도 쌍으로 결합하여 수행할 때, 균형을 맞추어야 한다.

소연을 잊어버림과 혼침과 도거와 노력하지 않음(부작행)과 노력함(작행)이다. 그것들의 대치법으로는 여덟 가지 제거하는 행(팔단행八斷行)을 수습한다. [팔단행은] 믿음과 열망과 노력과 경안經安과 억념憶念과 정지正知와 의도함(작사作思)과 평등사平等捨이다.

여기서 처음 네 가지는 게으름의 대치법이다. 왜냐하면, 삼매의 훌륭한 특성(공덕)들에 대한 강력한 확신이라는 특성을 갖는 믿음에 의해*6 요가행자는 [삼매에 대한] 열망*7을 일으키고, 열망하게 됨으로써 정진을 하게 되며, 그 정진에 의지하여 몸과 마음의 감능성을 이루게 되고, 몸과 마음의 경안에 의해 게으름이 소멸되기 때문이다. 따라서 믿음 등 [4가지 대치법]에 의해 게으름이 제거되므로 그것들을 수습해야 한다.

억념은 인식대상을 잊어버리는 것에 대한 대치법이다. 정지正知는 가라앉음과 들뜸의 대치법이다. 왜냐하면 그것으로 가라앉음과 들뜸, 두 가지를 알아차려서 제거하기 때문이다. 가라앉음과 들뜸이 제거되지 않을 때는 노력하지 않는 것이 결함이다. 따라서 그 대치법으로 의도함(작사作思)을 수습한다. 가라앉음과 들뜸이 완전히 제거되어 마음이 평온한 상태에 머물게 될 때는 노력하는 것이 결함이 되므로 그때는 평등사를 수습한다.

마음이 평등하게 머물 때 노력을 가하면, 그때는 마음이 산란하게 될 것이다. 마음이 가라앉았는데 노력을 행하지 않으면, 그때는 위빠사나가 없어지기 때문에 마치 장님처럼 마음이 가라앉게 된다. 그와 같이 가라앉음[*8]이 사라지고 들뜸이 제거되어 [마음이] 평등하게 된 사람은 평등사를 수습해야 한다.

그 다음 요가행자는 기쁨(희희)이 있는 한 오랫동안, 애써 행함 없이 오로지 궁극의 실상을 수습하면서 머물러야 한다.

몸과 마음에 문제가 생길 때는 그때마다 모든 세간의 일들을 바라보고, 그것들이 환영과 같고, 꿈과 같고, 물속의 달과 같고, 환각과 같음을 알아야 한다. 그 말에 대해 『입무분별다라니경』에서도 설했다.

> 무분별의 본래지로 모든 법을 허공의 중심과 같다고 본다. 무분별의 후득지로 모든 법을 환영과 신기루와 꿈과 환각과 메아리와 영상과 물속의 달과 화현과 같다고 본다.[*9]

그와 같이 중생이 환영과 같음을 알아차린 다음, 모든 중생들에 대해 큰 연민심을 일으켜 다음과 같이 사유한다.

'어리석은 마음을 가진 사람들은 이처럼 심오한 법을 깨닫지 못하여, 본래부터 적정한 법들에 대해서 존재하는 것 등으로 증익하여, 마음이 전도되어 온갖 종류의 업과 번뇌를 쌓아 왔다.[*10] 그래서 윤회 속에서 온전히 떠돌고 있는 것이니, 나는 반드시 이들이 이처럼 심오한 법을 알게 하리라.'

그 다음 피로를 풀고 다시 그처럼 '모든 법이 현현하지 않는 삼매(제법무현삼매諸法無現三昧)'에 들어가야 한다. 또다시 마음이 침체되어 처지면 다시 피로를 풀고 그처럼 [모든 법이 현현하지 않는 삼매에] 들어간다. 이와 같은 순서로 한 '시간'이나, 반 좌간 또는 한 좌간 혹은 할 수 있는 만큼 오랫동안 머문다. 그리고 삼매에서 일어나고 싶다면 가부좌를 풀기 전에 다음과 같이 사유한다.

"이들 모든 현상은 승의로는 생겨나지 않은 것이지만, 마치 환영처럼, 각각에 정해진 여러 가지 원인과 조건들이 모여 [생겨난] 것이기 때문에, 잘 관찰하지 않으면 온갖 기쁨들이 전적으로 생겨난다. 따라서 단견斷見으로 되지 않으며,[8] 감손減損의 극단으로도 되지 않는다. 또한 지혜로 철저히 살펴보면 [이들 모든 현상이 진실로 존재한다고] 인식하지 못하기 때문에 상견常見으로도 되지 않으며,[*11] 증익增益의 극단으로도 되지 않는다. 그에 대한 지혜의 눈이 없으므로 전도된 마음을 갖게 되고, 아我에 집착하여 온갖 종류의 행위를 하는 사람들은 윤회 속에서 항상 떠돌게 된다. 누구든지 윤회[하는 중생들]을 외면하고 큰 연민심이 없으며 중생들을 위한 보시 등의 바라밀을 원만하게 행하지 않고 오로지 자신만을 다스리는 중생들은, 방편이 없기 때문에 성

8 '~이다'와 '~이(으로) 되다'는 어떻게 다른가? 예컨대 '단견이다'와 '단견이(으로) 되다'는 동일한 것인가? '단견으로 되다'는 dynamic하여, 처음에는 그것이 단견인 줄 알지 못하고 있다가 나중에 어느 시점에 그것이 단견이라는 것을 알게 되는 것이다.(2016년 11월 함부르크 대학 도르지왕축 교수 강의)

문이나 연각의 깨달음에 떨어진다.

중생이 자성이 없다는 것을 확실히 이해한 후에도 큰 연민심의 힘으로 모든 중생을 인도하기로 서원한 다음, 마치 마술사처럼 마음이 전도되지 않았기에,[9] 광대한 복덕자량과 지혜자량을 완전히 성취한 사람들은, 여래의 지위를 얻은 후에도 일체 중생을 위해 모든 종류의 이로움과 안락을 진정으로 실천하면서 윤회 속에 머무는 것이다. 그들은 지혜자량의 힘으로 모든 번뇌를 제거했으므로 윤회에도 떨어지지 않으며, 모든 중생에 대한 보살핌으로 광대하고 무량한 복덕자량을 쌓은 힘으로 열반에도 떨어지지 않는다. 또한 그들은 모든 중생이 생계를 유지하는 데 필요한 사람이 될 것이다. 그러므로 모든 중생들에게 이로움과 안락이 생기기를 바라며 무주열반을 얻기 원하는 사람은 광대한 복덕자량과 지혜자량을 성취하기 위해 언제나 확실하게 노력해야 한다."

이 말을 『여래불가사의비밀경』에서도 설했다.

지혜자량은 모든 번뇌들을 제거하고 복덕자량은 모든 중생들을 양육합니다. 세존이여! 그와 같으므로, 보리를 향한 큰 마음

---

9 마술사는 돌을 코끼리로 변하게 했을 경우 코끼리가 진실한 것이 아님을 알지만, 구경꾼은 진실한 것이라고 믿는다. 마술사는 마음이 착란[전도]되지 않았기 때문이다.

을 갖춘 보살들은 복덕자량과 지혜자량을 쌓는 데 노력해야 합니다.

『여래출현경』에서도*12 다음과 같이 자세히 설했다.

여래들이 출현하는 것은 하나의 원인에 의한 것이 아니다. 무엇 때문인가? 오! 승리자의 자녀들이여! 여래들은 십법十法 등 수십만의 무량한 법을 바르게 수행한 원인에서 출현하는 것이다.*13 십법[10]이란 무엇인가? 그것은 이와 같다. 무량한 복덕자량과 지혜자량에 만족하지 않고 바르게 수행한 원인과….

『유마힐소설경』에서도 자세히 설했다.

오! 친구들이여! 여래의 몸은 백 가지 복덕에서 확실히 생겨난다. 모든 선한 법에서 확실히 생겨난다. 무량한 선한 업에서 확실

10 십법: ①과거에 모든 중생을 보호하려는 마음과 무량한 발보리심을 완전히 성취했음. ②의도와 뛰어난 의도(의요와 증상의요)를 과거에 확실히 훈련하여 완전히 성취했음. ③무량한 큰 자애심과 큰 연민심으로 모든 중생을 보호하는 것을 완전히 성취했음. ④무량한 [보살]행과 서원을 끊임없이 완전히 성취했음. ⑤큰 복덕자량과 지혜자량에도 만족하지 않고 완전히 성취했음. ⑥붓다께 공양하고 공경하는 행위와 중생을 성숙시키는 행위의 무량한 흐름을 완전히 성취했음. ⑦청정하고 무량한 방편과 지혜의 수행도를 완전히 성취했음. ⑧무량한 종류의 청정한 공덕을 완전히 성취했음. ⑨수행도의 여러 가지 측면을 확립하는 무량한 본래지를 완전히 성취했음. ⑩의미를 지닌 무량한 법을 확실히 이해함으로써 완성해야 할 것을 완전히 성취했음.(라싸본 티벳어 『대방광불화엄경』 여래출현품, 109b4~110a2)

히 생겨난다.[*14]

그와 같이 했다면, 이제 천천히 가부좌를 풀고 시방에 계시는 모든 붓다와 보살들에게 예경한 다음, 그분들에게 공양과 찬탄을 올리고 『보현행원품』 등의 광대한 염원의 기도를 올린다.

그 다음 공성과 연민을 핵심으로 하는 위없는 깨달음에 온전히 회향한 보시 등의 복덕자량을 성취하기 위해 분명한 노력을 기울여야 한다.

2

잘못된 견해에 대한 논파

"아무것도 생각하지 말고 행하지 말라!"는 말의 논파

'마음의 분별에 의해 생긴 선업과 불선업의 힘으로 중생들은 높은 세계 등에 태어나는 결과를 경험하면서, 윤회 속에서 떠돌게 된다. 어떤 것도 생각하지 않고 어떤 것도 행하지 않는 사람들은 윤회에서 완전히 벗어날 것이다. 그러므로 아무것도 생각하지 말라. 보시 등 선행도 행하지 말라. 보시 등을 행하는 것은 어리석은 자를 대상으로 설해진 것뿐이다'라고 생각하고 또 그런 말을 하는 사람은, 모든 대승을 버린 것이다. 모든 승*15의 뿌리는 대승이므로, 그것을 버린다면 모든 승을 버리는 것이다.

이처럼 '아무것도 사유하지 말라'고 하는 말은, '진실에 대해 낱낱이 관찰하는 것'을 특징으로 하는 지혜를 버리는 일이 될 것이다. 청정한 지혜의 뿌리는 '진실에 대해 낱낱이 관찰하는 것'이므로, 그것을 버린다면 뿌리를 자르는 일이기 때문에 출세간의 지혜를 버리는 것이다. 또한 '보시 등의 선행도 행하지 말라'고 말함으로써 보시 등의 방편을 완전히 구석에 처박아 버리는 것이다.

요약하면 이것은 "방편과 지혜가 대승이다"라는 말과 같다.

이 말에 대해 『가야산정경』에서도 "보살의 길은 요약하면 두 가지다. 그 두 가지는 무엇인가? 그것은 방편과 지혜다"라고 설했다.

『여래불가사의비밀경』에서도 "방편과 지혜 이 두 가지에 보살의 모든 길이 포함된다"고 설했다.

대승을 버리는 것은 커다란 업장을 만드는 일이 된다. 그렇기 때문에 대승을 버리고, 들음이 적으며, 자신의 견해를 최상의 것으로 집착하고, 현명한 분을 공경하지 않고, 여래의 가르침의 이치를 깨닫지 못하며, 자신을 파멸시키고 다른 사람도 파멸시키며, 논리와 경전의 말씀에 위배되는 독이 스며든 말을, 스스로 선함을 추구하는 현자들은 독이 있는 음식처럼 멀리 버려야 한다.

논리에 의해 논파하기

그와 같이 그가 '진실에 대해 낱낱이 관찰하는 것'을 버린다면, '법을 지극히 철저히 분석함(택법擇法)'이라고 하는 수승하고 '완벽한 깨달음의 요소(각지覺支)'[11]조차도 전적으로 버리는 것이다.

'진실에 대해 낱낱이 관찰하는 것'이 없이 요가행자가 어떤 방법으로, 시작이 없는 때로부터 색 등의 사물에 집착하여 익숙해진 마음을, 무분별에 머물게 할 것인가? 만일 "모든 법에 대한 억념 없이 그리고 작의 없이 [무분별에] 들어간다"고 말한다면, 그 또한 타당하지 않다. 왜냐하면 '진실에 대해 낱낱이 관찰하는 것' 없이는 경험하는 모든 법들이 무념無念의 대상이 될 수 없으며 부작의不作意의 대상이 될 수 없기 때문이다. '나는 이러한 법들을 억념하지 않으리라, 작의하지 않으리라'고 생각하면서 그처럼 수습하고 그것들에 대해 '무념'과 '부작의'를 수습하는 바로 그때, 그는 그 법들을 지극히 억념하고 지극히 작의한 것이다.

만일 단지 억념과 작의가 없는 것을 무념과 부작의라고 말한다면, 그때 그 둘이 어떤 방식으로 없게 되는지를 관찰해야 한

11 각지: 보리분 혹은 각분으로도 번역되며, '완벽한 깨달음에 도움이 되는 요소'를 뜻한다. 7각지 중에서, 택법각지는 '법을 철저히 분석하고 관찰하는 것'으로, 제법의 특성을 이해하는 것을 본질로 하고, 4성제의 의미를 통찰하는 본래지를 본질로 한다.(『장한불학사전』, 1134쪽, 468쪽)

다. 없는 것은 원인으로서 적절하지도 않으니, 어떻게 무념과*16 부작의로부터 무분별이 이루어지겠는가? 단지 그 정도만으로 무분별이 이루어진다면, 혼절한 사람도 억념과 작의가 없기 때문에 무분별에 들어가게 될 것이다. '진실에 대해 낱낱이 관찰하는 것'이 없이 무념과 부작의를 이루는 다른 방법은 없다.

무념과 부작의를 이미 이루었을지라도 '진실에 대해 낱낱이 관찰하는 것'이 없다면, 제법의 무자성에 어떻게 들어갈 것인가? 제법은 자성이 공하며 오로지 머물고 있을 뿐이지만, 그러한 관찰이 없다면 그들은 공성을 깨닫지 못할 것이다. 공성을 깨닫지 못했으므로 장애를 제거하지 못하게 된다. 공성을 깨닫지 않고도 무념과 부작의를 이루어 제법의 무자성에 들어간다고 한다면, 누구나 언제든지 스스로 해탈한 자가 될 것이다.

또한 요가행자가 만일 모든 법에 대한 기억이 쇠퇴하거나, 어리석어서 억념과 작의를 행하지 못한다면, 그때는 지극히 어리석은 것이므로, 그가 어떻게 요가행자가 되겠는가? '진실에 대해 낱낱이 관찰함'이 없이 무념과 부작의를 수습하여 훈습을 들인 자는, [결국] 어리석음을 수습하여 훈습을 들인 것이므로 청정한 본래지의 빛을 멀리 내던지는 것이 된다.

만일 그가 기억이 쇠퇴한 것도 아니고 우둔한 자도 아니라면, 그 경우 '진실에 대해 낱낱이 관찰함'이 없이 어떻게 무념과 부작의를 행할 수 있겠는가? '기억하면서도 기억하지 않는다, 보면서도 보지 않는다'고 하는 것은 타당하지 않다. 무념과 부작의를 수습하여 익힌다면, 어떻게 과거에 머물렀던 곳 등을 기억하며, 붓다의 법(속성) 등을 이루겠는가? 왜냐하면 서로 상반되기 때문이다. 따뜻함과 상반되는 차가움에 의지할 때, 따뜻함을 만지는 느낌이 생기지 않는 것과 마찬가지이다.

또한 삼매에 평등하게 머무는 요가행자에게 만일 '의식意識(제6식)'이 존재한다면 그때 그는 의심할 것 없이 무엇인가를 인식할 수밖에 없다. 왜냐하면 보통 사람들의 의식은 갑자기 인식할 수 없게 되지 않기 때문이다. 만약 의식이 없다면 그 경우 어떻게 제법의 무자성을 깨달을 것인가? 어떤 대치법으로 번뇌를 제거할 것인가? 네 번째 선정(4선)을 얻지 못한 범부의 마음은 소멸될 수 없다.

그러므로 수승한 법에 대해 무념과 부작의가 생겨나는 것 또한 '진실에 대해 낱낱이 관찰하는 것'이 선행함을 알아야 한다. 왜냐하면 '진실에 대해 낱낱이 관찰함'으로써 무념과 부작의를 행할 수 있는 것이지, 다른 방법으로는 할 수 없기 때문이다.

이와 같이 요가행자가 올바른 지혜로 관찰하여 승의적으로 삼세에 어떠한 법의 생겨남도 보지 못하게 되는 그때 어떻게 억념하고 작의할 것인가? 승의로는 삼세도 존재하지 않기 때문에 경험하지 않은 것을 어떻게 억념하며 작의할 것인가?

그러므로 그는 모든 희론을 멸함으로써 무분별의 본래지에 들어가며, 거기에 들어감으로써 공성을 깨닫게 된다. 공성에 대한 깨달음으로 모든 악견의 그물망을 제거하게 된다. 방편을 갖춘 지혜에 의지함으로써 세속제와 승의제에 완전히 능통하게 된다. 따라서 장애가 없는 본래지를 성취하기 때문에 붓다의 모든 속성을 얻게 된다. 그렇기 때문에 '진실에 대해 낱낱이 관찰함'이 없다면, 청정한 본래지도 생겨나지 않을 것이며, 번뇌의 장애도 제거하지 못할 것이다.

경론의 말씀에 의해 논파하기

『문수유희경』에서도 다음과 같이 설했다.

"여인이여! 어떻게 보살은 [번뇌라는 적과의] 싸움에서 온전히 승리하는가?" 여인이 대답하기를, "문수사리여! [그 방법은] 철저히 관찰하여, 모든 법을 인식하지 않는 것입니다."

그렇기 때문에 요가행자는 본래지의 눈을 부릅뜨고 반야지의 검으로 번뇌의 적들을 제압해야 하며 두려움 없이 머물러야지, 겁먹은 사람처럼 눈을 감아서는 안 된다.

『삼매왕경』에서도 설했다.

만일 법무아를 낱낱이 관찰하고, 만일 낱낱이 관찰한 것을 수습한다면, 그것은 열반의 결과를 얻는 원인이 되며 다른 원인으로는 적정을 이루지 못한다.

『집경론』[12]에서도 설했다.

자신은 위빠사나의 가행에 들어가 머물면서도, 다른 사람들을 위빠사나의 가행에 들어가도록 하지 않는다면, 그것은 마라의 행위이다.

위빠사나는 '진실에 대해 낱낱이 관찰하는 것'을 본성으로 한다고 『보운경』과 『해심밀경』에서도 설했다.

『보운경』에서 다음과 같이 설했다.

위빠사나로 관찰하여 자성이 없음을 깨닫는 것은 무상無相에 들어가는 것이다.

『능가경』에서도 다음과 같이 설했다.

대혜보살이여! 왜냐하면 지혜(각혜覺慧)로써 관찰하면 자상自

12 『집경론』은 용수논사의 저술로, 대승보요의론大乘寶要義論』이라고도 하며, 보살의 학처 혹은 행을 주로 보여주는 논서다.(『장한불학사전』, 847쪽)

相[13]과 공상共相[14]을 인식하지 못한다.[*17] 따라서 모든 법은 자성이 없다고 말한다.

만일 '진실에 대해 낱낱이 관찰하는 것'이 피해야 할 것이라면, 그처럼 세존께서 여러 경전에서 수많은 종류의 '진실에 대해 낱낱이 관찰하는 것'을 설한 것과도 상반될 것이다. 그렇기 때문에 "나는 지혜가 적고 정진도 부족해서 많은 배움을 추구할 수 없다"고 말하는 것도 타당하지만, 세존께서 많이 배우는 것을 찬탄하셨기 때문에 어느 때라도 그것을 포기하는 것은 옳지 않다.

『수승심범문경』에서도 설했다.

불가사의한 법들에 대해 마음이 작용한 것들은 올바른 것(여리

13 자상: 티벳어 རང་མཚན།(산/sva-lakSaNa)를 옮긴 것으로 རང་གི་མཚན་ཉིད།의 줄임말이다. ①자체의 고유한 특성. 예를 들면 불의 고유한 특성은 '뜨거움'이며, 식識의 고유한 특성(자상)은 '명료함과 인식하는 것(གསལ་དང་རིག་པ།)'이다. ②단지 언어나 분별에 의해 가립되지 않고 자신의 특성으로 성립된 법. 동의어는 '사물', '무상', '유위법', '만들어진 법', '승의제', '직접적인 인식의 대상'이다.(『JH온라인 티영사전』)

14 공상: 티벳어 སྤྱི་མཚན།(산/sAmAnya -lakSaNa)를 옮긴 것으로 སྤྱིའི་མཚན་ཉིད།의 줄임말이다. ①일반적인 공통의 특성. 예를 들면, 무상無常은 불의 일반적 특성(공상)이며 식의 일반적 특성이다. ②자신의 특성으로 성립되지 않고 단지 언어나 분별에 의해 가립된 법. 동의어는 '항상', '세속제', '비존재의 법', '무위법', '만들어지지 않은 법', '분별의 인식대상'이다.(『JH온라인 티영사전』) 본문의 자상과 공상은 각각 ②를 의미한다고 생각된다.

如理)이 아니다.[15]

누구든지 승의로 생겨남이 없는 법들에 대해 생겨나는 것으로 분별해서, 마치 성문 등처럼, 그것들에 대해 무상하고 고통스럽다는 식으로 생각하는 사람들은, 증익과 감손의 극단을 향해 마음이 작용하는 것이기 때문에 올바르지 않게 된다. 그것을 부정하기 위해서 『수승심범문경』에서 그와 같이 설한 것이지, '진실에 대해 낱낱이 관찰하는 것'을 부정하는 것이 아니다. 왜냐하면 그것을 모든 경전에서도 설했기 때문이다.

또한 이에 대해 바로 그 『수승심범문경』에서 설했다.

보살이 대답하기를, "모든 법에 대해 마음으로 사유해도 그것에 대해 마음이 상처받지 않고*18 물러서지 않는다면, 그것 때문에 그를 보살이라고 합니다."[16]

---

15 위 인용문을 티벳어 『수승심범문경』에서 인용하면 다음과 같다.
"범천이여! 어떻게 모든 법은 여리이며 모든 법은 여리가 아닙니까?" 대답하기를 "모든 법은 불가사의하기 때문에 모든 법은 여리이다. 불가사의한 모든 법에 대해 마음이 작용한 것들은 여리가 아니다."(라싸본 『수승심범문경』 49b6~49b7)

16 티벳어 『수승심범문경』에서 위 인용문이 포함된 부분을 옮기면 다음과 같다.
"위대한 산중왕 보살이 대답했다.
'세존이여! 일체 법이 산중왕과 같으며 무분별임을 제대로 이해하는 보살은 그 때문에 보살이라고 합니다.'
큰 위신력 보살이 대답했다.
'세존이여! 일체 번뇌에 굴복하지 않는 보살은, 그 때문에 보살이라고 합니다.'
마음 보살이 대답했다.
'세존이여! 마음으로 모든 법에 대해 사유해도 그것에 대해 상처받지 않고 퇴 또한 같은 경에서 이와 같이 설했다.

"언제 정진을 지니게 됩니까?" 세존께서 답하시기를, "언젠가 일체지의 마음을 관찰하고*19 그것을 지각(소연)하지 않는 때다."[17]

또한 같은 경에서 설했다.

그들(보살)은 법에 대해 이치에 따라 상세히 관찰했기 때문에

보하지 않는 보살은 그 때문에 보살이라고 합니다.'
사자 걸음으로 걷는 보살이 대답했다.
'세존이여! 심오한 법에 대해 인욕하여 두려워하지 않고 놀라지 않아 모든 외도들이 두려워하는 보살은 그 때문에 보살이라고 합니다.'"(라싸본『수승심범문경』, 104b5~105a3)

17 티벳어『수승심범문경』에서 위 인용문을 포함한 부분을 옮기면 다음과 같다.
"세존이여! 언제 보살들의 보시가 충만합니까?"
답하시기를, "언젠가 모든 중생들이 일체지의 마음에 대해 확고하게 믿는 때다."
여쭈기를, "언제 계율을 지니게 됩니까?"
답하시기를, "언젠가 일체지의 마음을 버리지 않는 때다."
여쭈기를, "언제 인욕을 지니게 됩니까?"
답하시기를, "언젠가 일체지의 마음이 소진되지 않음을 보는 때다."
여쭈기를, "언제 정진을 지니게 됩니까?"
답하시기를, "언젠가 일체지의 마음을 관찰한 후 소연하지 않는 때다."
여쭈기를, "언제 선정을 지니게 됩니까?"
답하시기를, "언젠가 일체지자의 마음이 자성으로 적정함을 완전히 이해하는 때다."
여쭈기를, "언제 지혜를 지니게 됩니까?"
답하시기를, "언젠가 모든 법에 대해 희론하지 않는 때다."
(라싸본『수승심범문경』, 54a5~54b3)

지혜를 지니게 될 것이다.*20

또한 같은 경에서 설했다.

그들은 모든 법에 대해 환영과 같고 신기루와 같다고 극히 철저히 분석한다.

그처럼 어떤 것들에 대해서 '불가사의' 등의 말을 들으면, 그 들음과 사유만으로 궁극의 실상을 깨달았다고 생각하는 사람들의 증상만을 제거하기 위해서, 모든 법은 '개별적으로 스스로 알아차려야 하는 것(자증의 대상)'임[18]을 보여주었다.

또한 이치에 맞지 않은 생각*21을 부정하는 것이지, '진실에 대해 낱낱이 관찰하는 것'을 부정하는 것이 아님을 알아야 한다. 그렇지 않다면, '수많은 논리와 경전에 위배될 것이다'라고 이전에 설명한 것과 같다.

또한 들음과 사유에서 생긴 지혜로 이해한 것은 어떤 것이든, 수습에서 생긴 지혜(수소성혜)로 수습해야 하며, 다른 것으로 수습해서는 안 된다. 이것은 말에게 달려갈 곳을 보여주고 달리게 하는 것과 같다. 그렇기 때문에 '진실에 대해 낱낱이 관찰'해야

18 자증: 각각자증各各自證. 등지에서 '각각 스스로 알아차리는 본래지(즉, 자증지自證智)'의 대상으로, 언어와 분별에 의한 희론의 대상이 아닌 것.(『장한불학사전』, 1671쪽)

한다.

그것은 분별을 본성으로 하는 것이지만, 올바른 생각(여리작의 如理作意)[*22]을 본성으로 하는 것이기 때문에 거기에서 무분별의 본래지가 생겨나게 되므로, 그러한 본래지를 바라는 자는 그것('진실에 대해 낱낱이 관찰하는 것')에 의지해야 한다.

『보적경』에서도 설했다.

> 무분별의 청정한 본래지의 불꽃이 생긴다면, 두 개의 나무를 비벼서 불꽃이 생긴 후에는 그 두 나무를 태워버리는 것처럼, 그 또한 나중에는 그 둘을 태워버리게 된다.[*23]

"업이 소진하여 해탈한다"는 말은 왜 옳지 않은가

또한 "선행 등 어떤 행위도 하지 말라"고 말하는 것은, 그와 같이 주장함으로써 '업이 소진하여 해탈하게 된다'고 말하는 외도外道인 사명파邪命派의 주장[19]을 인정하게 될 것이다. 번뇌가 다하여 해탈하게 되는 것이지, 업이 다하여 해탈하게 되는 것은 세존의 말씀에 없다. 무시이래로 쌓은 업을 소진시키는 것은 불가능하다. 왜냐하면 그것은 무한하기 때문이다. 악도 등의 과보

---

19 티벳어 ཀུན་ཏུ་ཚོལ་བའི་སྨྲ་བ་(추구하는 주장) 대신에 범어본의 ājīvakavādā(Bhk 237)를 채택하여 '사명파'(티/ ཀུན་ཏུ་འཚོ་བའི་སྨྲ་བ་)로 옮겼다. 아지비카(사명파)라는 교단의 교조인 막칼리 고살라는 붓다의 시대에 6명의 스승 중 한 분이다. 세계의 원인이나 근거뿐 아니라 인간의 의지적 노력이나 행위, 그에 따른 결과 등 일체를 부정하며, 오로지 자연의 본성인 운명에 순응함으로써 지복에 이르고자 하였다. 붓다가 깨달음을 얻은 후 최초로 만난 이들도 아지비카교도였으며, 그의 열반을 가섭 존자에게 전한 이도 그들이었다.(『인도철학과 불교』, 권오민 지음, 145~146쪽 발췌)

를 경험할 때 다른 업들 또한 생겨난다. 번뇌가 없어지지 않고, 그것이 업의 원인으로 머물러 있는 한, 업을 제거할 수 없기 때문이다. 버터불이 없어지지 않는다면, 그 빛이 없어지지 않는 것과 같다. 위빠사나를 감손感損하는 사람의 번뇌는 소진되는 것이 불가능하다고 이전에 이미 설명했다.

논리에 의해 논파하기

만일 '번뇌를 소진시키기 위해서 위빠사나에 의지해야 한다'고 사유한다면, 이는 번뇌가 소진됨으로써 해탈을 이룬다는 것으로, 업을 소진시킨다는 말은 의미가 없게 될 것이다.

"불선업을 행하지 말라"고 하는 말이 타당하다면, 무엇 때문에 선행을 부정하는가? 만일 윤회하게 하기 때문에 그처럼 부정한다면, 그것은 옳지 않다. 아我 등에 대한 전도된 마음에 의해 생겨난 선업이 윤회하게 하는 것이지, 큰 연민심에 의해 생겨나고 무상정등각에 온전히 회향한 보살들의 선업이 윤회하게 하는 것은 아니기 때문이다.

경론의 말씀으로 논파하기

이 말에 대해 『십지경』에서도 설하였다.

그러한 열 가지 선행의 수행도는 회향 등 청정행의 차이에 따라 성문, 연각, 보살 혹은 붓다를 성취하게 한다.

『보적경』에서도 다음과 같이 설했다.

모든 강물이 큰 바다로 들어가 [한 맛의] 물이 되는 것처럼, 보살들이 온갖 방법으로 쌓은 선행도 [일체지에 회향함으로써] 일체지 안에서 한 맛이 된다.

붓다와 보살들의 색신과 청정한 국토와 광명과 권속들과 큰 재물 등 수승한 것은 어떤 것이든, 보시 등 복덕자량의 결과라고 세존께서 경전 여기저기에서 설하신 것과도 상반될 것이다.

선한 행위를 부정하기 때문에 별해탈계조차도 부정하게 될 것이며, 따라서 그분들이 머리를 깎고 수염을 자르고, 노란 법복을 입는 것 등도 무의미하게 될 것이다. 확실하게 행해야 할 선행을 외면한다면, 윤회를 외면하게 되고 중생들을 위한 이타행을 외면하는 데 이르게 될 것이며, 따라서 그의 깨달음조차도 멀리 버려지게 될 것이다.

『해심밀경』에서도 설했다.

중생들의 이익을 위한 행을 완전히 외면하고, 확실히 행해야 할 모든 행을 완전히 외면하는 것이, 위없는 바르고 완전한 깨달음을 위한 것이라고 나는 가르치지 않았다.*24

『우빠리청문경』에서도 다음과 같이 설했다.

윤회를 외면하는 것은 보살들의 제일의 범계다.
윤회를 온전히 품어 감싸 안는 것은 제일의 지계다.

『유마힐소설경』에서도 다음과 같이 설했다.

방편을 지니고 윤회에 들어가는 것은 보살들의 해탈이다. 방편이 없는 지혜는 속박이며, 지혜가 없는 방편 또한 속박이다. 지혜와 함께하는 방편은 해탈이며, 방편과 함께하는 지혜 또한 해탈이다.

『허공장경虛空藏經』에서도 설했다.

윤회를 싫어하는 것은 보살들에게 있어서 마라의 행위이다.

『집경론集經論』에서도 다음과 같이 설했다.

무위에 대해 상세히 관찰하면서, 유위의 선행을 싫어하는 것도 마라의 행위다. 보살의 수행도를 알면서도 바라밀다의 수행도를 추구하지 않는 것도 마라의 행위다.*25

같은 경에서 또한 이와 같이 설했다.

보시의 마음에 집착하는 것은 마라의 행위다. 마찬가지로 지계와 인욕과 정진과 선정과 지혜의 마음에 집착하는 것도 마라의 행위다.*26

이것은 보시 등의 바라밀에 의지하는 것을 부정하는 것이 아니라, '나'에 대한 집착과 '나의 것'에 대한 집착 등 집착하는 마음과, 소취와 능취에 대해 집착하는 마음과, 소연을 지닌 보시 등에 대한 전도된 집착, 바로 그것들을 부정한 것이다. 전도된 집착에 의해 행해진 보시 등은 청정하지 못하므로, '마라의 행위다'라고 말한 것이다. 그렇지 않다면, 선정 또한 수행하지 말아야 할 것이다. 그렇게 되면 어떻게 해탈하게 되겠는가? 그러므로 소연을 지닌 갖가지 생각(상想)으로 보시를 하는 행위 등은 어떤 것이든 청정하지 않다는 것을 보여주기 위해서 『허공장경』에서도, "갖가지 전도된 행위 등의 생각(상想)을 지닌 중생의 보시 등은 마라의 행위다"라고 설했다.

『회향삼온경』에서도 다음과 같이 설했다.

> 제가 보시와 지계와 인욕과 정진과 선정과 지혜의 평등성[20]을 깨닫지 못하고, 소연에 떨어져 보시를 열심히 하고, 계율을 최고로 집착하면서 계율을 지키고, 자신과 타인에 대한 상想을 가지고 인욕을 수행한 것 등 그 모든 것들을 하나하나 참회합니다.

위와 같이 말한 것에 대해서도 다만 소연을 지닌 갖가지 생각에 전도되게 집착함으로써 유발된 보시 등이 청정하지 않음을 말한 것이지, 모든 보시 등을 실행하는 것을 부정하는 것이 아니다. 그와 같지 않다면, 즉 소연을 지닌 전도된 보시만 부정하는 것이 아닐 경우, 보시 등 모든 것을 차별하지 않고 부정하게 될 것이다.

『수승심범문경』에서 "존재하는 그 모든 행위는 분별이다. 무분별이 깨달음(보리)이다"*27라고 하는 등 말씀하신 바로 그것도, "생겨남 등으로 분별하는 경우이기 때문에, 그것을 분별이라고 설명한 것이지, '무상無相에 머물고 애써 행함 없이 등지等持에

20 평등성: 일체 법의 열 가지 평등성이 있다. 그것은 일체법 무성평등성과 무상평등성, 사변무생평등성, 미생평등성, 원리평등성, 본래청정평등성, 무희론평등성, 무취무사평등성, 제법이 꿈·환영·물속의 달·영상·화현과 같은 평등성, 존재와 비존재의 평등성이다.(『장한불학사전』, 589쪽)

머무는 보살에게*28 [위 없는 바르고 완벽한 깨달음을] 수기한 것으로, 그 외에 다른 것이 아니다"라고 단지 보여준 것뿐이다. 즉, 보시 등 모든 행위에 대해 승의로 생겨나지 않았음을 보여준 것이지, 행하지 말라고 설하신 것이 아니다.

그렇지 않다면, 과거 연등불 시대에 세존께서 모든 붓다들을 공경하고 받들어 모셨을 때, 그분들의 명호를 한 겁의 세월 동안에도 다 호명하지 못할 만큼 [많은] 붓다들께서, 무엇 때문에 세존께서 보살의 단계에 머물렀던 때의 행위(보살행)를 제지하지 않았겠는가?

연등불께서도 그때 세존의 행위를 전적으로 제지하지 않으셨다. [세존이] 보살 8지에 이르러 적정무상寂靜無相에[21] 머물고 있음을 [연등불께서] 보시고, 그때 세존께 수기하신 것이지 세존의 행위(보살행)를 제지한 것이 아니다.

8지에서 수승한 무상無相에만 머무는 보살들이 "바로 지금 이 자리에서 완전한 열반을 이루리라"라고 한 것을, 『십지경』에서 붓다들께서 제지하신 것이다. 만일 어떤 방식으로도 그러한 행

---

21 3해탈문 중 두 번째 해탈문으로 무상해탈문을 설명하는, 월칭의 『입중론자주』 6지 게송209 མཚན་མ་མེད་པ་ཞི་ཉིད་དེ།(무상無相은 바로 적정이다)에 대해, 미팜린뽀체는, "상이 없다는 것은 평온적정[ཞི་བ]의 속성을 갖는데, 평온적정이란 분별에 의해 가립된 현상적인 특성의 사라짐이다"라고 주석했다.(뿌생교정본 티벳어 『입중론자주』, 319쪽/미팜린뽀체의 입중론주석서, 『Introduction to the Middle Way』, 320쪽)

위를 하지 않는다면, 앞에서 설명한 모든 것과도 상반될 것이다.

『수승심범문경』에서 다시 설하였다.

보시를 행하면서도 그 과보가 무르익기를 기대하지 않으며, 계율을 지키는 것도 증익하여 지키지 않는다.

또한 같은 경에서 다음과 같이 말한 것 등 설한 모든 것과 상반될 것이다.

범천이여! 네 가지 법을 지닌 보살들은 붓다의 법에서 되돌아서지 않는다. 네 가지는 무엇인가? 헤아릴 수 없는 윤회를 완전히 감싸안는 것과, 헤아릴 수 없는 붓다께 무량한 공경과 무량한 공양을 올리는 것과, …[22]

22 티벳어본 『수승심범문경』에서 인용하면 4가지 법은 다음과 같다.
"범천이여! 4법을 지닌다면, 대보살들은 붓다의 모든 법에서 되돌아서지 않는다. 4법이란 무엇인가? 헤아릴 수 없는 윤회를 완전히 감싸안는 것과, 헤아릴 수 없는 붓다께 공양하고 공경하는 것과, 헤아릴 수 없는 자애를 수습하는 것과, 헤아릴 수 없는 연민을 수습하는 것이다."(라싸본 티벳어 『수승심범문경』, 47b5~47b7)

그외 4가지 잘못된 견해에 대한 논파

예리한 근기를 가진 자는 수행이 필요없다는 견해

"오로지 둔한 근기를 지닌 자만 수행해야 하지, 예리한 근기를 지닌 자는 수행하지 말라"고 말하는 것은 타당하지 않다. 왜냐하면 "보살 초지에서 시작하여 십지까지 머무는 보살들에게 [단계에 따라 각각] 보시 등의 [바라밀]행이 [다른 바라밀행보다 강하게] 나타나지만, 나머지 바라밀들 또한 전혀 행하지 않는 것이 아니다"[23]라고 설했기 때문이다.

23 월칭의 『입중론』에서도, '보살 초지부터 십지까지 각각에 대해 순서대로 보시·지계·인욕·정진·선정·지혜바라밀 등 10바라밀 각각이 가장 우세하지만, 그렇다고 나머지 바라밀을 닦지 않는 것이 아니다'라는 의미로 보살 초지에 대해 다음과 같이 설했다.

"환희지를 얻은 보살에게는, 보시와 지계와 인욕과 정진과 선정과 반야지와 방편과 서원과 힘과 본래지라고 하는 열 가지 중에서, 다만 보시바라밀이 가장 뛰어나게 된다. 그렇지만 그것 외에 다른 바라밀들이 없는 것은 아니다. 그러한 보시 또한 일체종지의 첫 번째 원인이다."(뿌생 교정본 『입중론

보살지에 들어간 사람은 근기가 무딘 자라는 견해

보살지에 들어간 사람들을 근기가 무딘 자라고 말하는 것 또한 타당하지 않다. 『우빠리청문경』에서도 설했다.

생겨남이 없는 법에 대한 인욕(무생법인無生法忍)에 머무는 보살은 베풂과 커다란 베풂과 지극한 베풂을 수습해야 한다.[24]

『집경론』에서도 찬탄했다.

육바라밀 등의 수행을 지닌 보살들은 여래의 신통력으로 [붓

자주』, 23~24쪽)

24 『우빠리청문경』에서 조금 더 인용하면 다음과 같다.
"사리자여! 또한 집에 머무르는 위대한 재가자 보살은, 2가지 보시에 의지해야 한다. 2가지는 무엇인가? 법의 보시와 물질의 보시다. 사리자여! 집에 머무르는 위대한 재가자 보살은, 탐욕 없음(무탐)과 성냄 없음(무진)으로 그 2가지 보시에 의지해야 한다. 사리자여! 출가자에 속하는 위대한 보살은, 4가지 큰 보시에 의지해야 한다. 4가지는 무엇인가? 대나무 펜을 보시하는 것과 먹물을 보시하는 것과 책을 보시하는 것과 법을 보시하는 것이다. 출가자에 속하는 위대한 보살은 그러한 4가지 보시에 의지해야 한다.
사리자여! '생겨남이 없는 법에 대한 인욕(무생법인無生法忍)'을 얻은 위대한 보살은, 3가지 베풂에 의지해야 한다. 3가지는 무엇인가? 일반적 베풂과 커다란 베풂과 지극한 베풂이다.
여기서 일반적 베풂은 왕권을 완전히 주는 것이다. 커다란 베풂은 배우자나 아들이나 딸을 완전히 주는 것이다. 지극한 베풂은 자신의 머리나 팔, 다리, 눈, 피부, 뼈, 골수를 완전히 주는 것이다. 사리자여! 무생법인을 얻은 위대한 보살은 그러한 3가지 완전한 베풂에 의지해야 한다."(라싸본 『우빠리청문경』, 228a7~229a1)

다의 경지를 향해] 나아간다.

여래의 신통력으로 가는 것보다 더 빠른 것은 없다. 육바라밀과 십지를 제외하고 보살들이 그보다 더 빠르게 들어가는 길은 없다. "그것에 의해서 마음의 흐름이, 마치 황금을 정련하는 것처럼,*29 점차로 정화될 것이다"라고 경전에서 설했다.

『능가경』과 『십지경』 등에서도 설했다.

보살이 진여에 머무르게 될 때 초지에 들어간 것이다. 그 다음, 단계에 따라 그 위의 경지들을 완전히 닦아서 여래의 경지에 들어가게 된다.

그러므로 보살지와 바라밀을 제외하고 깨달음의 성城에 단번에 들어가는 다른 문은 없으며, 세존께서도 경전 등 어디에서도 [그런 것을] 설하지 않으셨다.

선정만 수습하면 다른 바라밀은 필요하지 않다는 견해

만일 "선정 자체에 육바라밀이 포함되기 때문에, 선정을 수습함으로써 모든 바라밀을 수습하게 되는 것이다. 따라서 보시 등 다른 바라밀을 각각 수습할 필요가 없다"고 말한다면, 그 또한 타당하지 않다. 그렇게 된다면, 붓다를 위해 만든 쇠똥 만달라 안에도 육바라밀이 포함되기 때문에 오로지 만달라만 수행하면 되지, 선정 등은 수행하지 않아도 될 것이다. 멸진정滅盡定[25]에 평등하게 들어간 성문에게도 [관념적인] 상相 등이 전혀 일어나지 않기 때문에, 그와 같이 육바라밀을 온전히 갖추게 될 것이고, 따라서 성문과 보살은 차별이 없다고 가르치게 될 것이다.

25 멸진정: 거친 수受와 상想을 소멸시킨 등지. 무소유처의 탐착을 제거하고 비상비비상처를 넘어서, 심과 심소의 확고하지 않은 법과 확고한 법들 중 일부를 소멸시킨 것이다. 알라야식을 제외하고 7식을 소멸시킨 것으로, 9차제정(색계4선, 4무색정, 멸진정)의 마지막에 머무는 삼매다.(『장한불학사전』, 275쪽)

오직 지혜바라밀 혹은 공성만 수습하면 된다는 견해

보살들은 어떤 상황에서도 육바라밀을 온전히 갖추어야 함을 가르치기 위해서, 세존께서 "각각의 바라밀에 모든 바라밀이 포함되었다"고 설하신 것이지, "오직 하나의 바라밀만 수행한다"라고 설하지 않으셨다.

이 말에 대해 『섭연경攝硏經』에서도 다음과 같이 설했다.

"미륵이여! 보살들이 육바라밀을 바르게 수행하는 것은 원만한 보리를 위한 것이다. 그렇지만 이에 대해서도 어리석은 사람들은 '보살은 오직 지혜바라밀만 배워야지, 나머지 바라밀들로 무엇을 하겠는가?'라고 말하면서 다른 바라밀들을 탐탁지 않게 생각한다. 불패인이여![26] 이것을 어떻게 생각하는가? 내가 과거 까시 왕국의 국왕이었을 때 비둘기를 위해 내 몸의 살을 매에게 보시한 것은 지혜가 부족한 것인가?"

미륵보살이 대답하기를, "세존이여! 그렇지 않습니다."

세존께서 말씀하시기를, "미륵이여! 내가 보살행을 행할 때 육바라밀을 갖춘 선근을 쌓았는데 그 선근들이 나에게 해가 되었는가?"

미륵보살이 대답하기를, "세존이여! 그렇지 않습니다."

26 불패인: 범어 Ajita를 음사하여 한역으로 아일다阿逸多라고도 하며, 미륵 존자의 별칭이다. 정복당하지 않는 자를 의미한다.

세존께서 말씀하시기를, "불패인이여! 그대 역시 60겁 동안 보시바라밀을 바르게 수행했으며, 그와 같이 60겁 동안 지혜바라밀에 이르기까지 바르게 수행했다. 그렇지만 그것에 대해 어리석은 자들은 '오직 한 가지 이치로 깨닫는다. 즉 공성의 이치로 깨닫는다'고 말한다. 그렇지만 그들이 행하는 것은 전적으로 청정하지 못할 것이다."

3

방편과 지혜를 함께 수습하여 무분별의 법계를 증득한다

오직 공성만 수습한다면, 성문처럼 열반의 극단에 떨어지게 될 것이다. 따라서 방편을 갖춘 지혜를 수습해야 한다. 그렇기 때문에 나가르주나 논사께서 『집경론』에서 직접 설하기를, "능숙한 방편을 떠난 보살은 심오한 법[27]을 얻으려고 노력해서는 안 된다"라고 했다.

여기에서도 『유마힐소설경』 등 근거를 제시하고 말씀하신 것이지, 나가르주나 논사께서 직접 하신 말씀은 아니다. 학식과 분별을 지닌 사람이 논리와 경전의 말씀을 갖춘 세존의 수승한

27 심오한 법: 티벳어 최니ཆོས་ཉིད།는 '법성'으로 번역되며, 법성에는 거친 법성과 미세한 법성이 있다. 거친 법성은 사물의 특성이나 속성을 의미하며, 미세한 법성은 '모든 사물은 자성이 없다는 사실 때문에 조건에 따라 변화한다'는 의미로 공성을 뜻한다. '심오한 법성' 혹은 '심오한 법성'은 미세한 법성의 동의어다.(게쉐 땐진남카 스님) '심심법甚深法', '심오묘법深奧妙法'으로 한역된다.

가르침을 버리고, 다른 어리석은 중생의 말을 지니는 것은 옳지 않다.

『보계경』에서도 설했다.

보시 등 모든 선행을 갖춘 자는 '모든 측면의 최상을 지닌 공성'을 수습해야 한다.

그렇지만 오로지 공성만 수습해서는 안 된다.

『보적경』에서도 다음과 같이 설했다.

가섭이여! 그것은 이와 같다. 예를 들어, 장관들의 확고한 지지를 받는 국왕이 필요한 모든 목적을 달성하는 것처럼, 능숙한 방편에 의해 확고하게 지지된 보살의 지혜 또한 붓다의 모든 행을 실행할 수 있다.

그러므로 '오로지 공성에만 의지한다면, 열반에 들어가게 되리라'고 한 것에 대해, 세존께서는 『여래불가사의비밀경』에서 설했다.

한결같이 무소연의 마음만 수습하지 말고, 방편에 능숙함도 수습해야 한다.

그것을 [분명하게] 보여주기 위해, 세존께서는 『여래불가사의 비밀경』에서 상세히 설했다.

고귀한 집안의 자손이여! 예를 들면, 불이 원인에서 생겨나 타오르고 원인이 없어지면 소멸하는 것처럼, 인식대상에서 마음이 생겨나 불붙게 되고 인식대상이 없다면 마음은 적정하게 된다. 방편에 능숙한 보살은 지혜바라밀이 청정하기 때문에, 인식대상을 완전히 소멸시키는 방법을 알고 있지만, 선근을 인식대상으로 하는 것조차 소멸시키지 않는다. 번뇌를 인식대상으로 하는 것은 일어나지 않게 하지만, 바라밀이라는 인식대상에도 [마음을] 안주시킨다. 공성을 인식대상으로 상세히 분석하지만, 또한 모든 중생을 큰 연민심의 인식대상으로 본다.*30 고귀한 집안의 자손이여! 그와 같이 보살은 방편에 능숙하고 지혜바라밀이 청정하므로, 인식대상에 자유자재함을 얻는다.

또한 같은 경에서 다음과 같이 설했다.

그와 같이 보살의 인식대상은 어떤 것이든, 그 모든 것은 '일체지라는 본래지(일체지지)'를 확실히 성취하기 위해 존재하지 않는 것이 없다. 보살이 모든 인식대상을 보리에 온전히 회향하는 것은, 보살의 능숙한 방편이며, 모든 법이 보리를 추구하는 것임을 통찰한 것이다. 고귀한 집안의 자손이여! 그것은 이와 같다. 예를 들면, 삼천대천세계에 중생들의 향수 대상이 되지 않는 것은 없다. 고귀한 집안의 자손이여! 그와 같이 방편에 능숙한 보살 또한 어떤 인식대상이든 보리에 도움이 되지 않는다고 보는 것이 없다.

그와 같이 헤아릴 수 없이 많은 경전에서, 보살들의 방편과 지혜를 수행하는 방식을 보여주었다. 여기서 본인은 보시 등의 복덕을 쌓는 데 즐겁게 노력할 수 없으면서도 다른 사람들에게 그와 같이 가르치는 것은 옳지 않다. 그처럼 한다면 자신과 타인에게 해를 입히는 것이다. 그와 같이 "보살은 반드시 '진실에 대해 낱낱이 관찰'해야 하며, 보시 등 모든 복덕자량을 성취해야 한다"고 논리와 경전의 말씀으로 보여주었다.

따라서 분별을 지닌 자는, 들음이 적고 아만을 가진 자들의 말을 독초처럼 멀리하고, 나가르주나(용수龍樹) 논사 등 학식을 지닌 분의 감로와 같은 말씀을 추구함으로써 모든 중생들에 대해 큰 연민심을 일으켜야 한다. 그 다음에 마술사처럼 전도되지 않은 인식으로 위없는 바르고 완벽한 깨달음에 온전히 회향하는 보시 등의 모든 선행을 위해, 그리고 중생들을 남김없이 윤회로부터 끌어내기 위해, 확실한 노력을 기울여야 한다.

『섭정법경』에서 아래와 같이 설한 것과 같다.

예를 들면, 어떤 마술사가
환영을 자유롭게 하기 위해서 애쓰지만

그는 예전부터 그것을 알고 있으므로,
환영에 집착하지 않는다.

그와 같이 삼계가 환영과 같음을
원만보리를 증득한 현자는 이미 아시니
중생을 위해 갑옷을 입었지만,
중생이 그와 같음을 예전부터 아셨다.

그와 같이 방편과 지혜를 항상 존중해야 하며, 그것을 수습하여 완전히 익숙해진 마음의 흐름이 점차로 성숙할 경우, 극히 청정한 순간들이 더욱더 생겨나 진실한 의미에 대한 수습이 궁극에 도달하게 된다. 그렇게 되면 모든 분별의 그물이 제거되고 지극히 명료한 법계를 알아차리며, 오염이 없고 흔들림 없음이 마치 바람 없는 가운데 있는 버터불과 같은 출세간의 본래지가 생긴다. 그때 '사물의 궁극이라는 인식대상(사변제소연事邊際所緣)'을 얻게 된다. 이것 또한 보살 초지를 얻는 것이다. 또한 견도에 들어간 것이다.

그는 그 위의 경지들을 닦아 마치 황금을 정련하는 것처럼 쌓인 장애가 남김없이 제거되어, 집착이 없고 장애물이 없는 본래지를 얻은 후에, 모든 공덕의 바탕인 붓다의 경지를 얻게 되고, '목적을 완전히 성취함이라는 인식대상(소작성취소연所作成就所緣)'도 얻게 된다. 그렇기 때문에 깨달음을 얻고자 하는 사람은 중관의 길에 확실한 노력을 기울여야 한다.

이와 같이 중관의 길 해설하여
제가 얻게 되는 모든 복덕으로
모든 중생들 하나도 남김없이
중관의 길 성취하도록 하소서!

현명한 자는 질투 등의 오염을 멀리하며,
훌륭한 특성에 만족하지 않네, 바다와 같이.
제대로 구별하여 바르게 설한 것만 취한다네.
백학이 기쁨의 호수에서 우유만 취하는 것처럼.

그렇기 때문에 지혜로운 사람들은
편견에 빠져 혼란한 마음 멀리 버리고,
어린 아이에게서도 바르게 설한 법은
모든 것을 전적으로 받아 지녀야 한다네.

아짜리야 까말라실라께서 하편으로 저술한 수행의 단계를 마친다. 인도의 친교사 쁘라즈냐와르마와 책임 편집자이자 역경사인 비구 예쉐데 등이 번역하고 교정하여 확정했다.

■하편 후주

*1. 티벳어 མོས་པ་를 옮긴 것으로 '승해' 혹은 '신해'로 한역된다. 여기서는 '상상하다(imagine)' 혹은 '관상하다(visualize)'로 해석했다.

*2. 진실에 대해 낱낱이 관찰하는 것(ཡང་དག་པར་སོ་སོར་རྟོག་པ།: 산/bhUta-pratyavekSA): 한역에서 '묘관찰'로 번역했으며, 티영사전에서 'correct individual investigation'로 번역했으나, 문맥에 맞게 영문본의 the examination of 'bhutas'(PS, 80쪽)의 의미를 살려 위와 같이 옮겼다.

*3. 티벳어 བདེ་བ་ཉིད་དུ་ག་ལ་འགྱུར།(안락한 것이 어떻게 되겠는가?) 대신에 문맥에 따라 범어본(Bhk 227)의 satyatvaṃ kutra bhavet를 채택하여 티벳어를 བདེན་པ་ཉིད་དུ་ག་ལ་འགྱུར།로 수정하여 '진실로 존재하는 것이 어찌 되겠는가?'로 옮겼다.

*4. 티벳어 བསྟན་པར་(가르치다) 대신에 문맥에 맞게 북경본과 나르탕본에 따라 བརྟན་པར་(확고하게)로 수정하여 옮겼다.

*5. 티벳어 མཚུངས་པའི་ཕྱིར་(동등하기 때문에) 대신에 문맥에 맞게, 북경본과 나르탕본에 따라 ཆུང་བའི་ཕྱིར་(작기 때문에)로 수정하여 '약해지므로'로 옮겼다.

*6. 티벳어 མངོན་པར་ཡིད་ཆེས་པའི་མཚན་ཉིད་ཀྱིས་དད་པས་에서, མཚན་ཉིད་(특성) 다음에 도구격 ཀྱིས་가 사용되었으나, 같은 내용을 설명하는 상편 76쪽 문장의 티벳어와 동일하게 དང་ལྡན་པའི་로 수정하여, '강력한 확신이라는 특성을 갖는 믿음에 의해'로 옮겼다.

*7. 티벳어 འདོད་པ་(욕망)를 문맥에 맞게 འདུན་པ་로 수정하여 '열망'으로 옮겼다.

*8. 티벳어 ཞུམ་པ་(산/laya)는 '겁먹음', '의기소침(depression)', '가라앉음(sinking)'을 의미하며, '퇴약退弱'으로 한역된다. 여기서는 문맥상 བྱིང་བ་(혼침)과 동의어로 보고 '가라앉음'으로 옮겼다.

*9. འཇིག་རྟེན་ལས་འདས་པའི་ཡེ་ཤེས་ཀྱིས་ཆོས་ཐམས་ཅད་ནམ་མཁའི་དཀྱིལ་དང་འདྲ་བར་མཉམ་པར་མཐོང་ངོ་།དེའི་རྗེས་ལ་ཐོབ་པ་ནི་སྒྱུ་མ་དང་།སྨིག་རྒྱུ་དང་། ཆུ་ཟླ་བཞིན་དུ་མཐོང་ངོ་།(출세간의 본래지로 모든 법을 허공의 중심과 같이 동일한 것으로 본다. 후득은 환영과 신기루와 물속의 달과 같은 것으로 본다) 대신에 티벳어본 『입무분별다라니경』에서 해당 부분을 인용하여 다음과 같이 옮겼다.

རྣམ་པར་མི་རྟོག་པའི་ཡེ་ཤེས་ཀྱི་ཆོས་ཐམས་ཅད་ནམ་མཁའི་དཀྱིལ་དང་མཚུངས་པར་མཐོང་ངོ་། །རྣམ་པར་མི་རྟོག་པའི་རྗེས་ལས་ཐོབ་པའི་ཤེས་པས་ནི།ཆོས་ཐམས་ཅད་སྒྱུ་མ་དང་།སྨིག་རྒྱུ་དང་།རྨི་ལམ་དང་།མིག་ཡོར་དང་།བྲག་ཅ་དང་།གཟུགས་བརྙན་དང་།ཆུ་ཟླ་དང་།སྤྲུལ་པ་དང་མཚུངས་པར་མཐོང་ངོ་།
"무분별의 본래지로 모든 법을 허공의 중심과 같은 것으로 본다.
무분별의 후득지로 모든 법을 환영과 신기루와 꿈과 환각과 메아리와 영상과 물속의 달과 화현과 같은 것으로 본다."(라싸본 티벳어 『입무분별다라니경』 『འཕགས་པ་རྣམ་པར་མི་རྟོག་པར་འཇུག་པ་ཞེས་བྱ་བའི་གཟུངས།』, 6a5~6a6)

*10. 티벳어 སྤོགས་པ་은 སོགས་པ་(to accumulate: 쌓다. 축적하다)의 구역어로 자동사라고 설명되어 있으나 본문에서는 타동사로 사용된 것으로 보이며, 수습차제 범어본의 vividhakarmakleśān upacinvanti(Bkn230)에서 upacinvanti(모으다. 쌓다)의 의미를 채택하여, བསགས་(쌓다. 축적하다)로 수정하여 '쌓아왔다'로 옮겼다.

*11. 문맥에 맞게 아래 범어본(Bkn231)에 따라, 티벳어 སྒྲོ་འདོགས་པའི་མཐར་ཡང་མི་འགྱུར་ཏེ།(증익의 극단으로도 되지 않는다) 대신에 སྐུར་འདེབས་པའི་མཐར་ཡང་མི་འགྱུར་ཏེ།로 수정하여 '감손의 극단으로도 되지 않는다'로 옮겼다. 티벳어 དེས་ན་རྟག་པ་ཉིད་དང་(항상함과) 대신에 དེས་ན་རྟག་པའི་ལྟ་བར་ཡང་མི་འགྱུར་ཏེ།로 수정하여 '상견으로도 되지 않으며,'로 옮겼다.

tena nocchedadṛṣṭiprasaṅgaḥ / nāpyapavādāntasya,

yataśca prajñayā vicāryamāṇā nopalabhyante, tena na śāśvatadṛṣṭiprasaṅgo nāpi samāropāntasya[Bkn231]

*12. 『여래출현경』(དེ་བཞིན་གཤེགས་པ་སྐྱེ་བ་འབྱུང་བ་བསྟན་པའི་མདོ།: 산/tathagatopattisambhavanirdesha 영/The teaching of the source from which Tathagatas are born.]은 AIBS와 ACIP에서 경전명칭으로 검색되지 않으며, 객각역 『연화계명저 수습차제론 연구』에서도 '이 경의 장역본과 한역본을 찾지 못하였다'(未找到此經的藏譯本及漢譯本)고 각주를 달았다.(363쪽, 주2) 한편 티벳어로는 H0094 『대방광불화엄경』 여래출현품(95b2~121a5)에 나온다. 총 9차례의 법회 중 제1회에 보리도량에서 보현보살이 설한 6품의 법문 중 제2품으로 '여래현상품'으로 한역된다. 쫑로루이갤챈의 『해심밀경주석』에서, 그리고 무성(Asvabhava)의 『대승장엄경론광석』과 안혜(Sthiramati)의 『대승장엄경론주석』, 『비로자나현증보리경요약』 등에서도 인용되었다.

*13. 티벳어 དེ་བཞིན་གཤེགས་པ་རྣམས་ནི་ཡང་དག་པར་འགྲུབ་པའི་རྒྱུ་ཚད་མེད་པ་འབུམ་ཕྲག་བཅུས་ཡང་དག་པར་འགྲུབ་སྟེ།를 번역하면, "여래들은 바르게 수행한 수백만의 무량한

원인에 의해 바르게 성취되는 것이다"로 되겠지만, 라싸본 티벳어 『대방광불화엄경』 109b1에서 설한 티벳어 ཆོས་བཅུ་པོ་འདི་དག་ལ་སོགས་པ་ཆོས་རྣམ་པ་ཐ་དད་པ་བཅུ་སྟོང་།ཚད་མེད།གྲངས་མེད་པ་ཡོངས་སུ་རྫོགས་པར་བྱ་བའི་ཚུལ་ཡང་དག་པར་བསྒྲུབས་པའི་རྒྱུས། དེ་བཞིན་གཤེགས་པ་རྣམས་འབྱུང་བར་འགྱུར་རོ།།(이러한 10법 등 수십만의 무량하고 무수한 다양한 종류의 법을 완성시키는 방법을 바르게 수행한 원인에 의해 여래들이 출현하게 된다)와 쪽로루이갤챈이 저술한 『해심밀경석』 28a3에 인용된 『여래출현경』의 내용에 따라 번역했다. 십법은 다음과 같다.

བཅུ་གང་ཞེ་ན། འདི་ལྟ་སྟེ། ༡༽སྨོན་འགྲོ་བ་ཐམས་ཅད་ཡོངས་སུ་བསྐྱབ་པའི་སེམས་དང་། བྱང་ཆུབ་ཀྱི་སེམས་ཚད་མེད་པ་བསྐྱེད་པ་ཡང་དག་པར་བསྒྲུབས་པ་དང་། ༢༽བསམ་པ་དང་། ལྷག་པའི་བསམ་པ་སྔོན་ཤིན་ཏུ་སྦྱངས་ཤིང་ཡང་དག་པར་བསྒྲུབས་པ་དང་། ༣༽བྱམས་པ་ཆེན་པོ་དང་། ཐུགས་རྗེ་ཆེན་པོ་ཚད་མེད་པས་སེམས་ཅན་ཡོངས་སུ་བསྐྱབ་པ་ཡང་དག་པར་བསྒྲུབས་པ་དང་། ༤༽སྤྱོད་པ་དང་། སྨོན་ལམ་ཚད་མེད་པ་རྒྱུན་འཆད་པ་མེད་པར་ཡང་དག་པར་བསྒྲུབས་པ་དང་། ༥༽བསོད་ནམས་དང་ཡེ་ཤེས་ཀྱི་ཚོགས་ཆེན་པོ་མི་ངོམས་པར་ཡང་དག་པར་བསྒྲུབས་པ་དང་། ༦༽སངས་རྒྱས་མཆོད་ཅིང་རིམ་གྲོ་བྱ་བ་དང་། སེམས་ཅན་ཡོངས་སུ་སྨིན་པར་བྱ་བའི་རྒྱུན་ཚད་མེད་པ་ཡང་དག་པར་བསྒྲུབས་པ་དང་། ༧༽ཐབས་དང་ཤེས་རབ་ཀྱི་ལམ་རྣམ་པར་དག་ཅིང་ཚད་མེད་པ་ཡང་དག་པར་བསྒྲུབས་པ་དང་། ༨༽ཡོན་ཏན་རྣམ་པར་དག་པའི་རྣམ་པ་ཚད་མེད་པ་ཡང་དག་པར་བསྒྲུབས་པ་དང་། ༩༽ལམ་གྱི་ཡན་ལག་རྣམ་པར་དགོད་པ་ཚད་མེད་པའི་ཡེ་ཤེས་ཡང་དག་པར་བསྒྲུབས་པ་དང་། ༡༠༽དོན་དང་ལྡན་པའི་ཆོས་ཚད་མེད་པ་ཁོང་དུ་ཆུད་པས་མཐར་ཕྱིན་པར་བྱ་བ་ཡང་དག་པར་བསྒྲུབས་པ་སྟེ། ཀྱེ་རྒྱལ་བའི་སྲས་དག། ཆོས་བཅུ་པོ་དེ་དག་ལ་སོགས་པ་ཆོས་རྣམ་པ་ཐ་དད་པ་བཅུ་སྟོང་།ཚད་མེད།གྲངས་མེད་པ་ཡོངས་སུ་རྫོགས་པར་བྱ་བའི་ཚུལ་ཡང་དག་པར་བསྒྲུབས་པའི་རྒྱུས། དེ་བཞིན་གཤེགས་པ་རྣམས་འབྱུང་བར་འགྱུར་རོ།། (라싸본 티벳어 『대방광불화엄경』 여래출현품, 109b4~110a2)

*14. 『유마힐소설경』의 해당부분에는 티벳어 བསོད་ནམས་བརྒྱ་(백 가지 복덕)에서 བརྒྱ་(백 가지)와 ངེས་པར་(확실히)라는 단어가 나오지 않는다. 까말라실라는 『유마힐소설경』에서 그대로 인용하지 않고, 『유마힐소설경』의 해당부분을 요약한 것으로 보인다. 『연화계명저 수습차제연구』(周拉 저, 364쪽, 주1)에서도 이것을 언급하고 大正藏 『維摩詰經』의 한역문을 보여주고 있다.

།གྲོགས་པོ་དག །དེ་བཞིན་གཤེགས་པའི་སྐུ་ནི་ཆོས་ཀྱི་སྐུ་སྟེ།ཡེ་ཤེས་ལས་སྐྱེས་པའོ། །དེ་བཞིན་གཤེགས་པའི་སྐུ་ནི་བསོད་ནམས་ལས་སྐྱེས་པ། སྦྱིན་པ་ལས་སྐྱེས་པ། ཚུལ་ཁྲིམས་ལས་སྐྱེས་པ། ཏིང་ངེ་འཛིན་ལས་སྐྱེས་པ། ཤེས་རབ་ལས་སྐྱེས་པ། རྣམ་པར་གྲོལ་བ་ལས་སྐྱེས་པ། རྣམ་པར་གྲོལ་བའི་ཡེ་ཤེས་མཐོང་བ་ལས་སྐྱེས་པ། བྱམས་པ་དང་། སྙིང་རྗེ་དང་། དགའ་བ་དང་། བཏང་སྙོམས་ལས་སྐྱེས་པ། སྦྱིན་པ་དང་། དུལ་བ་དང་། ཡང་དག་པར་སྡོམ་པ་ལས་སྐྱེས་པ། དགེ་བ་བཅུའི་ལས་ཀྱི་ལམ་ལས་སྐྱེས་པ། བཟོད་པ་དང་། ངེས་པ་ལས་

སྐྱེས་པ།
오! 친구들이여! 여래의 몸은 법신으로, 본래지에서 생겨난다. 여래의 몸은 복덕에서 생겨나고, 보시에서 생겨나며, 지계에서 생겨나며, 삼매에서 생겨나고, 반야지에서 생겨나고, 해탈에서 생겨나고, 해탈지견에서 생겨나며, 자애와 연민과 수희와 평등사에서 생겨나고, 보시와 마음 다스림(조복)과 철저히 삼가는 것(율의)에서 생겨나고, 10선업도에서 생겨나며, 인욕과 온화함에서 생기며,

བརྩོན་འགྲུས་བརྟན་པའི་དགེ་བའི་རྩ་བ་ལས་སྐྱེས་པ། བསམ་གཏན་དང་། རྣམ་པར་ཐར་པ་དང་། ཏིང་ངེ་འཛིན་དང་། སྙོམས་པར་འཇུག་པ་ལས་སྐྱེས་པ། ཐོས་པ་དང་། ཤེས་རབ་དང་། ཐབས་ལས་སྐྱེས་པ། བྱང་ཆུབ་ཀྱི་ཕྱོགས་ཀྱི་ཆོས་སུམ་ཅུ་རྩ་བདུན་ལས་སྐྱེས་པ། ཞི་གནས་དང་། ལྷག་མཐོང་ལས་སྐྱེས་པ། སྟོབས་བཅུ་ལས་སྐྱེས་པ། མི་འཇིགས་པ་བཞི་ལས་སྐྱེས་པ། སངས་རྒྱས་ཀྱི་ཆོས་མ་འདྲེས་པ་བཅོ་བརྒྱད་ལས་སྐྱེས་པ། ཕ་རོལ་ཏུ་ཕྱིན་པ་ཐམས་ཅད་ལས་སྐྱེས་པ། མངོན་པར་ཤེས་པ་དང་། རིག་པ་ལས་སྐྱེས་པ། མི་དགེ་བའི་ཆོས་ཐམས་ཅད་སྤངས་པ་ལས་སྐྱེས་པ།
굳건한 정진의 선근에서 생겨나며, 선정과 해탈과 삼매와 등지에서 생겨나며, 들음과 지혜와 방편에서 생겨나며, 37보리분법에서 생겨나며, 사마타와 위빠사나에서 생겨나며, 10력에서 생겨나며, 4무외에서 생겨나며, 18불공불법에서 생겨나며, 모든 바라밀다에서 생겨나며, 신통(6신통)과 명(3明)에서 생겨나며, 모든 불선법을 제거하는 것에서 생겨나고,

དགེ་བའི་ཆོས་ཐམས་ཅད་ཡང་དག་པར་སྡུད་པ་ལས་སྐྱེས་པ། བདེན་པ་ལས་སྐྱེས་པ། ཡང་དག་པ་ཉིད་ལས་སྐྱེས་པ། བག་ཡོད་པ་ལས་སྐྱེས་པའོ།།གྲོགས་པོ་དག །དེ་བཞིན་གཤེགས་པའི་སྐུ་ནི་དགེ་བའི་ལས་ཚད་མེད་པ་ལས་སྐྱེས་པ་སྟེ། ཁྱེད་ཀྱི་དེ་ལྟ་བུའི་སྐུ་དེ་ལ་མོས་པ་བསྐྱེད་པར་བྱའོ། །སེམས་ཅན་ཐམས་ཅད་ཀྱི་ཉོན་མོངས་པའི་ནད་རབ་ཏུ་སྤང་བའི་ཕྱིར་བླ་ན་མེད་པ་ཡང་དག་པར་རྫོགས་པའི་བྱང་ཆུབ་ཏུ་སེམས་བསྐྱེད་པར་བྱའོ།
모든 선법을 바르게 모으는 것에서 생겨나며, 진리(4성제)에서 생겨나며, 진실성(정성正性)에서 생겨나며, 불방일에서 생겨난다. 친구들이여! 여래의 몸은 무량한 선업에서 생겨나는 것이니, 그대는 그와 같은 그 몸에 대해 확고한 믿음(승해)을 일으켜야 한다. 모든 중생의 번뇌의 병을 제거하기 위해서, 위 없는 바르고 완벽한 보리에 대한 마음(무상정등보리심)을 일으켜야 한다.(라싸본 티벳어『유마힐소설경』, 284a6~285a1)

*15. 티벳어 ཐེག་པ་ཆེན་པོ་ཐམས་ཅད་(모든 대승) 대신에 문맥에 맞게 북경본과 나르탕본에 따라 ཐེག་པ་ཐམས་ཅད་으로 수정하여 '모든 승'으로 옮겼다. 이것은 범어본(Bkn232)의 sarvayānānāṃ에 의해 확인된다.

*16. 티벳어 མཚན་མ་མེད་པ་(상 없음: 무상)은, 범어본(Bkn233)에도 nirnimittā(무

상無相)으로 되어 있으나, 문맥에 맞게 དྲན་པ་མེད་པ་(억념 없음: 무념)으로 수정하여 옮겼다.

*17. 인식하지 못한다: 티벳어 མི་རྟོགས་(이해하지 못하다. 증득하지 못하다)를 옮긴 것으로, 『능가경』 한역 '自相共相不可得'을 채택하여, མི་དམིགས་(인식하지 못하다. 지각하지 못하다)로 수정하여 옮겼다. 객각역 372쪽 참조

*18. 티벳어 『수승심범문경』에서 위 인용문을 확인하여, 티벳어 བྱང་ཆུབ་སེམས་དཔའ་རྣམས་ཀྱིས་གསོལ་པ།를 བྱང་ཆུབ་སེམས་དཔའ་སེམས་ཀྱིས་གསོལ་པ། བཅོམ་ལྡན་འདས།로 수정하고, 티벳어 མ་སྨྲས་(말하지 않다)를 མ་རྨས་(상처받지 않다)로 수정하여 위와 같이 옮겼다.(라싸본 티벳어 『수승심범문경』, 105a1)

*19. 티벳어 『수승심범문경』에서 확인하여, 티벳어 གང་གི་ཚེ་ཐམས་ཅད་མཁྱེན་པའི་ཡེ་ཤེས་ 대신에 ནམ་ཐམས་ཅད་མཁྱེན་པའི་སེམས་(산/sarvajñatācittaṃ)으로 수정하여 옮겼다.(54b1)

*20. 티벳어 『수승심범문경』을 확인하여, 티벳어 ཚུལ་བཞིན་དུ་ཆོས་ལ་སོ་སོར་རྟོག་པ་དེ་དག་ནི་བློ་གྲོས་དང་ལྡན་པ་ཡིན་ནོ།།(이치에 따라 법에 대해 상세히 분석하는 사람들은 지혜를 지니게 될 것이다) 대신에 དེ་དག་ཆོས་ལ་ཚུལ་བཞིན་དུ་སོ་སོར་རྟོག་པའི་སླད་དུ་བློ་གྲོས་དང་ལྡན་པར་འགྱུར་རོ།།로 수정하여 위와 같이 옮겼다.(티벳어 『수승심범문경』, 65a4)

*21. 티벳어 ཚུལ་བཞིན་མ་ཡིན་པའི་སེམས་པ།를 옮긴 것으로, '비여리지심非如理之心'로 한역된다.

*22. 티벳어 ཚུལ་བཞིན་དུ་ཡིད་ལ་བྱེད་པ།를 옮긴 것으로, '여리작의如理作意'로 한역된다.

*23. 문맥에 맞게 티벳어 དེ་གཉིས་ཀྱིས་(그 둘에 의해서) 대신에 དེ་གཉིས་로 수정하여 '그 둘을'로 옮겼다.

*24. 티벳어 ལུང་མ་བསྟན་ཏོ།(수기하지 않았다) 대신에 『해심밀경』에 따라 མ་བསྟན་ཏོ།(가르치지 않았다)로 수정하여 옮겼다.(라모뜨 티벳어 교정본 『해심밀경』, 무자성상품 7-15, 74쪽)

*25. 티벳어 འདུས་མ་བྱས་པ་ལ་ཡང་སོ་སོར་རྟོག་ལ།འདུས་བྱས་ཀྱི་དགེ་བས་ཀྱང་ཡོངས་སུ་སྐྱོ་བ་ནི་བདུད་ཀྱི་ལས་སོ།།

བྱང་ཆུབ་ཀྱི་ལམ་ཡང་རབ་ཏུ་ཤེས་ལ་ཕ་རོལ་ཏུ་ཕྱིན་པའི་ལམ་ཡང་ཡོངས་སུ་མི་ཚོལ་བ་ནི་བདུད་ཀྱི་ལས་སོ།།
(무위에 대해서도 상세히 관찰하고, 유위의 선행조차도 싫어하는 것은 마

라의 행위이다. 깨달음의 길 또한 잘 알면서, 바라밀다의 길 또한 추구하지 않는 것은 마라의 행위이다) 대신에 티벳어『집경론』에서 확인한 아래 문장을 옮겼다.

འདུས་མ་བྱས་ལ་སོ་སོར་རྟོག་ཅིང་འདུས་བྱས་ཀྱི་དགེ་བའི་རྩ་བ་ལ་ཡོངས་སུ་སྐྱོ་བ་ཡང་བདུད་ཀྱི་ལས་སོ།། བྱང་ཆུབ་སེམས་དཔའི་ལམ་ཤེས་ཀྱང་། ཕ་རོལ་ཏུ་ཕྱིན་པའི་ལམ་ཡོངས་སུ་མི་ཚོལ་བ་ཡང་བདུད་ཀྱི་ལས་སོ།།(『집경론』, 164a2와 164a4)

*26. 티벳어 སྦྱིན་པ་ལ་སེམས་མངོན་པར་ཞེན་པ་ནས་ཤེས་རབ་ཀྱི་བར་ལ་སེམས་མངོན་པར་ཞེན་པ་ནི་བདུད་ཀྱི་ལས་སོ།།
(보시를 집착하는 마음으로부터, 지혜에 이르기까지 집착하는 마음은 마라의 행위다) 대신에 티벳어『집경론』에서 확인한 아래 문장을 옮겼다.

སྦྱིན་པའི་སེམས་ལ་མངོན་པར་ཞེན་པ་ཡང་བདུད་ཀྱི་ལས་སོ། །དེ་བཞིན་དུ་ཚུལ་ཁྲིམས་དང་། བཟོད་པ་དང་། བརྩོན་འགྲུས་དང་། བསམ་གཏན་དང་། ཤེས་རབ་ཀྱི་སེམས་ལ་མངོན་པར་ཞེན་པ་ཡང་བདུད་ཀྱི་ལས་སོ།། (『집경론』, 163a7)

*27. 위 인용문은 །སྤྱོད་པ་ཇི་སྙེད་པ་དེ་དག་ཐམས་ཅད་ནི་ཡོངས་སུ་རྟོག་པའོ།། ཡོངས་སུ་མི་རྟོག་པ་ནི་བྱང་ཆུབ་བོ།།를 번역한 것으로, 이 부분을 티벳어『수승심범문경』에서 옮기면 다음과 같다.

བཅོམ་ལྡན་འདས། ཇི་ལྟར་སྤྱོད་ན་བྱང་ཆུབ་སེམས་དཔའ་དེ་བཞིན་གཤེགས་པ་རྣམས་ཀྱིས་བླ་ན་མེད་པ་ཡང་དག་པར་རྫོགས་པའི་བྱང་ཆུབ་ཏུ་ལུང་བསྟན་པར་འགྱུར། བཅོམ་ལྡན་འདས་ཀྱིས་བཀའ་སྩལ་པ། ཚངས་པ།། ནམ་བྱང་ཆུབ་སེམས་དཔའ་སྐྱེ་བ་ལ་འང་མི་སྤྱོད། འགག་པ་ལ་འང་མི་སྤྱོད། དགེ་བ་ལ་འང་མི་སྤྱོད། མི་དགེ་བ་ལ་འང་མི་སྤྱོད། འཇིག་རྟེན་པ་ལ་འང་མི་སྤྱོད། འཇིག་རྟེན་ལས་འདས་པ་ལ་འང་མི་སྤྱོད། ཟག་པ་དང་བཅས་པ་ལ་འང་མི་སྤྱོད། ཟག་པ་མེད་པ་ལ་འང་མི་སྤྱོད། ཁ་ན་མ་ཐོ་བ་དང་བཅས་པ་ལ་འང་མི་སྤྱོད;
"세존이여! 어떻게 행하면 보살에게 여래들께서 위 없는 바르고 원만한 깨달음을 수기하게 됩니까?"
세존께서 말씀하시기를,
"범천이여!
언젠가 보살이 생겨남에 대해도 행하지 않고,
소멸에 대해서도 행하지 않으며,
선행도 ['이것이 선행이다'라는 생각을 가지고] 행하지 않고,
불선행도 행하지 않으며,
세간[에 속한 것]도 행하지 않고 출세간[에 속한 것]도 행하지 않으며,

유루에 대해서도 행하지 않고, 무루도 행하지 않으며,
죄를 지니는 것도 행하지 않고, 죄가 없는 것도 행하지 않으며,
유위도 행하지 않고, 무위도 행하지 않으며,

ཁ་ན་མ་ཐོ་བ་མེད་པ་ལའང་མི་སྤྱོད། འདུས་བྱས་ལའང་མི་སྤྱོད། འདུས་མ་བྱས་ལའང་མི་སྤྱོད། རྣལ་འབྱོར་ལའང་མི་སྤྱོད། རྣལ་འབྱོར་མ་ཡིན་པ་ལའང་མི་སྤྱོད། སྤོང་བ་ལའང་མི་སྤྱོད། སྤོང་བ་མ་ཡིན་པ་ལའང་མི་སྤྱོད། འཁོར་བ་ལའང་མི་སྤྱོད། མྱ་ངན་ལས་འདས་པ་ལའང་མི་སྤྱོད། མཐོང་བ་ལའང་མི་སྤྱོད། ཐོས་པ་ལའང་མི་སྤྱོད། དྲན་པ་ལའང་མི་སྤྱོད། རྣམ་པར་ཤེས་པ་ལའང་མི་སྤྱོད། སྦྱིན་པ་ལའང་མི་སྤྱོད། གཏོང་བ་ལའང་མི་སྤྱོད། ཚུལ་ཁྲིམས་ལའང་མི་སྤྱོད། སྡོམ་པ་ལའང་མི་སྤྱོད།

요가행도 행하지 않고, 요가행이 아닌 것도 행하지 않으며,
버려야 할 것도 행하지 않고, 버려야 할 것이 아닌 것도 행하지 않으며,
윤회에 속한 것도 행하지 않고, 열반에 속한 것도 행하지 않으며,
보는 것도 행하지 않고, 듣는 것도 행하지 않으며,
기억(억념)도 행하지 않고, 식識도 행하지 않으며,
보시도 행하지 않고, 베풂도 행하지 않으며,
지계도 행하지 않고, 율의도 행하지 않으며,

བཟོད་པ་ལའང་མི་སྤྱོད། མི་འགྱུར་བ་ལའང་མི་སྤྱོད། བརྩོན་འགྲུས་ལའང་མི་སྤྱོད། བརྩོན་འགྲུས་རྩོམ་པ་ལའང་མི་སྤྱོད། བསམ་གཏན་ལའང་མི་སྤྱོད། ཏིང་ངེ་འཛིན་རྣམས་ལའང་མི་སྤྱོད། ཤེས་རབ་ལའང་མི་སྤྱོད། ནན་ཏན་དག་ལའང་མི་སྤྱོད། ཡེ་ཤེས་ལའང་མི་སྤྱོད། ཁོང་དུ་ཆུད་པ་ལའང་མི་སྤྱོད་དེ།

인욕도 행하지 않고, 변하지 않는 것도 행하지 않으며,
즐거운 노력도 행하지 않고, 즐거운 노력을 행하는 것도 행하지 않으며,
선정도 행하지 않고, 삼매들도 ['이것이 삼매다'라는 생각을 가지고] 행하지 않으며,
반야지혜도 행하지 않고, 열심히 추구하는 것들도 행하지 않으며,
본래지도 행하지 않고, 확실하게 이해하는 것도 행하지 않게 된다.

བྱང་ཆུབ་སེམས་དཔའ་དེ་ལྟར་སྤྱོད་ན། དེ་བཞིན་གཤེགས་པ་རྣམས་ཀྱིས་བླ་ན་མེད་པ་ཡང་དག་པར་རྫོགས་པའི་བྱང་ཆུབ་ཏུ་ལུང་སྟོན་ཏོ། །དེ་ཅིའི་ཕྱིར་ཞེ་ན། སངས་ཀྱི། སྤྱོད་པ་དེ་ཙམ་དུ་ལྷག་པར་བྱེད་པ་སྟེ། བྱང་ཆུབ་ནི་ལྷག་པར་བྱེད་པ་མ་ཡིན་ནོ།

།སྤྱོད་པ་ཇི་ཙམ་པ་དེ་ཙམ་དུ་ཡོངས་སུ་རྟོག་པ་སྟེ། བྱང་ཆུབ་ནི་ཡོངས་སུ་རྟོག་པ་མེད་པའོ།
།སྤྱོད་པ་ཇི་ཙམ་པ་དེ་ཙམ་དུ་མངོན་པར་འདུ་བྱེད་པ་སྟེ། བྱང་ཆུབ་ནི་མངོན་པར་འདུ་བྱེད་པ་མེད་པའོ།
།སྤྱོད་པ་ཇི་ཙམ་པ་དེ་ཙམ་དུ་སྤྲོས་པ་སྟེ། བྱང་ཆུབ་ནི་སྤྲོས་པ་མེད་པའོ། །ཚངས་པ། དེ་བས་ན་རྣམ་གྲངས་འདིས་ཅི་ནས་སྤྱོད་པ་ཐམས་ཅད་ལས་ཡང་དག་པར་འདས་པའི་བྱང་ཆུབ་སེམས་དཔའ་

རྣམས་ལ་ལུང་བསྟན་པར་འགྱུར་བར་དེ་ལྟར་རིག་པར་བྱའོ།།
보살이 그와 같이 행하면, 여래들께서 위 없는 바르고 완벽한 깨달음을 수기한다."

"그것은 무엇 때문인가? 청정한 자여!

그 정도의 행위는 특별하게 행하는 것이다. 깨달음[보리]은 특별하게 행하는 것이 아니다.

행위가 얼마만큼이든 그만큼 분별(parikalpa)이다. 깨달음(보리)은 '분별이 없는 것(무분별)'이다.

행위가 얼마만큼이든 그만큼 '애써 행하는 것(abhisaMskAra: 작행)'이다. 깨달음은 '애써 행하는 것이 없는 것(anabhisaMskAra: 부작행)'이다.

행위가 얼마만큼이든 그만큼 '희론(prapaJca)'이다. 깨달음은 '희론이 없는 것(aprapaJca: 무희론)'이다.

범천이여! 그러므로, 이러한 여러 가지 방식으로 어떤 경우에도 모든 행위에서 완전하게 벗어난 보살들에게 수기하게 된다는 것을 그처럼 알아야 한다."(라싸본 『수승심범문경』, 90b7~91b5)

*28. 티벳어 བྱང་ཆུབ་སེམས་དཔའ་ནི་(보살은) 대신에 위에 인용한 티벳어본 『수승심범문경』에 따라 བྱང་ཆུབ་སེམས་དཔའ་ལ་ནི་로 수정하여 '보살에게'로 옮겼다.

*29. 티벳어 འདག་པ་བཞིན་དུ་(청정한 것처럼) 대신에 범어본(Bhk241)의 kanakaśuddhivat에 따라 གསེར་འདག་པ་བཞིན་དུ་로 수정하여, '황금을 정련하는 것처럼'으로 옮겼다.

*30. 티벳어 སེམས་ཅན་ཐམས་ཅད་ལ་སྙིང་རྗེ་ཆེན་པོས་དམིགས་པ་ཡང་བལྟའོ།།(모든 중생에 대해 대자비로 소연경을 본다) 대신에, 티벳어 『여래불가사의비밀경』을 인용하여, སེམས་ཅན་ཐམས་ཅད་སྙིང་རྗེ་ཆེན་པོའི་དམིགས་པར་ཡང་བལྟའོ།།로 수정하여, '모든 중생을 큰 연민심의 인식대상으로 본다'로 옮겼다.(라싸본 『여래불가사의비밀경』, 247b1)

까말라실라의 수행의 단계

부록

『수행의 단계 상편』과 『광석보리심론』

까말라실라가 저술한 『수행의 단계』 상·중·하편 중 오직 상편만이 『광석보리심론』이라는 명칭으로 고려대장경에 포함되어 있다.*1

티벳역과 한역의 차이를 비교하여 요약하면 다음과 같다.

구분	티벳역	한역
1) 도입부	문수동자께 예경합니다. 초보자에서 시작하여 수행의 단계를 설명하겠다. 일체지를 속히 얻으려면 연민심과 보리심과 실천행, 이 3처에 대해 노력해야 한다.	삼세의 모든 붓다께 예경합니다. 최초로 수승한 사업을 건립하여 보리심을 설명하겠다. 일체지를 속히 얻으려면 마음을 3처에 머물게 해야 한다.

*1 고려대장경 K1449 『광석보리심론』을 한글로 번역한 것이 한글대장경251 『석마하연론 외』에 실린 『광석보리심론』(연화계蓮華戒 지음, 시호施護 한역, 김치온 번역) 제1권부터 제4권이다.

2) 본문	연민심, 보리심, 실천행 각각에 대해 수많은 경론을 인용해 설명하고, 붓다의 길 12단계를 보여준다.	연민심, 보리심, 실천행 각각에 대해 티벳역과 같이 수많은 경론을 인용하여 설명하고, 붓다의 길 12단계를 보여준다. 그러나 때로 인용문과 해설이 뒤섞여 있으며, 많은 문장이 의미가 분명하지 않다.
3) 마무리	12번째 단계인 불지의 공덕은 한이 없으므로 모든 측면을 설명할 수 없다고 설했으며, 삼신에 대한 구분도 글이 많아질까 우려하여 생략한다고 했다. 저술에 대한 회향문으로 마무리한다.	12번째 단계인 불지의 공덕은 한량없고 가없어서 헤아릴 수 없다고 설했으며, 다만 불지의 공덕을 『능가경』에서 인용한 20개의 게송으로 찬탄하고, 그 중에서 붓다의 4가지 본래지를 설명한다.

1) 도입부의 티벳역은 다음과 같다.

산스끄리뜨어로 바와나끄라마, 티벳어로 곰빠림빠이다.

문수동자께 예경합니다.

대승경전의 수행체계에 대해 초보자에서 시작하여 수행의 순서를 요약하여 설명하겠다.

일체지를 신속히 얻고자 하는 사람은, 요약하여 말하자면 연민심과 보리심과 실천행, 이 세 가지 토대를 확고하게 다져야 한다.

여기에서 붓다의 모든 법[속성]의 뿌리는 오로지 연민심이라는 것을 알고 연민심을 맨 처음에 수습해야 한다.

도입부의 시호의 한역[*2]은 다음과 같다.

歸命三世一切佛, 略集大乘諸法行,
建立最初勝事業, 我今廣釋菩提心.
삼세의 모든 부처님께 귀명합니다.
대승의 모든 법의 행을 간략히 모아
최초로 수승한 사업事業을 건립하여서
나 지금 보리심을 자세히 주석하노라.

此中云何?若欲速證一切智者, 摠略
標心, 住於三處, 出生悲心, 從悲發生
大菩提心, 所有最勝一切佛法, 皆由
悲心, 而爲根本. 此悲所因爲觀衆生

이것은 무엇을 말하는 것인가? 만약에 일체지一切智를 속히 증득하고자 하는 자라면, 총체적이거나 간략하게 표방한 마음이 세 곳에 머물면서 비심悲心을 낳는다. 비심으로부터 대보리심이 발생하는데, 가장 수승한 일체 부처님의 법은 모두 비심을 말미암아서 근본이 되니, 이 비심이 인因이 되어 중생을 관찰하기 때문이다.

*2 시호의 한역에 대한 한글번역은 www.abc.dongguk.edu/ebti/c2/sub1.jsp로 들어가 『광석보리심론』을 확인하여 김치온님의 번역을 여기에 옮긴 것이다.

3) 마무리 부분의 티벳역은 다음과 같다.

이 불지의 공덕 부분을 상세하게 구분하는 것은 한이 없으므로, 모든 측면을 설명하는 것은 붓다들조차도 하지 못한다. 그렇다면 나와 같은 사람은 말해 무엇 하겠는가?

이에 대해 『화엄경』에서도, "아무리 자세히 살펴볼지라도 [붓다의] 저절로 생기는 공덕 중 일부분조차도 그 끝을 알 수 없으니, 모든 붓다와 법들은 불가사의하다"라고 설한 것과 같다.

요약하여 단지 이 정도로 말할 수 있으니, 수승한 자리이타행이 궁극에 도달하고 모든 악행을 남김없이 소멸하는 궁극을 성취하여, 붓다 세존들께서는 법신에 머물면서 보신과 화신으로 모든 중생들의 이로움을 저절로 성취하는 방식으로 행하면서 윤회계가 존재하는 한 머물러 계신다. 그러므로 분별을 가진 자들은 모든 공덕의 원천인 세존들에 대한 믿음을 일으켜, 그분들의 공덕을 완전히 성취하기 위해 모든 방식으로 최상의 노력을 기울여야 한다. 삼신三身 등에 대한 상세한 구분은 글이 많아질 것으로 우려해서 적지 않았다.

이 글을 마지막으로 『수행의 단계』를 저술한 것에 대한 공덕을 회향하는 게송으로 마무리한다.

마무리 부분에 해당하는 시호의 한역은 다음과 같다.

而佛地中, 所有功德, 正使諸佛 以妙言詞, 而亦不能稱揚一分.
是故當知諸佛功德無量無邊, 不可稱計.

그리고 불지 중에 있는 모든 공덕은 가령 모든 부처님의 묘한 언사로도 일부분이나마 칭하여 거양擧揚할 수 없다. 그러므로 마땅히 알아야 하나니, 모든 부처님의 공덕은 한량없고 가없어서 헤아릴 수가 없다.

唯佛世尊自然智觀自證知故, 如華 嚴經中所說功德, 亦卽一分未能窮盡故,

오직 불세존만이 자연지自然智로써 관하여 스스로 증득해 알기[自證知] 때문이다. 마치 『화엄경』 속에서 설한 공덕과 같으니, 역시 일부분이라도 능히 다 궁구할 수 없기 때문이다.

況復我今造此論者, 敢以言詞 具讚說耶?又佛地中所有功德, 摠攝 一切殊勝之義, 如楞伽經說. 復次, 頌曰:

하물며 다시 내가 지금 이 논論을 지어서 감히 언사로써 찬술할 수 있겠는가? 또한 불지 중의 모든 공덕은 일체의 수승한 뜻을 총체적으로 거두어들이고 있는데 『능가경楞伽經』에서 설한 것과 같다. 다시 게송으로 말한다.

이어서 시호의 한역본은 붓다의 공덕에 대해 20개의 게송으로 찬탄하고, 그 중에서 4가지 본래지에 대해 설명한다.

1

마땅히 요달해 알지니, 삼신이라는 것은

모든 부처님의 일체 몸을 두루 포섭한 것이니,

가장 훌륭한 승의법勝義法의 의지처인지라
이 때문에 삼신의 모습을 열어 보이시네.

2
자성신自性身·정보신正報身·화신化身 등
삼신의 가장 수승하고 높음은
모든 부처님이 갖고 계신 몸을 분별한 것으로
처음의 몸은 두 몸과 더불어 의지하고 있네.

3
어려운 행과 희유한 행을 이미 닦았고
백 가지를 연마하고 참는 마음에 안주하여
일체 갖가지의 선한 문門을
두루 쌓을 수 있어서 내버림이 없도다.

4
한량없는 겁으로부터 오랫동안
대승의 최상의 미묘한 법문을 닦아
일체의 장애를 모두 제거하고
남김없이 모두 멸하여 청정함을 얻었네.

5
인因 가운데 있는 미세한 장애
과果 중의 지력智力으로 뽑아버리니
비유하면 묘한 보배상자를 비로소 연 것과 같아
맑은 광명을 놓아 일체를 비추도다.

6
세간에 나타나는 중생들을 수순하여
고통을 겪으면서 보리과를 부지런히 구하니
이롭게 하는 백천문의 설법이
모든 곳에 두루하여 잘 베풀어 짓도다.

7
여래께서 높이 나타나 다시 움직임 없으니
세간의 대성존大聖尊으로 편안히 머물러
수미산들 중의 최고 봉처럼
높고 높은 최고의 수승함을 우러러 바라보네.

8
대비심으로써 근본을 삼고
삼마지문에서 훌륭히 출생하니
삼유三有 가운데 그 몸을 두루 나투시어
일체에 나타나 보이지 않는 곳이 없도다.

9
청정한 해가 한줄기 빛을 놓아
세간을 두루두루 모두 비추듯이
모든 부처님의 성스러운 지혜의 묘한 광명은
모든 법이 이와 같음을 능히 알도다.

10
모든 성문인聲聞人이 증득한 과果는
세간을 출리出離하여 가장 수승하나

그 성문이 증득한 것은

또한 다시 연각지緣覺地와 같지 않도다.

11

연각을 만일 보살지와 견준다면

모든 분위 중 하나에도 미치지 못하고

보살을 불여래와 비교하여 헤아린다면

배나 많은 분위 중에 하나에도 미치지 못하네.

12

여래께서 증득하신 보리의 과果는

한량없는 공덕으로 부사의하니

그 때와 장소에 따라 응한 행은

방편을 수순하여 훌륭히 전전하도다.

13

과果 중에 증득한 최승상最勝上은

오근五根이 청정하여 묘용妙用을 이루고

열두 지위 중의 공덕문은

저 일체의 뜻을 모두 능히 굴릴 수 있네.

14

과果 중에 증득한 최승상最勝上은

일체의 뜻과 도道가 모두 청정하도다.

그 증득한 바와 같이 마땅히 알아야 하나니

일체가 더러움이 없고 분별이 없음을.

15
과 중에 증득한 최상승은
모든 뜻과 이로움을 포섭함이 다 청정해서
청정한 불국토에 응하는 대로
일체가 자재하게 출현하도다.

16
과 중에 증득한 최승상은
일체의 분별이 모두 청정하고
지은 것이 무너지지 않는 항상의 시간 속에서
일체지의 사업事業을 훌륭히 닦는도다.

17
과 중에 증득한 최승상은
일체의 청정으로 훌륭히 안주하니
이미 무주의 대열반을 얻어
모든 부처님의 청정한 구句를 원만히 하는도다.

18
과 중에 증득한 최승상은
일체 물든 법이 이미 청정해져서
번뇌에 뒤섞이지 않고 본래 허물이 없어
항상 모든 부처님의 묘락행妙樂行에 들어가도다.

19
과 중에 증득한 최승상은
상념[想]은 허공과 같아서 모두 청정하며

광대한 승의문勝義門을 쌓아서
모든 색상을 여의고서 관찰하도다.

20
여래의 변화의 모습은 지극히 광대하고
이 한량없는 행은 모두 청정하도다.
성소작지成所作智는 묘하여 생각하기 어렵고
모든 부처님은 무구無垢하고 수승한 의지처라네.

이 가운데 마땅히 알아야 한다. 청정법계가 곧 일체법의 진여로서 일체법의 전도顚倒 없는 자성의 올바른 인因이 되어 능히 모든 부처님과 모든 부처님의 지혜를 출생한다. 모든 장애와 물듦을 여의고 삼마지와 총지법문總持法門 및 나머지 한량없는 복과 지혜의 모든 행을 건립해서 일체 중생을 이롭게 하고 즐겁게 하는 등의 일을 성취하고 나아가 일체 올바른 법의 듣고 아는 종자를 성숙시키니, 이와 같은 것들이 모습이 모두 성취하게 된다.

모든 부처님의 지혜란 곧 네 가지 지혜를 말한다. 처음은 대원경지大圓鏡智로 이 지혜는 나와 나의 것이라는 모습을 멀리 여의고 능히 취하는 것[能取]과 취해지는 것[所取]의 분별을 여의어서 일체의 번뇌와 물듦에 뒤섞이지 않는다. 일체의 반연하는 것과 행하는 것과 아는 바의 모습 속에서 잊지도 않고 어리석지도 않으니, 지혜와 그림자가 서로 생하면서 종자를 나타내어 의지한다. 저 일체지가 의지하는 청정함은 바로 진여가 반연된 분별없는 지혜[無分別智]이다. 두 번째는 평등성지平等性智로서 수승하고 높은 소연所緣을 얻는다. 이 지혜는 능히 나와 남을 평등하게 관하여 능히 무주열반無住涅槃에 안주한다. 대자비를 일으켜 일체를 따라 가면서 일체의 몸을 나투고 위(上)를 나투어 훌륭한 방편으로써 필경 상응한다. 세 번째는 묘관찰지妙觀察智로서 일체의 삼마지와 삼마발저와 총지법문總持法門을 두루 거두어들인다. 일체의 아는 분위에서 장애 없이 굴러가면서 능히 수승한 공덕의 보배를 발생하고, 방편으로 몸을 나투어 여러 의혹을 훌륭히 끊고 그 응하는 대로 능히 훌륭하게 설법한다. 네 번째는 성소작지成所作智로서 능히 갖가지 부사의한 방편으로 다른 사람들을 위하여 일체 지은 것을 성숙시켜서 응하는 대로 일체 중생들을 교화하고 제도한다. 이와 같은 것들의 모습을 네 가지 지혜라고 한다. 다시 게송으로 말한다. 삼신三身의 분위는 둘·둘·하나이니, 두 법신과 두 보신과 한 화신이네. 모든 부처님의 청정한 법계 가운데에는 하나이거나 많거나 성품을 세울 수 없네. 여기서 뜻하는 것은, 청정한 법신은 오히려 허공과 같아 형상이 없는데, 이 법신으로부터 일체의 법이 흘러나온다. 이것들은 모두가 묘하여 비유할 수 없는 최승의 백법[最勝白法]이다. 청정한 진리는 큰 이익과 즐거움의 원인으로서 부처님 경지의 가장 높고 훌륭한 즐거움을 낳고, 그리고 능히 원만한 다함없는 법의 바다이다. 다시 청정하고 묘한 지혜를 능히 구족해서 즉각 대보리심을 능히 성취한다.

위와 같이 해석한 것이 보리심의 뜻이다. 여러 경들에서 간략하게 모으고 글을 요약했는데, 오직 불보살님만이 능히 다 보고 알 수 있다.

이처럼 도입부와 마무리 부분이 많이 다른 것은, 티벳역의 저본인 산스끄리뜨본과 한역의 저본인 산스끄리뜨 본이 서로 달라 몇가지 서로 다른 판본이 있었을 것으로 추정해 볼 수도 있을 것*3이다. 그렇지만 마무리 부분의 한역은 역경사의 덧붙임일 가능성이 크다고 생각된다. 왜냐하면, "다시 게송으로 말한다"는 표현은, 해설을 한 다음 그것을 요약하여 중송으로 읊을 때 사용되는 것이 일반적이므로, "하물며 다시 내가 지금 이 논論을 지어서 감히 언사로써 찬술할 수 있겠는가?"라고 선언한 것으로 보아, 불지의 공덕에 대해 까말라실라 논사가 해설하지 않았음을 알 수 있고, 그렇다면 "다시 게송으로 말한다"고 말하는 것은 타당하지 않기 때문이다. 따라서 『능가경』에서 인용한 20개의 게송과 붓다의 4가지 본래지에 대한 설명은 까말라실라의 저술이 아니라 역경사가 임의로 추가한 것으로 보여진다. 또한 불지의 공덕에 대한 20개의 게송은 현존하는 티벳어 및 한역 『능가경』에서는 확인되지 않는다. 능가경에도 여러 판본이 있었으며 소실된 것도 있다고 하므로, 당시에 존재했던 『능가경』에는 이것이 포함되었을 수 있을 것이다.

*3 추정의 근거는 다음과 같다. " 『광석보리심론』은 현존하는 범본이나 장역본과 비교해 볼 때 부분적으로 차이가 있기도 하고, 범본이나 장역본에 없는 부분이 있기도 하다. 범본의 경우 첫 부분과 끝 부분이 상실되었고, 장역본은 범본과 가까우며, 시호의 한역은 다소 의역된 부분이 있다. ―(중략)― 이러한 점을 고려해 볼 때 범본에는 몇 종류의 사본이 있었음을 알 수 있다. 또한 시호가 한역한 범본은 현존하는 범본과는 다른 사본임을 추측케 한다."(『연화계의 '광석보리심론'에 대한 해제와 역주』, 김치온, 176~177쪽에서 인용함).

붓다의 3신

붓다의 길 12단계를 통해 붓다의 경지에 도달했을 때 얻는 3신, 혹은 4신에 대해, 마이뜨레야(미륵) 존자의 『보성론』과 『현관장엄론』 그리고 『보살지』를 위주로 그 주석서들을 참조하여 설명하면 다음과 같다.

삼신은 붓다의 본성을 지닌 것이므로, 먼저 붓다의 본성에 대해 설명한다면, 붓다의 본성은 맑게 빛나는 것(광명)이며, 청정한 것이며, 붓다의 모든 속성을 갖는다. 붓다의 본성을 얻는 원인은 등지의 무분별지와 후득의 분별지다. 『보성론』 제2장 보리품에서 다음과 같이 설했다.

그것은 자성적으로 맑게 빛나는 것이라고 설한 것은, 태양이나 허공과 같다.

그것은 우연적인 번뇌장과 소지장이라는 두꺼운 구름의 장애로

덮인 오염이 없는 것이다.

붓다의 본성은, 항상하고 견고하고 변함없으며, 오염이 없는 붓다의 모든 공덕을 지닌다.

그것은 제법에 대한 분별하지 않는 본래지와 분석하는 본래지에 의존하여 얻는다.

(『보성론』 제2장 보리품 게송3)

이 게송에는 두 가지 내용이 있다. 붓다의 본성과 그것의 원인이다. 앞 세 줄의 게송은 붓다의 본성에 대한 것이며, 네 번째 줄은 그것의 원인에 대한 것이다. ①예를 들면 태양은 밝다. 그와 같이 붓다의 지혜는 승의제를 현량으로 깨닫는 것이다. 예를 들면 허공은 막힘과 접촉이 없는 것이다. 그와 같이 붓다의 본성은 자성이 청정한 것이다. ②태양은 구름으로 잠시 덮일 수 있지만 본래부터 덮여 있거나 영원히 덮여 있는 것이 아니다. 그러므로 구름은 일시적이다. 그와 같이 중생 마음 속은 잠시 동안 번뇌장과 소지장으로 오염되어 있지만 중생 마음이 본성으로 오염되어 있거나 영원히 덮여 있는 것이 아니다. 이 두 장애는 조건이 모이면 소멸할 수 있으므로 일시적이다. ③붓다의 본성이 직접 드러날 때, 10력이나 4무외 등과 같은 오염없는 모든 공덕을 지닌다. 그것은 항상하고 견고하며 변함이 없다. ④이러한 붓다의 본성은 2가지 본래지에 의해 얻게 된다. 즉 등지에서 모든 현상에 대한 분별을 완전히 초월한 본래지와, 등지에서 일어난 후득의 단계에서 모든 앎의 대상에 대해 철저히 분석하는 본

래지에 의존하여 얻는다.[*1]

붓다의 신체[*2]는 2가지로 분류하면 법신과 색신이 있다. 법신은 '자리自利법신'이라고도 하며, 주로 지혜자량에 의해 성취된다. 색신은 '이타利他색신'이라고도 하며, 주로 복덕자량에 의해 성취된다.

『보성론』 제3장 붓다의 공덕품에서, 법신과 색신에 대해 다음과 같이 설했다.[*3]

> 자리와 이타는, 승의의 신체와 그것에 의지하는 세속의 신체[*4]다.
> 번뇌의 제거와 성숙의 결과는 64가지 공덕의 차별을 갖는다. (게송1)

> 승의의 신체는 자신의 원만한 의지처이고,
> 선인仙人의 언설적 신체[*5]는 타인의 수승한 의지처다. (게송2)
> 첫번째 신체는 십력 등 번뇌를 제거한 32공덕[*6]을 지닌 것이고,

---

*1 갤찹다르마린첸(རྒྱལ་ཚབ་དར་མ་རིན་ཆེན།)의 『보성론주석(རྒྱུད་བླ་མའི་དར་ཊཱིཀ།)』과 『Buddha Nature』, 183쪽 참조함

*2 '신체'는 སྐུ་(산/kaya, 한/身)를 옮긴 것으로, '까야'는 '모여서 쌓임'을 의미한다. 5도에서 복덕자량과 지혜자량을 축적함으로써 공덕이 궁극에 도달한 붓다의 몸을 의미한다.

*3 데게본 『보성론』 D4024, 65b1-b3/ 『보성론』 제3장 붓다의 공덕 377~378쪽/ 『Buddha Nature』 218쪽 참조함

*4 '승의의 신체'는 무분별지에 의해 얻는 전의轉依법신이고, '세속의 신체'는 후득지에 의해 얻는 2가지 색신을 뜻한다. 전의법신이 번뇌를 제거한 결과(이계과離繫果)라면, 색신은 성숙의 결과(이숙과異熟果)이다.(『보성론』, 안성두 역주, 377쪽 각주 1)

두번째 신체는 위대한 분의 성숙한 32상을 지닌 것이다. (게송3)

색신에는 보신과 화신이 있으므로, 법신과 합해서 붓다의 3신이라고 한다. 또 법신에는 자성법신과 지혜법신이 있으므로, 보신과 화신을 합해서 붓다의 4신이라고 한다.[*7]

1 자성법신(ངོ་བོ་ཉིད་སྐུ)은 '2가지 청정을 갖춘 궁극에 도달한 법계의 신체'로 정의되며, 붓다의 마음의 자성이다.

자성법신의 특성 5가지를 요약하면[*8] 1) 생주멸의 3가지 행상에서 벗어났으므로 '무위'이며 2) 공덕인 붓다의 법(속성)과 분리할 수 없기 때문에 '분리할 수 없는 것'이며 3) 존재하지 않는 것을 존재한다고 증익하는 상견과 존재하는 것을 존재하지 않는다고 감손하는 단견이 완전히 제거되었기 때문에 '2가지 극단이 완전히 제거된 것'이며 4) '번뇌와 소지와 등지의 장애로부터 확실하게 벗어난 것'이며 5) 번뇌의 오염에서 벗어났기 때문에 '오염이 없고', 분별의 대상이 아니기 때문에 '무분별이며', 방편과 지혜가 결합된 등지에 항상 머무는

*5 '선인의 언설적 신체'는 붓다의 색신을 뜻한다.
*6 '32공덕'은 10력과 4무외와 18불공법을 의미한다.
*7 『현증장엄론』, 범천 역주, 424쪽
*8 데게본 『보성론』 64a5-a7/ 『보성론』 제2장 보리품 게송44~46, 370쪽/ 『Buddha Nature』, 204쪽/ 『GP』, 363쪽 참조함

수승한 요가행자의 자증지의 영역이기 때문에 '요가행자들의 대상이며' 그리고 '법계는 자성으로 청정하기 때문에 광명이다.'

자성법신은 두 가지로 구분된다. 일체법에 대한 자성적 장애가 청정한 일체종지의 공성을 의미하는 '자성청정신'과, 번뇌장과 소지장이라는 일시적 장애가 청정한 '객진청정신'이다.

2 **지혜법신은 '여소유지와 진소유지, 즉 일체종지에 통달한 붓다의 마음 자체'이며, 21가지 무루의 본래지의 토대가 된다. 또한 의지처의 완전한 변화**(전의轉依)**가 궁극에 도달한 상태다.**(『장한불학사전』, 1466쪽)

여기서 21가지 무루의 본래지는 다음과 같다.

21가지 무루의 본래지

번호	제목	번호	제목
1)	37보리분법	12)	10자재
2)	4무량	13)	10력
3)	8해탈	14)	4무외
4)	9차제정	15)	3불호
5)	10변처정	16)	3염주
6)	8승처정	17)	염무실성
7)	번뇌가 없는 삼매(무염정)	18)	습기를 완전히 멸함
8)	염원에서 생긴 지혜(원지)	19)	중생에 대한 큰 연민심
9)	6신통	20)	18불공법

10)	4무애해	21)	일체종지
11)	4청정		

참고: 마이뜨레야 존자의 『현관장엄론』 D3786, 게송 2-6요약, 11a7-11b3.

이 중에서 익숙하지 않은 용어만 요약해서 설명하면 다음과 같다.

7) 무염정無染定은 '번뇌가 없는 삼매'라는 뜻으로, "중생이 나를 볼 때 나를 소연해서 번뇌가 일어나지 않게 하소서" 하고 발원한 후에 삼매에 들어간 것을 말한다. 여래의 무염정은 마을이나 도시 등에서 붓다를 만나는 사람들의 번뇌가 뿌리부터 끊어지게 한다.(『현증장엄론』, 432쪽) 즉 타인의 마음의 흐름 속에 포함된 번뇌를 선정에 의지하여 제거하는 삼매와 지혜다.

8) 원지願智는 '염원으로부터 생겨난 지혜'로, 일반적으로 어떤 것에 대해 알고자 하는 발원을 한 후 선정에 들었다가 나오면 알게 되는 지혜를 말한다. 그러나 붓다의 원지는 훨씬 수승하다. 애씀 없이 자연적으로 이루어지고, 존재들에 대한 실집을 여의었고, 2가지 장애를 뿌리 뽑아서 일체 지각대상에 대해 걸림이 없으며, 윤회계가 존재하는 한 항상 머무르며, 끊임없이 중생을 위해 행하고, 무애해에 의해 모든 의문을 해소해 주시기 때문이다.(『현증장엄론』, 433쪽)

11) 4청정이란 "모든 측면에서 청정한 것 4가지"로, ① 소의청정(의지처의 청정)은 습기와 함께 모든 번뇌에 속하는 추중들이 의지처에서 남김없이 사라진 것이며, 또한 자신의 신체를 원하는 대로 취하고 버리는 것에 통달한 무루의 본래지다. ② 소연청정(인식대상의 청

정)은, 모든 인식대상에 대해 존재하지 않는 것은 화현시키고 존재하는 것은 변화시키는 데 통달한 무루의 본래지다. ③ 심청정(마음의 청정)은, 모든 마음의 추중을 제거했기 때문에, 또한 마음에 모든 선근을 쌓았기 때문에, 모든 종류의 마음의 청정이라 한다.(『보살지』, 408쪽) 혹은 찰나 찰나 무수한 삼매에 들어가는 데 통달한 무루의 본래지다.(『GP』, 375쪽) ④ 지청정(본래지의 청정)은, 무명에 속하는 모든 추중을 제거했기 때문에, 또한 모든 인식영역에 대한 지혜의 장애가 없기 때문에, 모든 종류의 본래지의 청정이라 한다.(『보살지』, 408쪽) 혹은 무수한 다라니의 문에 통달한 무루의 본래지다.(『GP』, 375쪽)

15) 3불호不護란 "감출 것이 아무것도 없는 3가지"로, 여래의 몸과 말과 마음의 행위는 모든 측면에서 결함이 없다. 따라서 여래는 다른 사람들이 잘못된 악한 행위를 알게 될까 두려워하지 않기 때문에, '나는 이것을 비밀로 간직해야 한다'라고 결코 생각하지 않는 무루의 본래지다.(『GP』, 375쪽)

16) 3염주念住란 법을 설할 때 ① 법을 듣기 원하여 공경심으로 귀를 기울이는 사람에게 애착을 갖지 않고 억념을 가지고 평등하게 머무는 것과 ② 법을 듣기 원하지 않아 귀를 기울이지 않는 사람에게 분노를 갖지 않고 억념을 가지고 평등하게 머무는 것과 ③ 때로는 귀를 기울이고 때로는 귀를 기울이지 않는 사람에게도 애착과 분노를 갖지 않고 억념을 가지고 평등하게 머무는 무루의 본래지다.(『GP』, 376쪽)

17) 염무실성念無失性이란 '망각을 갖지 않는 법성'으로, 중생을 위한 이로움을 실천해야 할 적절한 시기를 절대로 놓치지 않는 확정적인 특성을 의미한다.(『GP』, 376쪽)

18) 영단습기永斷習氣란 '습기를 완전히 제거한 것'으로, 번뇌장과 소지장의 잠재적인 습기까지 완전히 제거된 무루의 본래지다.(『현증장엄론』, 432쪽)

20) 18불공법不共法이란 다른 사람과 공통되지 않고 붓다에게만 유일하게 있는 속성 18가지로, 행위 측면에서 불공법 6가지와, 증득 측면에서 6가지와, 붓다행 측면에서 3가지와, 본래지 측면에서 3가지로 구성된다.*9

가. 행위 측면의 6가지 특별한 속성

다음의 6가지 결함은 소승의 아라한에게는 있을 수 있지만 여래

*9 18불공법 내용은 『현증장엄론』(309~310쪽), 『GP』(270~271쪽), 『장한불학사전』을 참조하여 정리하였다. 보다 상세한 설명은 뿌생교정본 『입중론』(323~337쪽)과 『다라니자재왕경』의 다른 명칭인, 『འཕགས་པ་དེ་བཞིན་གཤེགས་པའི་སྙིང་རྗེ་ཆེན་པོ་ངེས་པར་བསྟན་པའི་མདོ།: 한/大哀經: 영/Sūtra Teaching the Great Compassion of the Tathāgatas』(라싸본, H148. 258a4~274a5)에서 확인할 수 있다. 한편 붓다의 18불공법에 대해 『아비달마구사론』 분별지품에서, "སངས་རྒྱས་ཆོས་ནི་མ་འདྲེས་པ།།སྟོབས་ལ་སོགས་པ་བཅོ་བརྒྱད་དོ།།(붓다의 섞이지 않은 법은 10력 등 18가지다) གང་དག་སངས་རྒྱས་ཁོ་ནས་ཟད་པ་མཁྱེན་པའི་ཚེ་བརྙེས་པར་འགྱུར་གྱི་གཞན་གྱིས་ནི་མ་ཡིན་པའོ། །བཅོ་བརྒྱད་གང་ཞེ་ན། སྟོབས་བཅུ་དང་། །མི་འཇིགས་པ་བཞི་དང་། །དྲན་པ་ཉེ་བར་གཞག་པ་གསུམ་དང་། །ཐུགས་རྗེ་ཆེན་པོའོ། །ཐུན་མོང་མ་ཡིན་པས་ན་མ་འདྲེས་པ་ཞེས་བྱའོ།།(오직 붓다만이 진지盡智의 경우에 얻게 되는 것이지, 다른 사람은 얻지 못한다. 18가지란 무엇인가? 10력과 4무외와

에게는 없다.*10

① 여래에게는 실수가 없음: "여래의 신체에는 실수가 없다"고 말한다. 여래는 사나운 코끼리나 가축, 개 등의 해침을 당하지 않으며, 발로 뱀을 밟게 되는 등의 실수가 없다. 여래께서 어디에 발을 내려놓든 그곳에 아름답고 향기를 가진 연꽃들이 생겨난다. 신체의 빛으로 아비지옥에 도달하기까지의 중생들을 안락하게 한다. "말씀에도 실수가 없다". 즉 제때에 말씀하시고 진실로 말씀하시고, 듣기 좋게 말씀하시고, 실수 없이 말씀하시기 때문에 말씀의 모든 결함이 제거되었다. 다시 반복하여 말하지 않으며, 극히 확실하게 말하며, 논리를 가지고 말하며, 하나의 말을 함으로써 한 찰나에 모든 중생들이 이해하게 하기 때문이다. "마음에도 실수가 없다" 왜냐하면 항상 등지에 들어 있으며, 망각이 없는 속성을 가지고 있으며, 모든 법에 탐착과 장애

3념주와 큰 연민심이다. 공통되지 않기 때문에 '섞이지 않은 것'이라고 한다)"고 설했다.(세친의 데게본『아비달마구사론』, D4090, 55b2-b3 인용.『아비달마구사론』, 권오민 역주, 1223쪽 참조) 따라서『현관장엄론』및『입중론』의 내용과 차이를 보이고 있다.

*10 걷거나 머물거나, 앉거나 눕거나 붓다는 신체적·언어적 마음의 행위에 있어서 모든 결함에서 완전히 벗어났다. 그렇지만 아라한조차도 때로는 무엇에 부딪치거나 뱀을 밟게 되거나, 어떤 이들은 여성들에게 고함쳤다고 한다. 난다는 법을 설할 때 청중 속의 여성들에게 시선을 고정하곤 했다고 한다. 전생에 고급 매춘부였던 어떤 연각은 여전히 교태부리는 여자의 복장을 입었다는 이야기도 있다. 항상 삼매에 머무는 것과 관련하여, 10지 보살조차도 수행시간 사이에는 삼매에서 일어난다.(『GP』, 759쪽, 주 572)

를 갖지 않고 알고 보시며, 모든 행을 항상 저절로 성취하고 분별하지 않기 때문이다.

② 쓸데 없는 말이 없음 : 아라한들은 숲속에서 길을 잃었을 때 쓸데 없는 말을 끄집어내거나, 습기 때문에 웃기는 말을 하거나 말 울음소리를 내는 경우가 있는데, 붓다에게는 그와 같은 쓸데 없는 말이 없다. 왜냐하면, 모든 중생과 모든 법에 대한 탐착과 분노가 없으며, 모든 세간의 법에서 지극히 벗어났으며, 항상 평등하게 머무시며, 번뇌 없이 머무시며, 모든 습기를 완전히 제거했기 때문이다.

③ 잊어버림이 없음 : 아라한들은 기억하지 못하고 잊어버려서 할 일을 못하거나 때를 놓치게 되는 것과 같은 일이 생기는데, 그와 같은 것이 여래에게는 없다. 여래는 모든 선정과 해탈과 삼매와 등지에 대해 주의력 상실이 없다. 여래는 모든 중생들의 마음의 행위와 동요를 분명하게 보고, 개별적으로 적절하게 법을 보여주는 것에 대해 망각하는 일이 없다. 여래는 의미와 법과 확정적인 말과 변재를 상세하고 올바르게 아는 것들, 즉 4무애해에 대해 망각하는 일이 없다. 여래는 과거와 미래와 현재에 대해 집착이 없는 본래지로 통찰하는 것에 대해 잊어버리는 일이 없다. 여래는 자신에 대해 망각하는 일이 없는 것처럼, 모든 중생들이 잊어버리지 않도록 제때에 법을 설하신다.

④ 마음이 평등하게 머물지 않음이 없음[무부정심無不定心] : 성문, 연

각들은 등지等至에 들어가는 바로 그때, 마음이 평등하게 머물게 되는 것이지, 다른 때에는 그렇지 않다. 반면에 여래는 등지에 들어가 있거나 등지에 들어가 있지 않거나, 걷거나 머물거나 앉거나 눕거나 항상 마음이 평등하게 머문다. 여래는 심오하고 수승한 삼매의 저편에 도달한 분이기 때문이다.

⑤ 다르다는 생각이 없음[무이상無異想]: 아라한들은 윤회와 열반, 염오된 법과 청정한 법 등이 다르다는 생각이 생기지만, 여래들은 그렇지 않다. 여래들은 항상 중생의 평등성과 법의 평등성에 들어간다. 연민의 힘과 무분별지의 힘에 의해, 윤회와 열반, 혹은 백법과 흑법, 혹은 지계와 파계, 혹은 도움을 주는 자와 해를 입히는 자, 혹은 확정적으로 진실한 것[정성결정正性決定]과 확정적으로 전도된 것, 혹은 수승한 중생과 열등한 중생에 대해 다르다는 생각이 생기지 않는다.

⑥ 상세하게 관찰하지 않고 내버려 두는 일이 없음[무지사심不知捨心]: 아라한들은 각각을 관찰하지 않고 중생의 이로움을 저버리지는 일이 있지만, 여래는 그처럼 행하지 않는다. 그것은 적절한 시기인 것과 적절한 시기가 아닌 것, 혹은 선연을 가진 것과 선연이 없는 것, 혹은 의미가 있는 것과 의미가 없는 것을 개별적으로 상세히 관찰하지 않고, 적절한 시기이거나 선연이 있거나 의미가 있는 것임에도 불구하고 중생의 이로움을 저버리면서 그대로 내버려두는 마음이 결코 없다.

나. 증득 측면의 6가지 특별한 속성

⑦ 열망의 퇴보가 없음[욕무퇴欲無退]: 여래는 위 없는 보리와 모든 중생을 위한 이로움을 열망하고 갈망하는 것이 조금도 줄어드는 일이 없다. 아라한들은 인식대상의 힘에 의해, 자성적으로 붓다의 경지와 붓다의 행에 대한 열망이 생기는 것이 아니라 성문의 행에 대해 열망하게 된다. 반면에 붓다들은 모든 상황에서 중생을 이롭게 하는 것에 대한 열망이 끊임 없이 생겨난다. 큰 자애와 큰 연민 등의 법에 대한 열망과, 법을 설하는 것과 중생을 성숙시키는 것과 보리심을 올바르게 받아들여 3보의 흐름이 지속되게 하려는 열망이 끊임 없이 생겨난다.

⑧ 정진의 퇴보가 없음[정진무퇴]: 여래는 단 한 사람의 중생을 위해서도 수겁 동안이라도 음식을 먹지 않고 법을 설한다. 여래는 갠지스 강의 모래알만큼 수많은 붓다의 국토를 지나서, 교화할 단 한 사람의 중생이 있는 곳으로도 간다. 여래는 모든 정진에 있어서 신체적 주의력 상실, 혹은 정신적 주의력 상실이 전혀 생기지 않는다.

⑨ 기억의 퇴보가 없음[염무퇴念無退]: 여래는 과거와 미래와 현재의 모든 중생들의 마음의 모든 행위와 움직임과, 생각과 습기와 번뇌와 감각기관 등 모든 것과, 중생을 다스리는 모든 방편과, 중생의 모든 이로움을 인식하여 어느 때에도 기억이 쇠퇴하는 일이 없다.

⑩ 삼매의 퇴보가 없음[정무퇴定無退]: 여래는 항상 모든 중생과 모든 법의 진여[궁극적 실상]에 평등하게 머물기 때문에 진여의 평등성에 의해, 모든 법에 평등하게 머문다. 따라서 여래의 진여에 대한 삼매는 쇠퇴하는 일이 없다.

⑪ 반야지의 퇴보가 없음[혜무퇴慧無退]: 여래는 중생의 마음 작용과 팔만사천 법문을 아는 지혜가 쇠퇴하는 일이 없다. 그것은 이와 같다. 즉 모든 중생들의 마음의 행위에 대한 지혜가 다함이 없으며, 법을 설하는 것에 대한 지혜가 다함이 없으며, 중생을 성숙하게 하는 지혜가 다함이 없으며, 상세하고 올바르게 아는 것[4무애해]에 통달한 지혜가 다함이 없다.

⑫ 해탈의 퇴보가 없음[해탈무퇴]: 성문들이 적정이라는 한 방향에 빠져 단지 번뇌장에서만 벗어나는 것을 해탈의 쇠퇴라고 하며, 여래는 번뇌장과 소지장 둘 다에서 해탈하여, 무주열반을 증득하여 윤회가 존재하는 한, 중생들의 이로움을 위해 행하므로 해탈이 쇠퇴하는 일이 없다. 해탈에 퇴보가 없는 것처럼 해탈지견에도 퇴보가 없다.

열망에 퇴보가 없는 것은 토대(support)이고, 중간의 4가지는 근(faculty)이며 해탈에 퇴보가 없는 것은 결과(fruit)이다.

다. 붓다행 측면의 3가지 특별한 속성

⑬ 여래의 모든 신체적 행위는 본래지를 선행요소로 하여 본래지

의 뒤를 따라 행함.

⑭ 여래의 모든 언어적 행위는 본래지를 선행요소로 하여 본래지의 뒤를 따라 행함.

⑮ 여래의 모든 마음의 행위는 본래지를 선행요소로 하여 본래지의 뒤를 따라 행함.

붓다들께서는 말씀하시거나 아무것도 말하지 않거나, 음식을 드시거나, 주무시거나, 가거나 오거나, 머물거나 눕거나, 신체에서 빛을 발산하거나, 신체의 주요 특징들(32상)과 이차적인 수승한 특징들(80종호)과, 발걸음을 놓는 것과 눈을 뜨는 것으로도 중생들을 교화한다. 붓다의 모든 말씀 또한 모든 중생의 모든 이로움을 성취하게 한다. 60가지 측면을 지닌 목소리(60종음)는 모든 중생의 의도와 습기에 따라 생겨난다. 붓다의 모든 마음의 행위 또한 모든 번뇌의 습기와 모든 분별의 습기와 모든 희론의 습기를 수반하지 않는다. 큰 자애와 큰 연민의 행상을 수반하며 진실의 궁극을 버리지 않으며, 승의의 특성에 뒤따라 생겨난다. 그러한 신체와 말씀과 마음의 행위들 또한 5가지 본래지를 원인으로 하여 생겨났기 때문에 본래지를 선행요소로 한다. 본래지와 동시에 작용하기 때문에 이러한 3가지 붓다의 행은 본래지의 뒤를 뒤따른다.

라. 본래지 측면의 3가지 특별한 속성

⑯ 과거에 대한 본래지와 통찰이 집착 없고 장애 없이 생겼음[과거세무탐무애지견]: 이 본래지는 모든 앎의 대상을 단지 알기를 원하는 것만으로 과거의 모든 법을 착오 없이 알게 한다. 따라서 이 본래지는 그에 대한 탐착이 없고 모든 것을 알기 때문에 장애가 없다. 과거에 붓다의 국토가 생긴 것과 소멸한 것 그 모든 것들을 낱낱이 숫자를 세는 방식으로 잘 안다. 그러한 국토들에 풀과 나무와 약초와 숲으로 된 그 모든 것들도 잘 안다. 그곳에 있는 중생의 무리와 중생으로 지칭된 모든 것과, 붓다의 모든 출현과, 각각의 붓다가 법을 보여준 것과 설한 것들 모두와, 얼마가 되든 성문승에서 교화된 사람들과, 얼마가 되든 대승에서 교화된 그 모든 사람들도 잘 안다. 마음의 흐름도 잘 안다. 어떤 마음 다음에 어떤 마음이 생겼는지 그 모든 것도, 낱낱이 숫자를 세는 방식으로 잘 안다. 그것도 직접적인 인식[현량]과 추론적인 인식[비량]으로 완벽하게 안다. 여래는 이미 지나간 마음의 흐름들 또한 지각한다. 여래는 그와 같은 본래지를 가지고 있으므로, 중생들에게 특별히 법을 보여주었다.(뿌생교정본 『입중론자주』 334.18-335.15)

⑰ 미래에 대한 본래지와 통찰이 집착 없고 장애 없이 생겼음[미래세무탐무애지견]: 이 본래지는 모든 앎의 대상을 단지 알기를 원하는 것만으로 미래의 모든 법을 착오 없이 알게 한다. 따라서

이 본래지는 그에 대한 탐착이 없고 모든 것을 알기 때문에 장애가 없다. 중생이나 혹은 법이나 혹은 국토 어떤 것이든 미래에 생기게 되거나, 소멸하게 되는 그 모든 것들을 여래는 잘 안다. 미래의 마음의 흐름을 분명하게 보지 못하게 되는 것이 아니라, 미래를 봄으로써 중생들에게 법을 보여준다.(뿌생교정본 『입중론자주』 335.16-336.03)

⑱ 현재에 대한 본래지와 통찰이 집착 없고 장애 없이 생겼음[현재세무탐무애지견]: 이 본래지는 모든 앎의 대상을 단지 알기를 원하는 것만으로 현재의 모든 법을 착오 없이 알게 한다. 따라서 이 본래지는 그에 대한 탐착이 없고 모든 것을 알기 때문에 장애가 없다. 여래는 열 방향에 있는 현재의 모든 붓다의 국토를 낱낱이 숫자로 세는 방식으로, 잘 안다. 현재의 모든 붓다를 잘 안다. 그처럼 모든 보살과 모든 성문과 연각으로부터, 모든 사물과 극미의 입자의 부분으로 부서진 흙의 요소들 모두에 이르기까지, 낱낱이 숫자를 세는 방식으로 잘 안다. 그처럼 머리카락 끝으로 채취한 물의 요소들을 숫자로 세는 방식과, 불의 요소가 생겨나고 소멸하는 것을 숫자로 세는 방식과, 모든 바람의 요소가 색으로 된 것에 도달하는 방식과, 모든 허공의 요소가 머리카락 끝으로 미세하게 채워지는 방식에 이르기까지 그러한 방식으로, 잘 안다. 그처럼 지옥중생 등의 악도와 선도로 태어나는 중생의 영역도 잘 안다. 여래에게는 2가지[능취와 소취]에 뒤

따르는 식이 없으며, 둘로 존재하지 않는 것[무이無二]을 파악했기 때문에, 중생들에게 법도 보여주었다.(뿌생교정본 『입중론자주』 336.04-337.03)

3 **보신은, "32상과 80종호를 본질로 하며 대승의 가르침을 즐기기 때문에 붓다의 원만수용신**(보신)**이라고 한다."**(마이뜨레야 존자의 『현관장엄론』 게송12) **보신은 '5가지 확정된 속성을 가진 색신'이다.**

보신의 5가지 확정된 속성이란

1) 확정된 장소로, 오직 색구경천 밀엄정토에만 머무는 것과,

2) 확정된 시간으로, 윤회계가 공하게 될 때까지 머무는 것과,

3) 확정된 신체로, 32상과 80종호의 완전한 광명으로 장엄되어 있는 것과,

4) 확정된 권속으로, 오로지 대승의 성자들만 제자로 삼는 것과,

5) 확정된 법으로, 대승의 가르침만 설하신 것이다.

보신의 5가지 공덕의 차별은

1) 끊임 없이 신체를 보여주시며

2) 끊임 없이 입으로 법을 설하시며

3) 끊임 없이 마음으로 행하시며

4) 애써 노력하는 것 없이 활동하시며

5) 다양하게 현현하지만 진실로 성립하는 것이 아니다.

(『장한불학사전』, 1583쪽)

4 화신은, '5가지 확정된 속성을 갖추지 않은 색신'이다. 5가지 중 갖추지 않은 것은 장소와 권속과 법이다. 화신에 대해 『현관장엄론』에서 "윤회계가 존재하는 한 중생을 위한 다양한 이로움을 동시에 행하는 신체가 붓다의 끊임 없는 화신이다"라고 설했다.(마이뜨레야 존자의 『현관장엄론』, 제8품 게송33)

화신은 3가지로 수생화신·수승화신·사업화신이 있다.

① 수생受生화신(སྐྱེ་བ་སྤྲུལ་སྐུ།)은 중생들의 마음을 다스리기 위해, 제석천이나 사슴, 코뿔소, 새, 물, 다리, 나무 등 다양한 모습의 화현으로 생겨나 보여주는 것을 말한다. '생화신' 혹은 '생응신生應身'이라고도 한다.

② 수승殊勝화신(མཆོག་གི་སྤྲུལ་སྐུ།)은 다스려야 할 일반중생들의 눈에 12가지 행의 모습(12상成道)을 보여주면서 중생을 다스리는 신체의 모습으로 화현하신 분으로 샤꺄무니 붓다 등이 해당한다. '승응신勝應身'이라고도 한다.

③ 사업事業화신(བཟོ་བོ་སྤྲུལ་སྐུ།)은 붓다 세존께서 중생을 다스리기 위해 예술가나 장인 등의 다양한 모습으로 화현한 것이다. 예를 들면 음악의 신인 간다르바를 다스리기 위해 붓다 자신이 연주자로 화현하여 간다르바의 악기를 연주하는 것이다. '기예응신技藝應身'이라고도 한다.

(『장한불학사전』 99쪽, 482쪽, 1433쪽)

붓다의 4가지 본래지

티송데짼 국왕 시대의 역경사 까와빨쩩의 저술『법문法門비망록』*11을 인용해 붓다의 4가지 본래지[4종지]를 설명하면 다음과 같다.

붓다의 4가지 본래지는 무엇인가? 일반 범부가 깨달음을 성취하여 8식이 전의된 것이, 4가지 본래지다. 여기서 알라야식(제8식)이 오염이 닦여 전의轉依된 것이 "거울과 같은 본래지(대원경지 : mirror-like wisdom)"이다. 말라식(염오의 : 제7식)이 아견의 오염이 닦여 전의된 것이, 자신과 타인을 구별하지 않아 평등하기 때문에, "평등성의 본래지(평등성지: wisdom of equality)"이다. 의식(제6식)이 탐욕 등의 오염이 닦여 전의된 것이 "개별적으로 관찰하는 본래지(묘관찰지 : wisdom of discrimination)"이다. 안식 등 5가지 식(전5식)이 다양한 법에 대해, 서로 다르게 별개로 존재한다고 분별하는 오염이 닦여 전의된 것이, "할 일을 성취하는 본래지(성소작지 : wisdom of accomplishment)"이다. 색온 등 5온의 자성이 공한 속성, 바로 그것이 청정한 법계인데 수승한 본래지의 대상으로 확립된다.

4가지 본래지의 작용은 무엇인가? 대상을 이전과 다르게 이해하고 지각하는 것이 본래지의 작용이다. 그것은 또한 모든 법이 둘로 존재하지 않는 의미인 법계, 즉 공성을 인식하는 것이, "거울과 같은 본래지"의 작용이다. 자신과 타인을 구별하는 것이 없어, 자신의 이

*11『법문비망록 : ཆོས་ཀྱི་རྣམ་གྲངས་ཀྱི་བརྗེད་བྱང་།།ལོ་ཙཱ་བ་ཀ་བ་དཔལ་བརྩེགས།』, D4362. 265b6-266a5

로움을 행하는 것도 중생의 이로움이며, 중생의 이로움을 행하는 것도 자신의 이로움이라고 인식하는 것이 "평등성의 본래지"의 작용이다. 모든 법의 공상과 자상을 전도되지 않게 확정하는 것이 "개별적으로 관찰하는 본래지"의 작용이다. 중생을 위한 모든 이타행을 다양한 방법으로 성취하고, 화현하는 작용을 하는 것이 "할 일을 성취하는 본래지"의 작용이다.

까말라실라의 저술

현교와 관련된 17종의 논서와 편지 등을 포함해 ACIP에서 20가지가 확인된다. 20가지 중에서 1~3은 반야부, 4~12는 중관부, 13~14는 경전에 대한 주석, 15는 율부, 16~17은 인명부, 18~19는 편지, 20은 기타에 속한다.

	제 목
1	**칠백송반야바라밀의 상세한 설명**[반야바라밀다칠백송광소] 티 l འཕགས་པ་ཤེས་རབ་ཀྱི་ཕ་རོལ་ཏུ་ཕྱིན་པ་བདུན་བརྒྱ་པ་རྒྱ་ཆེར་བཤད་པ། 산 l āryasaptaśatikāprajñāpāramitāṭīkā 옮긴이: Vimalamitra, Surendrākaraprabha, Nam-mkha' skyon 데게본: (D 3815) shes phyin, ma 89a7-178a5
2	**금강반야바라밀의 상세한 주석**[반야바라밀다금강능단광주] 티 l འཕགས་པ་ཤེས་རབ་ཀྱི་ཕ་རོལ་ཏུ་ཕྱིན་པ་རྡོ་རྗེ་གཅོད་པའི་རྒྱ་ཆེར་འགྲེལ་པ། 산 l āryaprajñāpāramitāvajracchedikāṭīkā 옮긴이: Manjusri, Jinamitra, Ye-shes-sde 데게본: (D 3817) shes phyin, ma 204a1-267a7

3 **반야바라밀의 핵심[반야심경]에 대한 주석**

티| ཤེས་རབ་ཀྱི་ཕ་རོལ་ཏུ་ཕྱིན་པའི་སྙིང་པོ་ཞེས་བྱ་བའི་འགྲེལ་པ།

산| prajñāpāramitāhṛdaya-ṭīkā

옮긴이: Kumāraśrībhadra, 'Phags-pa Shes-rab

북경본: (Q 5221) sher phyin, ma 330b6-333a6 (vol.94, p.296-297)

4 **중관장엄론의 어려운 점에 대한 주석[중관장엄론細疏]**

티| དབུ་མའི་རྒྱན་གྱི་དཀའ་འགྲེལ། 산| madhyamakālaṃkārapañjikā

옮긴이: Surendrabodhi, Prajnavarma, Ye-shes-sde

데게본: (D 3886) dbu ma, sa 84a1-133b4

5 **중관광명론[중관명]**

티| དབུ་མ་སྣང་བ་ཞེས་བྱ་བ། 산| madhyamakāloka-nāma

옮긴이: Śīlendrabodhi, Dpal-brtsegsrakṣita

데게본: (D 3887) dbu ma, sa 133b4-244a7

6 **진실광명의 주석[진실명]**

티| དེ་ཁོ་ན་ཉིད་སྣང་བ་ཞེས་བྱ་བའི་རབ་ཏུ་བྱེད་ 산| tattvāloka-nāma-prakaraṇa

옮긴이: Śīlendrabodhi, Dpal-brtsegsrakṣita

데게본: (D 3888) dbu ma, sa 244b1-273a4

7 **일체법무자성성취**

티| ཆོས་ཐམས་ཅད་རང་བཞིན་མེད་པ་ཉིད་དུ་གྲུབ་པ།

산| sarvadharmāniḥsvabhāvasiddhi

옮긴이: Śīlendrabodhi, Dpal-brtsegsrakṣita

데게본: (D 3889) dbu ma, sa 273a4-291a7

8 **보리심수행[보리심수습]**

티| བྱང་ཆུབ་སེམས་བསྒོམ་པ། 산| bodhicitta-bhāvanā

중국어| 阿毘達磨藏顯宗論 한국어| 보리심관석

옮긴이: Dharmapālabhadra

데게본: (D 3913) dbu ma, ki 16b3-19a5

9 **수행의 단계 상편**

티| བསྒོམ་པའི་རིམ་པ། 산| bhāvākrama

중국어| 廣釋菩提心論 한국어| 광석보리심론

옮긴이: Prajnavarma, Ye-shes-sde

데게본: (D 3915) dbu ma, ki 22a1-41b7

10 수행의 단계 중편

티| བསྒོམ་པའི་རིམ་པ། 산| bhāvanākrama

옮긴이: Prajnavarma, Ye-shes-sde

데게본: (D 3916) dbu ma, ki 42a1-55b5

11 수행의 단계 하편

티| བསྒོམ་པའི་རིམ་པ། 산| bhāvanākrama

옮긴이: Prajnavarma, Ye-shes-sde

데게본: (D 3917) dbu ma, ki 55b6-68b7

12 요가수행에 들어감 [입유가수습]

티| རྣལ་འབྱོར་བསྒོམ་པ་ལ་འཇུག་པ། 산| yogabhāvanāvatāra

옮긴이: Prajnavarma, Ye-shes-sde

데게본: (D 3918) dbu ma, ki 68b7-70b4

13 입무분별다라니경의 상세한 주석 [성입무분별다라니광주]

티| འཕགས་པ་རྣམ་པར་མི་རྟོག་པར་འཇུག་པའི་གཟུངས་ཀྱི་རྒྱ་ཆེར་འགྲེལ་པ།

산| āryāvikalpapraveśadhāraṇīṭīkā

옮긴이: Jinamitra, Dānaśīla, Dpalbrtsegsrakṣita

데게본:(D 4000) mdo 'grel, ji 123a3-145b5

14 도간경의 상세한 주석 [성도간경광주聖稻竿經廣註]

티| འཕགས་པ་སཱ་ལུ་ལྗང་པ་རྒྱ་ཆེར་འགྲེལ་པ། 산| āryaśālistambakaṭīkā

데게본: (D 4001) mdo 'grel, ji 145b5-163b4

15 사문율오십송비망록

티| དགེ་སློང་གི་ཀཱ་རི་ཀཱ་ལྔ་བཅུ་པའི་ཚིག་གི་བརྗེད་བྱང་དུ་བྱས་པ།

산| śramaṇapañcāśatkārikāpadābhismaraṇa

데게본: (D 4128) 'dul ba, su 4b2-28a7

16 논리의 핵심중 전반부를 요약함[정리적전품섭正理滴前品攝]

티| རིགས་པའི་ཐིགས་པའི་ཕྱོགས་སྔ་མ་མདོར་བསྡུས་པ།

산| nyāyabindupūrvapakṣasaṃkṣipti

옮긴이: Visuddhasimha, Dpalbrtsegsrakṣita

데게본: (D 4232) tshad ma, we 92a2-99b5

17 진실을 요약한 것의 어려운 점에 대한 주석[섭진실난어석]

티| དེ་ཁོ་ན་ཉིད་བསྡུས་པའི་དཀའ་འགྲེལ། 산| tattvasaṃgrahapañjikā

옮긴이: Devendrabhadra, Grags-'byor-shes-rab

데게본: (D 4267) tshad ma, ze 133b1-363a7; 'e 1b1-331a7

18 로사모창양에게 고통의 차별을 보여줌

티| བྲམ་ཟེ་མོ་ཚངས་དབྱངས་ལ་སྡུག་བསྔལ་གྱི་བྱེ་བྲག་བསྟན་པ་ཞེས་བྱ་བ།

산| brāhmaṇī-dakṣiṇāmbāyaiduḥkhaviśeṣa-nirdeśa-nāma

데게본: (D 4193) spring yig, nge 133a7-135a4

19 믿음을 일으키는 등불

티| དད་སྐྱེད་སྒྲོན་མ། 산| śraddhotpādapradīpa

데게본: (D 4195) spring yig, nge 139a5-143a6

20 논사 까말라실라의 두 가지 서원

티| སློབ་དཔོན་ཀཱ་མ་ལ་ཤཱི་ལའི་སྨོན་ལམ་ཐུ་གཉིས་མ།

산| praṇidhānaparyantadvaya

데게본:(D 4393) sna tshogs, nyo 324a5-324b5

이외에 밀교와 관련된 짧은 저술도 9가지가 확인된다.

제 목

1 보리행의 등불

티| བྱང་ཆུབ་སྤྱོད་པའི་སྒྲོན་མ་ཞེས་བྱ་བ། 산| bodhicaryāpradīpa-nāma

옮긴이: Jnanaguhya, On-po Lo-tsā-ba

데게본: (D 2321) rgyud, zhi 263b7-264b2

2 요가수행도의 등불

티| རྣལ་འབྱོར་ལམ་གྱི་སྒྲོན་མ་ཞེས་བྱ་བ། 산| yogapathapradīpa-nāma

데게본: (D 2322) rgyud, zhi 264b3-265a4

3 비밀한 마음의 등불

티| གསང་བ་ཐུགས་ཀྱི་སྒྲོན་མ་ཞེས་བྱ་བ། 산| cittaguhyapradīpa-nāma

옮긴이: Jnanaguhya, Lo-btsunchun

데게본: (D 2323) rgyud, zhi 265a4-265b6

4 만달라 의식

티| མཎྜལ་གྱི་ཆོ་ག་ཞེས་བྱ་བ། 산| maṇḍalavidhi-nāma

데게본: (D 2324) rgyud, zhi 265b6-266b2

5 마하무드라의 진실성-글자 없는 가르침

티| དེ་ཁོ་ན་ཉིད་ཕྱག་རྒྱ་ཆེན་པོ་ཡི་གེ་མེད་པའི་མན་ངག།

산| mahāmudrātattvānākṣaropadeśa

옮긴이: Jnanaguhya, Lo-btsunchun

데게본: (D 2325) rgyud, zhi 266b2-267b2

6 반야바라밀 성취법

티| ཤེས་རབ་ཀྱི་ཕ་རོལ་ཏུ་ཕྱིན་པའི་སྒྲུབ་ཐབས། 산| prajñāpāramitāsādhana

데게본: (D 2326) rgyud, zhi 267b2-268a1

7 성모 돌마 성취법

티| རྗེ་བཙུན་མ་འཕགས་མ་སྒྲོལ་མའི་སྒྲུབ་ཐབས། 산| āryatārābhaṭṭārikāsādhana

데게본: (D 2327) rgyud, zhi 268a1-269a2

8 금강해모 성취법

티| རྡོ་རྗེ་ཕག་མོའི་སྒྲུབ་ཐབས། 산| vajravārāhīsādhana

데게본: (D 2328) rgyud, zhi 269a2-269b4

9 문수분노존 성취

티| འཇམ་དཔལ་ཁྲོ་བོར་སྒྲུབ་པ། 산| mañjuśrīkrodhasādhana

데게본: (D 2329) rgyud, zhi 269b4-270a6

ㅂ

■참고도서

1. 『བསྒོམ་རིམ་དང་པོ།』 [bstan 'gyur. toh3915 (dbu ma.ki008)]
▶데게본 티벳어 『수행의 단계 상편』

2. 『བསྒོམ་རིམ་བར་མ།』 [bstan 'gyur. toh3916 (dbu ma.ki009)]
▶데게본 티벳어 『수행의 단계 중편』

3. 『བསྒོམ་རིམ་ཐ་མ།』 [bstan 'gyur. toh3917 (dbu ma.ki010)]
▶데게본 티벳어 『수행의 단계 하편』

4. ༄༅། །བསྟན་འགྱུར། (༤༨)-ཀྲུང་གོའི་བོད་ཀྱི་ཤེས་རིག་ཞིབ་འཇུག་ལྟེ་གནས་ཀྱི་བཀའ་བསྟན་དཔེ་སྡུར་ཁང་གིས་དཔེ་བསྡུར་ཞུས། 中國藏學出版社
▶『수행의 단계』 상중하에 대해, 데게본 티벳어를 저본으로 북경본, 나르탕본, 쪼네본의 차이를 보여준다.

5. 『Kamalasila; Bhavanakrama』 (Bhk) Based on the edition by Gyaltsen Namdol. Bhāvanākramaḥ of ĀcāryaKamalaśīla.Sarnath, Central Institute of Higher Tibetan Studies, 1984
▶『수행의 단계』 상중하에 대한 범어본이다. 까말라실라의 범어본은 상편만 전해오고 중편과 하편은 소실되어 일부만 전해지고 있다는 것으로 보아 후대에 복원한 것으로 보인다. 범어본(Bhk)으로 줄여서 표기함.

6. 『BHAVANAKRAMA OF KAMALASILA』 translated into English by Parmananda Sharma. Aditya Prakashan. 1997. New Delhi
▶14대 달라이라마 존자의 요청에 의해 『수행의 단계』 상중하에 대해 영문으로 번역됨. PS로 줄여서 표기함.

7. 『Stages of Meditation-The Dalai Lama』 root text by Kamalashila. Translated by Venerable Geshe Lobsang Jordhen, Lobsang Choephel Ganchenpa, and Jeremy Russell. Rider. 2002
▶수행의 단계 중편에 대한 14대 달라이라마 존자의 법문. JR로 줄여서 표기함.

8. 『달라이라마의 수행의 단계』, 달라이라마 지음, 이종복 옮김, 들녘
▶JR의 한글번역

9. 『ESSENTIAL PRACTICE』 Lectures on Kamalashila's Stages of Meditation in the Middle Way School. by Khenchen Thrangu Rinpoche. Translated by Jules B. Levinson. Snow Lion Publications. Ithaca, New York. 2002
▶ 『수행의 단계』 상편과 중편에 관한 17대 까르마빠의 스승인 게쉐 탕구린

뽀체의 법문
10. 『수습차제 연구』, 중암 지음, 불교시대사, 2006
▶[1부] 중국의 선종과 인도불교의 만남으로 상징되는 삼애논쟁의 역사적 배경. [2부] 쫑카빠 대사의 람림첸모에 미친 수습차제의 영향을 분석. [3부] 『수습차제』 상중하에 대한 한글번역
11. 『연화계의 「광석보리심론」에 대한 해제와 역주』, 김치온, 불교원전연구, 2005, vol.8, 169~206쪽
12. 한글대장경 251 [논집부 6] 『석마하연론 외』 중에서 「광석보리심론」, 연화계 지음, 시호 한역, 김치온 역
13. 『蓮花戒名著 修習次第論 研究』, 周拉 著, 종교문화출판사, 북경, 2010
▶객각의 중앙민족대학 박사학위 논문. 후반부에 『수습차제』 상중하에 대한 티벳어와 한역이 함께 실려있다. 특히 상편에 대해서는 범한역과 장한역을 포함하고 있다. (객각역)으로 줄여서 표기함
14. 〈Meditation and the Concept of Insight in Kamalasila's Bhavanakramas〉 Martin T. Adam Faculty of Religious Studies, McGill University, Montreal, December 2002

<u>경전과 논서</u>

1. 가야산정경: 『འཕགས་པ་ག་ཡཱ་མགོའི་རི་ཞེས་བྱ་བ་ཐེག་པ་ཆེན་པོའི་མདོ།』 [bka' 'gyur. H0112 (mdo sde. ca004)]
▶라싸본 티벳어 『가야산정경』
2. 구사론석장엄: 『མཛོད་འགྲེལ་མངོན་པའི་རྒྱན།』 མཛད་པ་པོ། མཆིམས་འཇམ་པའི་དབྱངས། དགའ་ཤར་དཔེ་མཛོད་ཁང་། Library of Gashar Monastery. Mundgod N.K.Karnataka State. South India. 2003
▶티벳어본 『구사론석장엄』, 침잠빠양 저: 세친의 『구사론』에 대한 1대 달라이라마 겐뒨둡(1391~1475)의 해설서
3. 대방광불화엄경: 『སངས་རྒྱས་ཕལ་པོ་ཆེ་ཞེས་བྱ་བ་ཤིན་ཏུ་རྒྱས་པ་ཆེན་པོའི་མདོ་།』 [bka' 'gyur. H0094 (phal chen. nga001)]
▶라싸본 『대방광불화엄경』
4. 무진혜소설경: 『འཕགས་པ་བློ་གྲོས་མི་ཟད་པས་བསྟན་པ་ཞེས་བྱ་བ་ཐེག་པ་ཆེན་པོའི་མདོ།』 [bka' 'gyur. H0176 (mdo sde. dza001)]
▶라싸본 티벳어 『무진혜소설경』
5. 『보살지』, 안성두 역, 세창출판사, 2015
6. 보성론: 『ཐེག་པ་ཆེན་པོ་རྒྱུད་བླ་མའི་བསྟན་བཅོས།』 [bstan 'gyur. toh4024 (sems

tsam. phi005)]
▶미륵의 데게본 『보성론』
7. 『보성론』, 견혜보살 지음, 안성두 옮김, 소명출판, 2012
8. 보성론석: 『Buddha Nature』 The Mahayana Uttaratantra Shastra by Arya Maitreya, written down by Arya Asanga, commentary by Jamgon Kongtrul Lodro Thaye, explanations by Khyenpo Tshultrim Gyamtso Rinpoche, translated by Rosemarie Fuchs. Snow Lion Publications. Ithaca, New York. 2000
▶마이뜨레야[미륵] 논사의 『보성론』에 대한 잠괸꽁뛸 로되타얘의 주석
9. 섭연경: 『འཕགས་པ་རྣམ་པར་འཐག་པ་ཐམས་ཅད་བསྡུས་པ་ཞེས་བྱ་བ་ཐེག་པ་ཆེན་པོའི་མདོ།』 [bka' 'gyur. H0228(mdo sde. tsa008)](한/대승방광총지경; 산/sarvavaidalyasangrahasutra; 영/Compendium of All the Weaving Sūtra)
▶라싸본 『섭연경』
10. 섭정법경: 『འཕགས་པ་ཆོས་ཡང་དག་པར་སྡུད་པ་ཞེས་བྱ་བ་ཐེག་པ་ཆེན་པོའི་མདོ།』 [bka' 'gyur. H0239 (mdo sde. dza001)] (산/Dharmasangītisūtra.)
▶라싸본 『섭정법경』 · 『불설법집경』 혹은 『법집경』으로도 한역된다.
11. 성문지: 『རྣལ་འབྱོར་སྤྱོད་པའི་ས་ལས་ཉན་ཐོས་ཀྱི་ས།』 [bstan 'gyur. toh4036 (sems tsam. dzi001)]
▶무착의 데게본 『성문지』
12. 수승심범문경: 『འཕགས་པ་ཚངས་པ་ཁྱད་པར་སེམས་ཀྱིས་ཞུས་པ་ཞེས་བྱ་བ་ཐེག་པ་ཆེན་པོའི་མདོ།』 [bka' 'gyur. H0161 (mdo sde. pa003)]
▶라싸본 『수승심범문경』
13. 십지경론: འཕགས་པ་ས་བཅུ་པའི་རྣམ་པར་བཤད་པ།』 [bstan 'gyur. toh3993 (mdo 'grel. ngi014)]
▶세친의 데게본 『십지경론』
14. 『아비달마구사론』, 권오민 역주, 동국역경원, 2007
15. 아비달마집론: 『ཆོས་མངོན་པ་ཀུན་ལས་བཏུས་པ།』 [bstan 'gyur. toh4049 (sems tsam. ri002)]
▶무착의 데게본 『아비달마집론』
16. 여래불가사의비밀경: 『དེ་བཞིན་གཤེགས་པའི་གསང་བ་བསམ་གྱིས་མི་ཁྱབ་པ་བསྟན་པ་ཞེས་བྱ་བ་ཐེག་པ་ཆེན་པོ་མདོ།』 [bka' 'gyur. H0047 (dkon brtsegs. ka003)]
▶라싸본 『여래불가사의비밀경』
17. 용시청문경: 『འཕགས་པ་ཁྱིམ་བདག་དཔལ་སྦྱིན་གྱིས་ཞུས་པ་ཞེས་བྱ་བ་ཐེག་པ་ཆེན་པོའི་མདོ།』 [bka'

'gyur. H0072 (dkon brtsegs. ca010)]
▶라싸본 티벳어 『용시라는 재가자가 청한 대승경전』

18. 우빠리청문경: 『འཕགས་པ་འདུལ་བ་རྣམ་པར་གཏན་ལ་དབབ་པ་ཉེ་བར་འཁོར་གྱིས་ཞུས་པ་ཞེས་བྱ་བ་ཐེག་པ་ཆེན་པོ་མདོ།』 [bka' 'gyur. H0068 (dkon brtsegs. ca006)]
▶라싸본 『우빠리청문경』

19. 유마힐소설경: 『འཕགས་པ་དྲི་མ་མེད་པར་གྲགས་པས་བསྟན་པ་ཞེས་བྱ་བ་ཐེག་པ་ཆེན་པོའི་མདོ།』 [bka' 'gyur. H0177 (mdo sde. pha005)]
▶라싸본 『유마힐소설경』 · 『유마힐경』 혹은 『무구칭경』이라고도 한다.

20. 윰숨뇌좀: 『འཕགས་པ་ཤེས་རབ་ཀྱི་ཕ་རོལ་ཏུ་ཕྱིན་པ་འབུམ་པ་དང་།ཉི་ཁྲི་ལྔ་སྟོང་པ་དང་།ཁྲི་བརྒྱད་སྟོང་པའི་རྒྱ་ཆེར་བཤད་པ།』
▶데게본 『반야바라밀10만송과 2만5천송과 1만8천송의 상세한 주석』 세친 논사 저술로 되어 있으며, 일명 『윰숨뇌좀』 D3808

21. 이만오천송반야경: 『ཤེས་རབ་ཀྱི་ཕ་རོལ་ཏུ་ཕྱིན་པ་སྟོང་ཕྲག་ཉི་ཤུ་ལྔ་པ།』 [bka' 'gyur. H0010 (nyi-khri.ka001)]
▶라싸본 『이만오천송반야바라밀다경』

22. 이만오천송반야경주: 『ཤེས་རབ་ཀྱི་ཕ་རོལ་ཏུ་ཕྱིན་པ་སྟོང་ཕྲག་ཉི་ཤུ་ལྔ་པ།』 D3790
▶ 『이만오천송반야경』에 대한 하리바드라(사자현)의 주석

23. 입능가경: 『འཕགས་པ་ལངྐར་གཤེགས་པའི་ཐེག་པ་ཆེན་པོའི་མདོ།』 [bka' 'gyur. H0110 (mdo-sde.ca002)]
▶라싸본 『대승입능가경』, 줄여서 『능가경』으로도 한역된다.

24. 입능가경석: 『འཕགས་པ་ལང་ཀར་གཤེགས་པ་ཞེས་བྱ་བ་ཐེག་པ་ཆེན་པོའི་མདོའི་འགྲེལ་པ་དེ་བཞིན་གཤེགས་པའི་སྙིང་པོའི་རྒྱན་ཞེས་བྱ་བ།』
▶데게본 『입능가경석여래장엄』 짱빠갸래 예쉐닝뽀 저술. toh.4019

25. 『입중론자주』: 『Madhyamakavatara』 par Candrakirti. Louis de la Vallee Poussin. Meicho-Fukyu-Kai. Japan. 1977
▶월칭의 티벳어 『입중론자주』에 대한 뿌생 교정본

26. 입중론자주석: 『དབུ་མ་ལ་འཇུག་པའི་འགྲེལ་བཤད།』
▶월칭의 『입중론자주』에 대한 자야난다(11세기)의 주석. 『입중론자주석』으로 표기함. D3870

27. 입중론자주석: 『Introduction to the Middle Way』 Chandrakirti's Madhyamakavatara with commentary by Jamgön Mipham, Padmakara Translation Group. Shambhala. Boston & London. 2004
▶월칭의 『입중론자주』에 대한 미팜린뽀체의 주석

28. 입중론석: 『Introduction to the middle Way』 Chandrakirti's Madhyaamakavatara with commentary by Dzongsar Jamyang Khyentse Rinpoche. Khyentse Foundation, France. 2003.
▶월칭 논사의 〈입중론〉에 대한 종사르 잠양켄쩨 린뽀체의 강론과 질의응답

29. 제불요집경: 『འཕགས་པ་སངས་རྒྱས་བགྲོ་བ་ཞེས་བྱ་བ་ཐེག་པ་ཆེན་པོའི་མདོ།』 [bka' 'gyur. H0229 (mdo sde. tsa009)] (산/ Buddha Sangiti Sutra: 영/Song of the Buddha Sutra. 한/ 『제불요집경諸佛要集經』(동북대 카탈로그: 깐규르/도데 No.228)
▶라싸본 『제불요집경』 티벳어를 번역하면 『붓다의 노래라는 대승경전』이다.

30. 중관장엄론주: 『Speech of Delight』, Mipham's commentary on Shantarakshita's Ornament of the Middle Way. Translated by Thomas H. Doctor. Snow Lion Publications. NewYork. 2004
▶산따락시따의 『중관장엄론』에 대한 미팜린뽀체의 주석으로 티벳어 원문과 함께 있음.

31. 중관장엄론주: 『The Adornment of the Middle Way』 Shantarakshita's Madhyamakalankara with commentary by Jamgön Mipham. Translated by the Padmakara Translation Group. SHAMBHALA. Boston & London. 2010
▶산따락시따의 『중관장엄론』 에 대한 미팜린뽀체의 주석 영역본

32. 중변분별론: 『དབུས་དང་མཐའ་རྣམ་པར་འབྱེད་པའི་ཚིག་ལེའུར་བྱས་པ།』
[bstan 'gyur. toh4021 (sems tsam. phi002)]
▶미륵논사의 데게본 『중변분별론』

33. 중변분별론소: 『དབུས་དང་མཐའ་རྣམ་པར་འབྱེད་པའི་འགྲེལ་པ།』[bstan 'gyur. toh4027 (sems tsam. bi001)]
▶세친의 데게본 『중변분별론소』

34. 해심밀경: 『SAMDHINIRMOCANA SUTRA』 ETIENNE LAMOTTE. 1935
▶티벳어 『해심밀경』에 대해 현장의 한역을 반영하여 교정한 라모뜨 교정본. SNS

35. 『원측소에 따른 해심밀경』, 원측 지음, 지운 역주, 연꽃호수, 2009

36. 해심밀경석: 『འཕགས་པ་དགོངས་པ་ངེས་པར་འགྲེལ་པའི་མདོའི་རྣམ་པར་བཤད་པ།』 [bstan 'gyur. toh4358 (sna tshogs. cho001)]
▶쪽로루이갤챈의 데게본 『해심밀경석』

37. 해심밀경석: 『འཕགས་པ་དགོངས་པ་ངེས་པར་འགྲེལ་པའི་མདོའི་རྣམ་པར་བཤད་པ།』 [bstan 'gyur. Q5845 (ngo mtshar.bstan bcos. co)]
▶쪽로루이갤챈의 북경본 『해심밀경석』

38. 현관장엄론: 『ཤེས་རབ་ཀྱི་ཕ་རོལ་ཏུ་ཕྱིན་པའི་མན་ངག་གི་བསྟན་བཅོས་མངོན་པར་རྟོགས་པའི་རྒྱན་ཞེས་

བྱ་བའི་ཚིག་ལེའུར་བྱས་པ།』 [bstan 'gyur. toh3786 (shes phyin. ka001)]
▶미륵논사의 데게본 『현관장엄론』
39. 현관장엄론주석: 『Groundless Paths』 The Ornament of Clear Realization, and its commentaries in the Tibetan Nyingma Tradition. Karl Brunnhölzl. Snow Lion Publications. 2012
▶『현관장엄론』에 대한 닝마빠 족첸의 성취자 뺄뛸린뽀체의 주석서, GP로 표기함.
40. 『현증장엄론 역주』, 범천 역주, 불광출판사, 2017

그 외 저술과 번역서

1. 『깨달음에 이르는 길(람림)』, 쫑카빠 지음, 청전 옮김, 지영사, 2010
2. 『달라이라마의 보리도등론』, 달라이라마 말씀, 양승규 옮김, 도서출판 시륜, 2011
3. 『བྱང་ཆུབ་ལམ་གྱི་རིམ་པའི་ཁྲིད་ཡིག』 གླེགས་བམ་དང་པོ།རྗེ་ཙོང་ཁ་པ་བློ་བཟང་གྲགས་པ། ① Manipal Technologies Ltd. Manipal, India. 2012
▶쫑카빠의 『람림광본』(보리도차제광본) 등 티벳어본 vol.1
4. 『བྱང་ཆུབ་ལམ་གྱི་རིམ་པའི་ཁྲིད་ཡིག』 གླེགས་བམ་གཉིས་པ།རྗེ་ཙོང་ཁ་པ་བློ་བཟང་གྲགས་པ། ② Manipal Technologies Ltd. Manipal, India. 2012
▶쫑카빠의 『람림중본』(보리도차제중본) 등 티벳어본 vol.2
5. 『Atisha's Lamp for the Path to Enlightenment』 commentary by Geshe Sonam Rinchen. Translated and edited by Ruth Sonam. Snow Lion Publications. New York. 1977
▶아띠샤의 『보리도등론』 영문본
6. 『위대한 스승의 가르침』, 뺄뛸린뽀체 지음, 오기열 옮김, 지영사, 2012
7. 『유식입문』, 다카사키지키도 지음, 이지수 옮김, 시공사, 1997
8. 『티베트 불교문화』, 룬둡소빠 지음, 지산 옮김, 지영사, 2008
9. 『Masters of Meditation and Miracles』 Tulku Thondup. SHAMBHALA. South Asia Editions. 2002
▶닝마빠의 족첸 수행법의 위대한 성취자들의 법맥. MMM

사전류

1. 『JH온라인 티영사전』: The Tibetan & Himalayan Library의 The Tibetan Translation Tool. http://www.thlib.org

2. 『THE ILLUMINATOR TIBETAN-ENGLISH ENCYCLOPAEDIC DICTIONARY』 Version 5.40 Jan.1st 2016. By Tony Duff. Padma Karpo Translation Committee. Kathmandu, Nepal. http://www.pktc.org/pktc

3. 『둥까르칙죄첸모』(དུང་དཀར་ཚིག་མཛོད་ཆེན་མོ། 東噶藏學大事典), 중국장학출판사, 북경, 2002

4. 『장한불학사전』(བོད་རྒྱ་ནང་དོན་རིག་པའི་ཚིག་མཛོད།), 四川民族出版社, 1985

5. 『장한대조불학분류사전』(བསྟན་འགྱུར་ལས་སྒྲ་བྱེ་བྲག་རྟོགས་བྱེད་ཆེན་མོ་བོད་རྒྱ་ཤན་སྦྱར་མ།), 民族出版社, 1991

■옮긴이 후기

2003년 처음으로 북인도 티벳 망명정부가 있는 다람살라에 갔습니다. 그때 14대 달라이라마 존자님의 법회에 참석했는데, 마지막 날 친견하는 자리에서 존자님으로부터 아름다운 그림을 선물받았습니다. 나중에야 알게 되었는데 티벳불교의 법맥을 상징하는 인도 날란다 대학의 열일곱 분의 성취자를 그린 탱화였습니다. 모두 처음 들어보는 생소한 분들이었습니다. 그런데 이제 그 탱화 속 아래쪽 두 번째에 계시는 까말라실라의 저서를 번역하게 되었습니다. 소중한 인연을 맺게 해주신 달라이라마 존자님께 두 손을 모아 예경올립니다.

맨처음에 『수행의 단계』를 티벳어에서 번역했으면 좋겠다는 얘기를 들은 것은, 2007년 북인도에서입니다. 그 당시 어린 두 아들을 티벳 사원에 출가시킨 직메님과 정화님은 출가한 두 아들을 뒷바라지할 목적으로 다람살라에 방을 얻어 거주하던 중이었는데, 티벳어를 제대로 공부하려고 이제 막 다람살라에 도착한 저에게 감당하기 어려운 주문을 한 것입니다. 나중에는 Parmananda Sharma의 영문본 번역서와 탕구린뽀체께서 프랑스에서 상편과 중편에 대해 설한 영문본까지 챙겨 주었으니, 이제 10년이 지난 시점에 숙제를 마치게 되는 셈입니다.

그렇게 4년이 지난 2011년 초, 『위대한 스승의 가르침』 번역 교정 작업 중에, 처음으로 『수행의 단계』를 펼쳐 놓고 초벌번역을 마쳤으나 이해할 수 없는 부분이 많았습니다. 그나마 다행인 것은 14대 달라이라마 존자께서 깔라짜끄라 법회 때마다 『수행의 단계 중편』으로 상세한 설명을 곁들어 법문해 주셨으며, 영문번역과 중암 스님과 이종복 님의 한글번역이 이미 나와 있어서 의문점을 어느 정도 해소할 수 있었습니다. 더구나 2012년 1월에는 인도 보드가야에서 깔라짜끄라 법회가 있어 직접 참석하여 달라이라마 존자님으로부터 중편에 대한 법문을 들을 수 있었습니다. 그러나 상편과 하편에 대한 주석은 어디에도 없었습니다. 그러던 중 2012년 가을 안성두교수와 게쉐 땐진남카 스님이 주관하는 티벳어 수습차제 강독에 참여할 기회를 얻었습니다. 2013년에는 티벳어 중급반 교재로 채택하여 주말마다 1년 반 동안 도반들과 함께 공부하면서 미흡한 부분을 수정할 수 있었으니, 지속적으로 공부할 수 있게 배려해주신 성덕 스님의 끊임없는 사랑과 성원에 깊은 감사를 드립니다.

또한 2016년 봄학기에는 동국대 대학원 수업에서 안성두 교수의 『수습차제』 강독에 참여할 수 있게 허락해 주셨습니다. 그 외에도

『입중론』과 『해심밀경』과 쪽로루이갤챈의 『해심밀경석』 등의 여러 티벳어본 강독에 참여할 기회를 주시고, 미천한 실력으로 번역한 것을 매번 살펴주신 안성두 교수님의 헤아릴 수 없는 학은學恩이 없었다면 이 번역은 없었을 것입니다. 또한 『람림첸모』과 『입중론』과 『구사론』을 상세하게 풀어 해설해 주신 게쉐 땐진남카 스님과, 『람림첸모』와 미팜린뽀체의 『입중론주석』과 『중관장엄론주석』을 수년 간 강론해준 직메님께도 깊은 감사의 말씀을 드립니다. 극미와 관련해 도움을 주신 이규완 님과, 범어 확인에 도움을 주신 이길산 님, 서정주 님 등 함께 공부한 많은 분들의 도움에도 고마움을 전합니다.

『수행의 단계』를 까말라실라가 저술하게 된 동기와 역사적인 배경, 그리고 그 후에 쫑카빠의 『람림첸모』에 미친 영향에 대해 폭넓고 깊이 있는 연구와 더불어 상·중·하편을 주석과 함께 번역해 주신 중암 스님께 감사를 드립니다. 따라서 『수행의 단계』 상·중·하편을 모두 번역한 것으로 이 책은 중암 스님의 『까말라실라의 수습차제 연구』에 이어 두 번째 번역이 됩니다.

이 번역은 불교를 처음 접하는 분에게도 쉽게 읽힐 수 있도록 가능한 한 용어를 풀어서 설명했으며, 각주에 설명을 추가했습니다. 한편으로 선대의 스승들이 수행하면서 쌓여진 경험에 의해 만들어진 한자 용어들을 쉬운 글로 풀어 쓰면서 그 의미가 제대로 전달되지 못할까 우려됩니다. 그런 경우에는 괄호 안에 혹은 각주에 해당하는 한자 용어를 써 놓았습니다. 그렇지만 아직도 번역에 오류가 있을 것이며, 모든 오류는 번역자의 잘못이니 따뜻한 조언을 바랍니다.

『람림』을 함께 공부하는 김현경 님의 도움으로 『수행의 단계』에서 인용하는 수많은 경전과 논서들을 손쉽게 티벳어 검색으로 그 내용을 확인할 수 있었습니다.

2016년 1년 동안은 출판을 염두에 두고 오세연 님과 조영옥 님의 수많은 반복 읽기와 어색한 문구의 수정과 이해하기 어려운 부분의 재검토가 거듭되어 드디어 번역된 글이 읽을 만한 모습을 갖출 수 있게 되었습니다. 게다가 조영옥 님은 든든한 재정적 후원자가 되어 주었으니, 두 분이 아니었으면 이 책은 세상에 나오지 못했을 것입니다.

흔쾌히 책을 출판해 주겠다고 해준 지영사 이연창 사장님과 한여름부터 땀흘려 애써 주신 김명 편집장님께도 감사를 드립니다.

마지막으로 지난 5년 동안 모든 뒷바라지를 해준 평생의 동반자 양명희 님께 고마움을 전하며, 저를 낳아 길러주신 아흔 여섯되신 사랑하는 어머니 정재환 님께 이 책을 바칩니다.

논서를 번역한 공덕은 대부분 여러 도움을 주신 분들의 몫이며, 저의 공덕이 조금 있다면, 살아 있는 모든 이들이 현재 이 삶에서 매순간 진정한 평안을 향수하고 이후에도 항상 평온에 이르기를! 사르와 망갈람!

뻐꾹새 우는 소리 기다리며 남한산성 기슭에서

2018년 정월, 옮긴이

마이트리 클럽

Maitri Club

산스크리트어로 '마이트리Maitri'는 사랑을 의미하며 한자로는 '자慈'로 표현합니다.
이 사랑은 행복을 다른 사람에게 옮겨줄 수 있는 능력을 가진 사랑입니다.
이 사랑은 모든 사람, 모든 생명에게로 확대됩니다.
이 사랑은 분별심이나 '나의 것'이라는 집착도 없습니다.
이 사랑이 있으면 인생은 평화와 기쁨과 만족으로 가득 찹니다.

도서출판 지영사는
1992년 1월에 설립되어 주로 인문 학술서를 200여 권 출판했습니다.
2005년 티벳 불교의 중요 논서인 『깨달음에 이르는 길』(쫑카파 지음/청전스님 옮김)을 출판 계기로 18종 이상의 불교 서적, 특히 티벳 불교 서적을 출판했습니다.
또한 2010년 『가이아 아틀라스』(노만 마이어 외/신기식 옮김)를 비롯하여 생명을 귀하게 여기는 환경 관련 서적 5종을 출판했습니다.
2021년 지영사는 변화를 추구합니다. 명상 서적과 환경 서적의 출판은 사람과 자연 모두를 위한 가치 있는 길이라고 믿습니다.
험난한 이 길을 가면서 지영사는 정신문화를 귀하게 여기고 뭇 생명을 사랑하는 여러분의 후원을 간곡하게 부탁드립니다. 여러분의 참여는 바로 사랑입니다.

▪방법▪

1. 매월 형편에 따라서 1만원, 2만원, 3만원, 5만원 중 하나로 후원할 수 있습니다.(방법은 출금일, 5일 혹은 25일 온라인 자동이체입니다.)
2. 후원 회원들에게는 앞으로 지영사에서 출간하는 도서를 1권씩 증정하고, 도서 1권을 구입하더라도 주주에 준하는 할인 혜택을 드립니다.
3. 네이버 블로그 〈http://blog.naver.com/maitriclub〉을 통해 교류의 장을 갖겠습니다.
4. 궁금한 내용은 전화나 이메일로 문의해 주십시오.

도서출판 **지영사**

서울특별시 성북구 성북로 28길 40 낙원연립 라동-101호
t. 02-747-6333 / **f.** 02-747-6335 **e.** maitriclub@naver.com
대표 이연창(010-3894-6334)

지영사후원회원 (마이이트리클럽) 가입신청서

지영사
서울시 성북구 성북로 28길 40
t. 02-747-6333 / **f.** 02-747-6335
e. maitriclub@naver.com

성 명		생일		휴대폰		
주 소				E-mail		
				CMS자동이체		
은행 명		예금주 성명		예금주 주민번호 (앞자리)		
계좌번호				출금일	□5일	□25일
출금액	□10,000원	□20,000원		□30,000원	□50,000원	
추천인						

[개인정보 수집 및 이용 동의]
-수집 및 이용목적: CMS 출금이체를 통한 요금수납
-수집항목: 성명, 전화번호, 휴대폰번호, 금기관명, 계좌번호
-보유 및 이용기간: 수집, 이용 동의일로부터 CMS 출금이체 종료일(해지일) 후 5년까지
-신청자는 개인정보 수집 및 이용을 거부할 권리가 있으며, 권리행사시 출금이체 신청이 거부될 수 있음.

동의함□ 동의안함□

[개인정보 제3자 제공동의]
-개인정보를 제공받는자: 사단법인 금융결제원·K소프트
-개인정보를 제공받는 자의 개인정보 이용목적: CMS출금이체 서비스 제공 및 출금동의 확인, 출금이체 신규등록 및 해지 사실 통지
-제공하는 개인정보의 항목: 성명, 금융기관명, 계좌번호, 생년월일, 전화번호, (은행 등 금융회사 및 이용기관 보유) 휴대폰번호
-개인정보를 제공받은 자의 개인정보보유 및 이용기간: 출금이체 서비스제공 및 출금동의 확인목적을 달성할 때까지
-신청자는 개인정보에 대해 금융결제원에 제공하는 것을 거부할 권리가 있으며, 거부시 출금이체 신청이 거부될 수 있습니다.

[출금이체 동의여부 및 해지사실 통지안내]
은행 등 금융회사 및 금융결제원은 CMS제도의 안정적 운영을 위하여 고객의 (은행) 등 금융회사 및 이용기관 보유) 연락처 정보를 활용하여 문자메세지, 유선 등으로 고객의 출금이체 동의여부 및 해지사실을 통지할 수 있습니다.

상기 금융거래정보의 제공 및 개인정보의 수집 및 이용, 제3자 제공에 동의하며 CMS 출금이체를 신청합니다

※개인정보 제공동의 □(체크해주세요)
문자메시지, 유선 등으로 출금이체 동의여부 및 해제사실 통지안내를 위한 개인정보 제공에 동의합니다.

도서출판 지영사 후원회원 가입을 신청합니다. 20 년 월 일

신청인 인(서명)
(신청인과 예금주가 다른 경우) 예금주 인(서명)